黄金单品战略

引爆市场的7F营销模式

丁举昌◎著

中国发展出版社
CHINA DEVELOPMENT PRESS

图书在版编目（CIP）数据

黄金单品战略：引爆市场的7F营销模式/丁举昌著．—北京：中国发展出版社，2013.10（2014.2重印）

ISBN 978－7－5177－0024－1

Ⅰ.①黄…　Ⅱ.①丁…　Ⅲ.①品牌战略—研究　Ⅳ.①F272.3

中国版本图书馆CIP数据核字（2013）第237891号

书　　名：黄金单品战略：引爆市场的7F营销模式
著作责任者：丁举昌
出 版 发 行：中国发展出版社
（北京市西城区百万庄大街16号8层　100037）
标 准 书 号：ISBN 978－7－5177－0024－1
经　销　者：各地新华书店
印　刷　者：北京明恒达印务有限公司
开　　本：700mm×1000mm　1/16
印　　张：21
字　　数：342千字
版　　次：2013年10月第1版
印　　次：2014年2月第2次印刷
印　　数：3001—6000册
定　　价：38.00元

联 系 电 话：（010）68990642　68990692
购 书 热 线：（010）68990682　68990686
网 络 订 购：http：//zgfzcbs.tmall.com//
网 购 电 话：（010）68990639　88333349
本 社 网 址：http：//www.develpress.com.cn
电 子 邮 件：fazhanreader@163.com

Foreword

序1 像苹果那样打造顾客首选品牌

▌余明阳
上海交通大学安泰学院党委书记、品牌研究所所长、教授、博士生导师

这是我为丁举昌的第二本著作写序。在《金钻战略》出版之前，丁举昌于2011年初专程赶到上海交大找我为书写序，我建议加上苹果的案例。

苹果公司凭借iPhone打入全球手机市场，以区区5%的市场份额获得总体利润的32%。苹果的探索和创新，不仅触及了IT行业的本质，也触及了品牌的本质。苹果的业绩是我们企业追求的标杆，苹果的方向是我们今后许多企业的发展方向。

现在，丁举昌推出新著《黄金单品战略——引爆市场的7F营销模式》，以苹果的探索和创新为参照点，从品牌利润的基本目标来思考品牌的运营，完整地分析了苹果从创业到成为全球市值第一的关键环节和部分耐人寻味的细节，提出了企业品牌运营的很多新思路，从更深层次揭示了企业价值提升的原动力，系统解剖了苹果和加多宝操作下的产品热卖的关键环节和元素。

《黄金单品战略——引爆市场的7F营销模式》一书，定位非常清楚，是丁举昌把多年的理论和实践进行融会贯通针对中国企业实际、切中企业运营的命脉写的，以消费者的第一选择元素为副线，对买点是什么、如何设计买点、买点如何营造、买卖两点如何结合等关键元素进行系统而深刻的阐述。特别是他总结的“品牌7首”（7F）模式，具有理论的超越意义，对我国企业的品牌建设、市场营销工作有较强的指导作用，对品牌研究人

员具有一定的学术参考价值，值得中国企业家和职业经理人一读，相信会对其未来的经营管理工作有所裨益。

商业活动的基本表现形式是交易，通俗地说就是买卖。做出质量好的产品不难，做出好卖的产品，才有好生意。问题是自认为很好的产品，为什么往往又卖不好呢？这是一个沉重的营销课题。如何打造热卖产品？当不少人士提出“产品卖点”的重要性时，丁举昌先生更倡导企业赢利和营销应从市场研发开始，在市场研发期间就把握“顾客买点”，从设计中创造消费者好的认知感受，从而决胜开端。

一个产品上市，很多企业只注重产品本身的功能，往往忽视了产品需要心智营销（也就是意识层面）。丁举昌倡导企业重新塑造自己的品牌形象，把自己的品牌打造成为让消费者无比信赖的优秀品牌的同时，才会热卖。

《黄金单品战略——引爆市场的7F营销模式》一书，作者辩证地对待西方管理体系，深入思考中国市场，深刻剖析品牌运作误区。对照“品牌7首（7F）”选择模式来看，那些不成功的产品，不是缺少这个元素，就是缺少那个元素，真切盼望更多的企业借助“品牌7首”（7F）模式，摆脱经营困境，驶入发展快车道。

是为序。

2013 年9月于上海

Foreword 序2

黄金单品，“中国创造”的希望

▌杨子云

北京奥运会整体形象战略专家团总召集人、中国首席品牌官俱乐部创始人、品牌中国产业联盟副主席、中国品牌经理人协会会长、国内知名文化学者

中国经济发展与增长模式面临着转型与升级，首当其冲的是从“中国制造”向“中国创造”的嬗变。创造自主品牌、创造有市场影响力与社会影响力的强势自主品牌，是企业转型升级的重要路径，也是实现“中国创造”的必要路径。

如果我们没有创造出在国内与国际市场上有竞争力的品牌，就没有真正意义上的“中国创造”，也就不能改变我们世界工厂的地位与命运。企业没有一定影响力的品牌，就不可能改变产品的低价低值的宿命，就不能改变在销售渠道上的弱势，就没有市场上的主动权与话语权。

现在品牌的价值与作用越来越得到大家的认同，问题在于如何创造、建设与管理品牌？

丁举昌在《黄金单品战略——引爆市场的7F营销模式》一书中对涉及目前企业在实际操作方面的品牌课题进行创造性解剖，用苹果等一系列成功品牌的实践证明，打造一个成功的品牌需要品牌名称、品类选择、产品包装、产品规划、品牌价值、广告推广、活动展开、终端建设与品牌管理的有机链接。特别是他总结的品牌7大关键元素（首要品类、首想品质、首选概念、首领形象、首席地位、首倡精神和首肯价格等）具有很强的可操作性。这对从事品牌研究、品牌推广、品牌管理、市场营销等人员，提供了对品牌更全面、更真实的认知，更多的启发与借鉴。

中国产业界和设计界在20世纪90年代共同努力学习借鉴国际上的文化经营战略，掀起CI设计浪潮，开启了中国企业差异化竞争的时代，为中国品牌战略奠定了基础。

1999年北京申奥吹响了中国品牌战略进入企业主战场的号角。1999年11月，我有幸从北京奥申委接过第一张委托书，为北京申奥开局。作为总召集人，我召集海内外各学科专家，承担了北京申办2008年奥运会整体形象战略的研讨和设计，不仅诞生了“新北京、新奥运”的理念和脍炙人口的标徽，更为重要的是形成了一套北京申奥科学的思想方法和工作方法，促进了北京申奥的成功。北京申奥整体形象战略设计的核心工作就是把“北京”作为一个全新的品牌推向世界，给世界选择北京一个理由。

纵观世界一流的企业都是文化经营的企业。从比尔·盖茨的微软到乔布斯的苹果等都是如此，他们都是文化经营型企业。一家企业能不能成为所在行业内世界文化的代言人至关重要，因为这意味着它能否引领文化的前进方向。中国企业在创建世界一流企业的时候必须把企业文化上升到文化战略层面，企业文化和品牌文化必须统一起来。品牌要成为社会文化和未来趋势的代言人，所属企业能不能成为所在行业内世界文化的代言人至关重要。

市场不可以垄断，但是品牌可以垄断。企业可以通过品牌垄断价值，实现美誉度、知名度、忠诚度。例如，华为的通讯技术，百度的搜索功能，腾讯的QQ，新浪的微博，阿里巴巴的淘宝网，都是在世界企业格局中靠品牌的垄断价值而占有一席之地。当今世界，企业最重要的资本集中表现为品牌资本，像苹果这样的世界一流企业创造出黄金单品，值得中国企业学习。

打造属于自己的而不是为他人作嫁衣的品牌，创造百年长青而不是昙花一现的品牌，建设立足中国进而走向世界的强势品牌，还有待更多的同道者去探索，坚持不懈的探索！

2013年9月

Contents 目录

|第1章|

为什么市场总有黑马出现

制约很多企业发展的原因不是“短板”太多，

而是“长板”不够突出。

市场黑马的杀手锏——黄金单品

不少企业家百思不得其解的是，我也知道品牌对销售的积极作用是肯定的。别人也注册了商标，我也注册了商标，为什么人家的产品卖得快、卖得好、卖得贵？我的品牌就不见起色呢？是哪些方面对销售具有立竿见影的积极作用？

受原材料涨价、人工成本上升等因素的影响，很多企业面临着发展困境。不少大型企业都高呼“寒气逼人”，对于实力相对较弱小的中小企业来说，其面临的形势更为严峻。

企业知道提高品牌知名度的重要性，可投了大量的广告，而市场却毫无起色；企业知道要以消费者的需求为导向来推出产品，可丰富的产品挤满仓库，就是卖不出去。

企业老总雄心壮志、指点江山、跑马圈地式的做市场，结果是市场开发了一个又一个，都成了夹生饭，做的不温不火。许多企业开发了几十个甚至几百个单品，销量也就是几千万。

企业不乏销售精英，可企业的整体销量仍然在下滑。

老板们一致的结论是，同业之间竞争的日益加剧，市场的竞争正在不断升级和恶化。

残酷的市场，总有黑马出现

王老吉，在沉睡了 180 年之后，进入新世纪，猛然发力，创造了一个单品年销售 170 亿元的市场神话，在中国市场第一次超过可口可乐的销量。

加多宝在运营王老吉之前，做过水和茶饮料。直到聚焦王老吉这个单品，才出现销售奇迹。加多宝交出王老吉的使用权后，以再造奇迹的气魄强力推出自己的凉茶品牌。

牛奶行业，伊利通过“四个圈”雪糕单品种突破，当年成功超越了老大和路雪；

化妆品行业，好迪凭借着啫喱水的单品类运作，如今也成为家喻户晓的品牌；

曾红遍大江南北的白大夫，祛斑单品、祛斑组合盛极一时；

丸美品牌弹走鱼尾纹的弹力素，带动丸美品牌快速崛起；

网络热销的御泥坊面膜，更是依托单品优势而成功的好案例；

相宜本草就是依靠面膜“黄金单品”而取得成功；

白酒行业，衡水老白干凭借淡雅系列的突破，成功实现了区域为王。

这些品牌，在看似利润削平如薄纸的环境下，创造了高利润。

回顾一下本土企业的成功发展史，可以发现，成功是有相同基因的，那就是靠单品突破。宝宝金水也好，满婷也好，大宝也好，舒蕾也好，当初的成功，都是靠单品突破起家，甚至是霸王、美即等最近的上市企业，也都是以单品突破来成就伟业。

纵观当今的大多数市场黑马，鲜有全线推进的营销手段，多是集中优势兵力打造其看家产品，让其将市场撕开一个缺口后，再跟进其他产品。

什么是黄金单品

市场黑马，不是靠群狼效应制胜，而是集中推出一个单品，带动系列产品的销售，从而带动整个品牌的销售，不仅仅是和竞争对手比，产品更具竞争力，同时也一定是在公司里卖得最好、利润最高、给公司贡献率最大。我们把这种高效单品叫做黄金单品。

有人问李嘉诚，持续几十年不败的经验是什么。他说，不管做多大投资，你都不要丢掉你的看家产品。李嘉诚说的看家产品就是我们要剖析的黄金单品，它是产品中的佼佼者、高销售占比产品、品牌的立足根基，或者是企业特有的、别人难以胜过的产品。

黄金单品符合企业战略规划，具有长期发展潜力，并可以使企业获得巨大利润。能够在未来3～5年，为企业贡献绝大部分利润和较大销售份额，具有战略意义，影响企业命运。

对很多中小企业来说，黄金单品不单是利润的增长点，而且对提升品牌起着关键性的作用。

黄金单品——卓越企业或百年老店最重要的成功基因

通过对500多家企业进行调查研究，我们发现，那些卓越企业或百年老店，共同拥有一个最重要的成功基因——黄金单品。

跨国企业，已经把黄金单品的作用发挥到了极致——

苹果公司的iPad、iPhone；

可口可乐公司的可口可乐、雪碧、美汁源果粒橙；

雀巢公司的速溶咖啡、奶粉、瓶装水；

卡夫公司的麦斯威尔咖啡、果珍、奥利奥饼干；

箭牌的绿箭口香糖；

……

一款成功的黄金单品往往足以改变企业命运，以弱胜强，起死回生，数款持续成功的黄金单品则创造一个伟大的企业！福特曾3次创办汽车公司，直至推出T型车，福特汽车公司才赢得在汽车行业的地位。黑色的T型车是福特的第一个声誉产品。同样的例子还有奥迪A6汽车等。

国内一些公司也是如此——

顶新集团的康师傅方便面；

统一集团的“老坛酸菜”

娃哈哈的营养快线；

蒙牛的酸酸乳、特仑苏；

洋河酒业的“蓝色经典”；

旺旺的旺仔牛奶；

……

娃哈哈一款营养快线从2003年研发成功，2004年正式上市，到2011年，从早餐市场金矿中疯狂挖出150亿人民币，成为销量最大的饮料单品之一。营养快线占据娃哈哈销售额的1/4之多。

蒙牛，推出高端乳制品特仑苏，销售额超过50亿元，市场份额继续稳居市场第一位；红牛，只做能量饮料，超过100多亿元规模。

老字号冠生园的大白兔奶糖自1959年发售以来深受消费者欢迎，到现在仍是能给企业带来巨大利润的产品；徐福记将新年糖与新年文化嫁接起来，融入了老百姓的生活，其黄金单品酥心糖从开始投入市场到今天一直都是消费者过年必备年货；巧克力巨头费列罗1984年进入中国市场，最著名的费列罗榛果威化巧克力一直是中国情侣最爱吃的巧克力之一。

洋河酒厂推洋河品牌数十年不得要领，最后靠洋河·蓝色经典这一黄金单品让洋河品牌闻名全国，使白酒市场格局由“茅五剑”变成了“茅五洋”。

当初洋河酒厂决定重振旗鼓时，手头可用于广告投入的钱并不多，若是按照白酒业传统的烧钱手法，无异于自寻死路。洋河被迫选择引爆核心产品来引爆品牌，竟然异军突起，洋河·蓝色经典也做成了黄金单品。洋河仅仅是牢牢抓住了蓝色经典这一核心单品的入市突破机会，务实地将资源集中在蓝色经典这个核心产品上，并且锁定自己最有优势的南京市场和渠道来启动，将矛头直指当时在主力渠道占据前两名的品牌。

为了让渠道拓展和广告投放更有针对性，洋河对蓝色经典的价格层次进行了精确的定位，将蓝色经典分为梦之蓝、天之蓝和海之蓝。梦之蓝的价格略低于水井坊和国窖1573，天之蓝的价格略低于五粮液、茅台，海之蓝的价格则处于剑南春和泸州老窖特曲之间。在渠道上，它将海之蓝作为渠道拓展的主力品种，顺利实现渠道导入后，再引导升级到天之蓝，进而推动高端的梦之蓝。

当时茅台、五粮液、剑南春三大巨头涨价后，终端白酒120~200元的价格带虚空，相当一部分消费者对这一价格区间的白酒翘首以盼。他们要面子、对价格敏感，零售价低于120元他们觉得档次低，高于200元他们认为价格高，而海之蓝的强势主推，恰好切中了这个市场空当。

洋河毕其功于一役，将渠道和广告推广的重心全部集中于海之蓝上，无论是户外大牌、户外灯箱、车身、楼宇、电视还是报纸，无论是餐饮店、大卖场还是社区商店，洋河·蓝色经典的海之蓝在终端占据着第一陈列面和导购首要的推荐地位。

这种聚焦根据地市场的强攻策略，配合蓝色经典产品的“绵柔”口感，市场很快就被蓝色经典撕开了缺口，并随着再次消费与推荐消费的兴起，市场缺口越来越大。等到竞品醒过神来的时候，渠道和终端已易主，洋河·蓝色经典已培育太高的威望，竞品要想夺回失去的江山难度太大，只能扼腕叹息。

一个新创立企业的崛起，通常与一个黄金单品的横空出世密切相关。

生产六个核桃的河北养元保健饮品有限公司，成立于2003年，在商家上万的饮料行业，从零做起，从2005年上市至今快速成长，在中国植物蛋白饮料一片寂静的市场中炸出了个惊天雷！十年时间，已做到69亿元的销量，为中国植物蛋白饮料突破长达近十年稳步不前提供了强力的信心！

黄金单品的特征

那些经典的、让我们津津乐道的黄金单品，往往具备以下特征。

（1）符合企业发展战略；相对于同类产品有独特差异化，占领自己的目标人群；注重顾客体验，满足消费者深层功能/心理需求；能够持续为企业贡献巨大利润，能够提升企业品牌价值，并可以提升品牌知名度。

（2）它为消费者创造了全新体验，那种喜出望外的满足感是产品创造的最大价值；它往往能够引爆流行，制造出大规模的流行效应和口碑效应，甚至成为一个话题，引发关注和讨论。

（3）它在设计之初，就预留了良好的利润空间，从而让销售渠道中各个层次的力量，都有充分的积极性去为它助推。

（4）在市场表现中，黄金单品多是企业在不同阶段的拳头产品、主导产品。

黄金单品，选择战争的幸存者

许多企业家都觉得产品开发越多越好，觉得宁可“广撒网、多捞鱼”，也不能舍弃一条产品线，却对造成极大人力、物力、财力的浪费视而不见。

其实，消费者有一套选择产品的逻辑和习惯路径。

黄金单品战略符合消费者记忆原理

一个大卖场的单品数量可能超过10万个，那么，普通消费者能够不加思考地记忆的是多少个呢？我们曾经针对这个问题做过多次调查：记忆力较强的人，能够达到50多个；记忆力较差的人，只有10多个；多数人能够记忆的单品数是30个左右。做过另一个调查，发现多数产品销售不佳的原因，是因为导购员忘记了推荐，而顾客根本就没有想起来购买，或根本不知道有这样的产品。大卖场10万个单品只有约30个被不加思考地记忆，也就是说只有万分之三被记住，其余的很难被消费者想起来，其结局当然很可怜。所以，让消费者记住所有产品几乎是不可能的，能够让消费者记住的只能是黄金单品。

单一诉求，是使广告有效的最基本的规律之一。在卖场，需要对消费者诉求单一产品。德国著名的心理学家艾宾浩斯指出："人们所接触到的信息，在20分钟内会忘掉42%；一个小时后会忘掉56%；一个月之后会忘掉80%。"

黄金单品方便消费者做出购买决策

在超市里，高露洁牙膏最畅销。"牙膏=高露洁"的意识一旦在消费者脑中形成，选择其他牙膏牌子的购买者就少了，这就是高露洁销量最大，而其他牙膏销量少的原因。当我们把品牌做到在客户头脑中找不到其他可替代的品牌时，我们的品牌就会产生光环效应，产品就会更加畅销。这就是加深头脑印象，持之以恒地重复做一些看似无关紧要的事情的原因。

当消费者迷失在超市货架里的时候，当他们面对琳琅满目的商品无所适从时，这时候面临的是决策的困惑，他们多么希望有一个标杆能让他们立竿见影判别商品的优劣，因为他们没有那么多时间一一甄选商品。所以消费者愿意多花点时间思考的商品，你就可以搞些多品出来；反之，消费者不愿意多思考的商品，你最好还是捡紧要的说——单品。消费者花费较多钱的商品适合多品战略，消费者花费较少钱的商品最好奉行单品战略。

消费者思考花的时间基本与出的钱成正比。买汽车、买房子，甚至买衣服，你愿意多花些时间，而买饮料你就不愿意花那么多时间。甚至有时我们为了加快购买这些便宜商品的效率，会自发地简化自己的购买决策，我们称之为"瞬间决策"。当我们面对打开的冰柜，被满冰箱的饮料弄得很乱的时，我们会说：拿瓶可乐吧！可口可乐的销量第一，跟利用了消费者面对许多商品时的"瞬间决策"有莫大关系。消费者只需要2秒钟就要做出决策，最好别弄那么多商品让消费者心烦眼晕，直接明快点——单品。别搞出系列的不同口味的饮料，美其名曰满足不同口味喜好的消费者的选择，一个口味就行啦！喜欢就马上付钱，不喜欢拉倒。其实消费者不知道自己喜欢什么，你坚决而自信地推一个大单品，他就慢慢会接受了！

黄金单品方便顾客作出购买决策。一般情况下，消费者在购买产品的时候，往往会经历问题认知、信息收集、可供选择方案的评价、购买决策以及购后行为这五个阶段。

黄金单品的质量出众、品类代表特征明显，很多时候，黄金单品就是品牌的主销产品，是品牌的立足根基，有时候就代表着品牌。

消费者在购物的时候，如果想指牌购买某品牌，他往往买得最多的就是黄金单品；而当消费者想起该品牌的时候，其脑海里浮现出来的也常常就是能够代表该品牌的黄金单品。所以，有了黄金单品，品牌就能够更快地被消费者所选择，从而方便消费者作出购买决策。

在充分竞争的阶段，消费者趋向选择大品牌。一个企业，只有重点向消费者推荐产品，其产品才能够被消费者记住。所以要重点介绍一个单品，而这些推荐的单品既要赢得消费者选择比赛的冠军，还要不失身价。

所以这个时候，你就明白“大单品”的意义何在——看花了眼怎么办，干脆买那个最容易识别的、大家经常买的商品，反正不会错，既节约了时间，又降低了决策的风险。

消费者对生活质量的要求越来越高，对产品的质量提出了更高的要求，对黄金单品的需求也越来越高。随着人们的收入水平也在逐渐提高，在客观上，消费者能够支付得起高质量、高价格的产品。而黄金单品往往代表了高质量，是消费者追捧的产品，虽然价格或许会高一些，但是人们更注重的是产品的质量、性能，能不能体现自身的档次或身份，等等，对价格已经不那么敏感了。

黄金单品具有良性营销循环

黄金单品都具有非常过硬的质量，提供给消费者很高的产品价值，能够满足消费者对产品的期待。所以，消费者对黄金单品一般都会比较满意，甚至会高度满意。满意的消费者更有可能再次购买该产品，从而获得更高的重复购买率，因而黄金单品具有良性营销循环。

从诉求集中到单品集中是进一步竞争的必然

在 NBA 的世界里，有一条不成文的规则：若想在竞争激烈的 NBA 立足，得到上场打比赛的机会，必须要有一到两个拿手绝活，要么三分球投的准，要么是防守比较强悍，要么是突破能力强，要么是篮板球抢得好。相反，什么都会，但什么都不突出，没有什么特色的球员，只能把冷板凳坐穿。

这个道理对于今天的企业界依然很适用。唯有走特色化道路，打造出自己的黄金单品，企业才能在激烈的市场竞争中立于不败之地。

喜欢观看球赛的人都有一个共性，会因为喜欢某一位球星而喜欢上一支球队，而没有球星的球队，很少有人去关注。同样道理，没有黄金单品的品牌，必然是比较少人重视的品牌。

本土企业在产品线上的思路，大多走了一群羚羊的误区，产品一大堆，畅销产品、被消费者广泛购买的产品却没有。形象地说就是“球员很多，球星没有”。如果是狮子，一头就管用；如果是羚羊，一群也白搭。

不管是打造品牌，还是加强营销，其实就是解决两件事，一是知道愿意花钱的消费者关心哪些价值和利益；二是顾客价值和利益如何在市场上体现。消费者最终选择一个品牌的那点事儿，在经历了所谓产品营销、广告营销、终端营销、文化营销等阶段以后，如今已演变成黄金单品打造的竞争。

黄金单品的打造是更加激烈淘汰赛下的唯一选择，是一场企业综合能力与资源的比拼。

一个伟大企业之所以伟大，往往是因为它拥有一个或者数个卓越的黄金单品。可口可乐有两三个黄金单品；宝洁每年超过10亿美元的黄金单品有10个，这可能是单个企业黄金单品的极限。联合利华（Unilever）有1600个品牌，在这些品牌中50个品牌的收益占总收益的63%。这也意味着这3%的品牌可以达到平均收益的11倍。与其被消费者奔选，不如自己淘汰自己。所以，他们挑选出400个品牌命名为强有力品牌，将其余的品牌进行调整并减少数量，其结果是投资收益率得到了开创性的增加。

成功的品牌得益于持续提升“黄金单品”的影响力，不断升级换代“黄金单品”拓宽其市场生存宽度。这些产品不但是企业的支柱和生命线，而且反过来对企业品牌形象、企业战略发展产生深远影响。

引爆品牌，更低成本更快启动市场的方式，是首先引爆核心产品，以核心产品在适销网点的快速铺货和动销，配合核心产品的广告拉动，来快速启动品牌，这比上市伊始就狂投不知所云的品牌形象广告要强得多。

没有爆炸性的黄金单品的企业注定没落

一个企业，不管是出身高贵，还是作坊起家，有黄金单品，企业兴，无黄金单品，企业亡！

金丝猴、喔喔也曾是糖果市场的一方霸主，但黄金单品的缺失让它们时至今日已经在市场上逐渐销声匿迹。摩托罗拉在中国市场上也曾“呼风唤雨”，但在2004年之后因缺乏黄金单品而一路下滑，不能翻身。

2011年索尼、夏普、松下分别亏损21亿美元、23亿美元和13.5亿美元！为什么？就是因为没有黄金单品，从而导致企业没有竞争能力。

诺基亚在新品方面也曾乐此不疲地推陈出新，在设计方面更是颇费苦心，市场活动也是做得有声有色，但目前的结果又是怎样呢？2011年第一季度诺基亚移动终端（智能终端和移动电脑）销量为2420万部，环比下降14%。2011年第一季度经营利润率为4.2%，相比2010年同期的5.1%和2010年第四季度的7.0%有所下降。数据已经说明诺基亚王朝即将终结。恶果为何降临在它的身上？仍然是因为缺乏黄金单品！

对诺基亚、摩托罗亚抑或是微软而言，依旧只是在原产品、原风格、原技术等层面进行改善，而不是像苹果一样具有颠覆性的创新动作。它们即便做再多的市场营销活动，推出再多的新产品，但依旧远远落后于苹果，根本原因是当移动互联网时代快速来临的时候，它们还没有意识到做出革命性的改变，推出爆炸性的黄金单品！

经营的核心是经营黄金单品

一个家族，要想成为一个有名望的家族，关键不是这个家族人口有多少，而是这个家族里必须有成名成业的人。有成就的人越多，业绩越显耀，这个家族就会越有名望。这个家族里有成就有名气的人，就是这个家族的“首席产品”，是他们造就和支撑了这个家族的名望。

同样，企业声誉不是由产品或品牌的多少决定的，而是由以首席产品为核心的多元因素决定的。

打造首席产品既是企业品牌建设的起点，同时也是衡量企业品牌层次的标准。企业首席产品的水平，实质性地决定着企业品牌的水平。

在品牌深入人心之前，产品，尤其是首席产品决定着顾客的满意度、忠诚度和价值感。而在品牌深入人心之后，产品，尤其是首席产品赋予品牌更多、更高价值的源泉。

在多年的咨询服务过程中，我们发现，大部分企业的仓库里、展厅里都有少则几十项、多则上百项的产品，多产品、多品类，甚至跨行业产品都有，林林总总，数不胜数。初看之下，觉得企业家底不错，但再一看销售数据统计却让人吃惊：有的产品甚至一年下来只有几万元、十万元的销售额，却还被视若珍宝，不忍割舍！

本土品牌崛起的关键，就是聚焦策略，从“羚羊群”中找出一个最有“狮子”潜力的产品，着力将其打造成“明星产品”。这就是所谓的“黄金单品”战略。

黄金单品是营销原点

经过20年运营实践及对最佳实践企业多年的潜心研究，我们认为，能够持续推出黄金单品的优秀企业往往在企业战略、满足消费者需求、新兴市场预见、培育创新文化土壤等诸多方面有所作为，而黄金单品所带来的丰厚利润，又投入到产品创新中去，从而保证了黄金单品源源不断地推出，实现了黄金单品运营的良性循环。

竞争越来越大，企业的营销手段也是层出不穷，但是，异路同宗，最后的营销原点，肯定是寻求企业的发展和销量的增长。追溯其发展轨迹，这些“黄金单品”，并不是市场上红极一时的产品，而是根据企业的战略而有计划、有步骤打造的产品，即企业集中人力、物力、财力打造一两款具有独特竞争力的产品进行营销，以求尽快占领市场，拓宽市场份额。黄金单品不是你生产线上的产品，也不是你仓库里的产品，它具有未来成长价值，能起到扩大市场效率和企业利润的作用。企业决定黄金单品，是基于对品牌及产品特征的判读，也是基于对品牌定位的规划，而品牌定位要做得对，产品特征和优势要抓得准，则需先对市场及企业本身有清晰的理解及洞察。因此，简单来说，选择黄金单品的标准，就是要掌握市场需求、企业目标及企业优势三项要素，这也是企业对远景规划的一种体现。

黄金单品是一种策略更是一种资源的重新分配。选取了一种黄金单品那就意味着企业要把很多“宝”押在这个产品身上，万一不成功，其风险也要比以往的分散投资产品要大很多。企业是否有这个抗风险的能力，是否有打造黄金单品的素质，成功机会是否比风险要高些，这都需要有充分的考虑。

一款成功的黄金单品往往足以改变企业命运，可以以弱胜强，起死回生；数款持续成功的黄金单品则可创造一个伟大的企业！

黄金单品更受价值链各环节热捧

黄金单品在市场推广上的曝光度最高，推广力度多样且大，常搭配各式媒体广告运作。有的人可能会认为，企业过于偏重黄金单品的营销，从而会让整个产品系统产生失衡，对此，我们认为，只要品牌的定位正确，选择适当的黄金单品做合宜的推广，就不会有大问题。若要说有风险，那是源于企业对品牌的错误认知，对于黄金单品的不当使用，以及对市场的认识不清所导致。

黄金单品的运作周期视企业的重视程度而有不同，部分品牌会不定期推出所谓的黄金单品，做季节性的炒作，以追求短期内冲高销量；也有些品牌将黄金单品视为品牌的化身，进行长期性的推广，其间或许会视需要更换包装、升级原料或微调内容物和技术元素，但产品所演绎的品牌精神与内涵基本上是不变的，这种策略追求的是对品牌形象的长期建立，对销售目标的短、中、远程规划。

黄金单品战略在市场上被广泛运用，其市场实战意义也得到了验证。一方面，集中主力推销黄金单品，把团队从纷繁复杂的事务中解放出来；另一方面，由于黄金单品集合了产品精髓，代理商也可以从厂家政策的不稳定、自身人员的流动、琐碎的产品培训、庞杂的库存管理和繁多的市场促销等各种管理难题中解放出来。以点带面，集中兵力各个击破，更容易在消费者爱上黄金单品后赢得更多的回头客，从而实现市场的持续增长。因此，黄金单品战略正被业内更多有识之士不断吸取并加以运用。

黄金单品带来超额利润

黄金单品不单是明星产品、效果突出的产品，关键是它可带来高利润。

这些产品不是薄利多销，而是厚利多销。牙膏市场是被外国品牌垄断的市场。但云南白药偏偏突破了外国品牌的垄断，用短短几年时间，销售量就累计突破了60亿元，而其单价比普通牙膏高几倍。

黄金单品的意义非常重大，能够制造赢点，对渠道快速开发、新顾客导入、资源整合、现金流也都有很积极的作用。赢点是黄金单品的核心。

黄金单品提升品牌形象

很多企业都在讲品牌形象、品牌传播，但是如果没有一个过硬的销量大的产品作为支撑，所有的品牌形象就是无源之水、无本之木。品牌上市初期，黄金单品发挥着举足轻重的作用。通过市场推行，它快速建立了品牌的定位，将卓越的产品质量明确传递给消费者，从而达到品牌快速识别、品牌形象明确建立的传播效益。在品牌形象上，要始终保持着黄金单品与品牌识别的统一性，包括在色调、设计风格上等；在规划的沙龙会、促销会议等场合中以点带面。黄金单品产品形象不同于企业形象，尤其是多商标策略的企业，一个产品品牌出名，但其他产品可能并不出名。而作为公司的主导产品，黄金单品能够为公司带来良好的品牌形象。格力电器的格力空调，总是能够给格力电器的品牌带来很好的口碑效应，树立起优质名牌产品形象。黄金单品的广告、促销、热卖带动了整个品牌的发展。

黄金单品重塑公司的实力

对于企业来说，黄金单品是品牌的另一种代言人。它从包装、质量、功效、形象、技术、文化、营销各方面都将体现公司的实力、品牌的形象以及远景的规划；它将赋予代理商和消费者对品牌的认知和永久信心，而不是一个单纯只是为了短期内抢占市场的产品。一个黄金单品，它代表着公司的实力，能够充分表现该品牌的特性及彰显其定位，极致表现品牌质量的优越性，以及迎合目标族群之需要，使顾客的回头率及推荐使用率比较高。它具有天量销售额，规模可达到十几亿甚至几十亿。

对于消费者来说，他们对黄金单品能够直接感受的，肯定是来自质量方面的信心。通过集中资源的高频度打造，让更多的消费者接触和了解黄金单品，通过消费体验感觉到公司的实力，从而建立起对其品牌的信心，爱上其更多产品。

要达成这种功能，黄金单品本身需具有卓越的质量，同时表现出该品牌的产品优势，不论是在技术层面，或者是在成分上、形象规划上等方面。

创造品类垄断

一旦某个企业打造了黄金单品，并且成为一个独立的品类，那么就会令竞争对手左右为难。比如，当“老坛酸菜牛肉面”成为黄金单品时，其他方便面企业会很难受：如果跟进，那么就等于大家一起协助统一把“老坛酸菜牛肉面”这个品类炒起来了；如果置之不理，那么等于坐视对手成功。尽管其方便面企业也有红烧牛肉面，但无疑“康师傅红烧牛肉面”已经基本垄断了这个品类，就如同统一垄断了“老坛酸菜牛肉面”，双汇垄断了“王中王”，王守义垄断了“十三香”一样。像“康师傅红烧牛肉面”、“统一老坛酸菜牛肉面”、“王中王”做到一定程度，会成为一个独立的品类，黄金单品拥有者可能会成为品类的垄断者。

带动一群产品的增长

黄金单品成为企业持续发展的动力、企业利润的增长点、带动企业的引擎，是企业快速占领市场和提升品牌的有力武器。

企业板块的崛起，与单品突破密切相关。黄金单品与小产品群的关系，就是“一人得道，鸡犬升天”。黄金单品活跃了，小产品群就跟着活跃了。

黄金单品能为企业赢得竞争优势。能为企业带来声誉的产品，是那些设计独特、口碑良好、美轮美奂并有上佳销售业绩的黄金产品。这些产品以独特的卖点和比较突出的单品市场占有率，在该类产品中有较大的影响力。

撑起企业成长图谱

由于黄金单品质量超群，特色鲜明，有很好的使用效果，因此顾客的回头率及推荐使用率比较高，可以带动系列产品的销售，从而带动整个品牌的销售。

只有一群小产品，缺乏黄金单品，就如同一群小舢板，成不了航空母舰。只有黄金单品的销量，才是有分量的销量。如果没有一个黄金单品的持续增长和知名品牌产品的带动，其余产品就难以被商业渠道、终端客户和广大消费者接受。黄金单品保持持续的增长，则会给渠道树立信心，给商业客户以更多支持，给消费者以该家企业产品较多，都是好处产品，产品到处都是的良好形象。因此黄金单品带来一举多得的好处。单品要想突破，一定要在某个品类上显现自己的优势，即使在已有的品类中没有优势，那么，在创造出来的小品类中，也必须要有自己的重要地位。

当黄金单品成功时，就可以支撑一个品牌的崛起。如果企业能够同时打造多个黄金单品，那么就有可能进入强大品牌之列。

黄金单品是企业成功的基石。透析中国成名的“企业成长图谱”发现，企业从小到大的发展路径其中之一就是：黄金单品——品牌——黄金单品群——强大品牌。而世界级的企业则通常拥有黄金单品群，如宝洁、雀巢、可口可乐等。

面对不容乐观的宏观经济形势，中国企业必须摒弃浮躁，切忌空谈战略、沉迷模式、偏信定位、妄求多元化发展，须回归企业经营本质，关心自己的核心业务，踏踏实实围绕一个战略核心，在市场的不同阶段成功运营出一系列黄金单品，方能推动企业持续成长，成就一个伟大的品牌！

有很多发展中的企业，他们不仅有自己丰富的产品线，而且也有属于自己的主打产品，或拳头产品。他们的产品线组合和搭配非常合理。像诗婷露雅新推出的植物护肤产品，为了显示自己的主导作用，开创性地提出了优生植物产品的概念，从而和已经成熟的传统植物护肤和有机护肤市场进行区隔，就形成自己的黄金单品。

概括本土品牌的超越之道，就是要集中一品、集中一点、集中一时，贴着竞品、贴着弱点、贴着末端，见弱追击，一击制胜。对于资源并不非常充足的本土企业来说，集中资源推行黄金单品，非常有必要。

黄金单品是整个品牌的灵魂，也是品牌持续发展的助推器；黄金单品建立的品牌特色，帮助品牌市场及消费定位，黄金单品就是品牌的营销标签。

我们的身边充斥着各种新产品，但是，真正能够称得上黄金单品的，却寥寥无几。那些能够在未来3~5年，为企业贡献绝大部分利润和较大销售份额的核心产品，是多么的可遇不可求啊！

现在，越来越多的企业也不再像几年前对产品不分主次，而是从系列产品中挑出一款产品作为其黄金单品，将黄金单品策略提到了战略高度。企业在竖起这面大旗前，不仅只是为了提高销量，更重要的要先考虑其产品是否达到其战略高度，以及选择什么样的产品来作为黄金单品等问题。

打造黄金单品，能够有效提升销量

虽然黄金单品的打造和销售需要大量的资源，从这一单品上考虑，产出甚至有可能弥补不了投入，但当黄金单品的销售带动其他产品的销售时，就会获得巨大的收益。因为在其他产品上，公司并没有投入太多的广告资源，可谓是纯收益。从总的投入产出看，比将投资分散到许多单品上的策略可能会更好。如果再考虑通过单品的打造使消费者对品牌的记忆加深，从而使品牌再度得到有效提升等隐性的收益，黄金单品的打造策略意义重大。

黄金单品除了可以让企业集中有限的财力物力进行最大化的市场推广，集中兵力各个击破，达到以点带面的市场效果外，消费者也更容易受到黄金单品的影响而不断产生购买行为，从而实现产品销售的持续增长。企业则通过黄金单品的优势，快速导入市场进入渠道稳住客户，保持品牌的可持续发展动力，使之具有更强的市场竞争力，提高企业的市场竞争力和地位。

黄金单品战略，就是凝聚了品牌竞争力中最强的部分，供给合作伙伴具有市场竞争力的产品，瞄准消费者的内心需求，全力出击的制胜之道。

虽然，“黄金单品”的称谓没有门槛，无须验证，是企业一种自我册封，但是，它也是表明了企业集中资源对市场进行聚焦突破的一种决心和佐证，符合本土企业发展的规律，是本土企业品牌突围的一种较佳方式。企业通过黄金单品的打造，客观上也推动了市场竞争的不断升级。

黄金单品是企业的核心驱动力

黄金单品的运营成功，让所有行业领导型企业都能够活得很好，不但领先市场，而且利润丰厚。据统计，世界500强企业中，单项产品销售额占总销售额95%以上的140家，占500强总数的28%；主导产品销售额占总销售额70%~95%的194家，占38.8%；相关产品销售额占总销售70%的146家，占29.2%；而无关联多元化的企业则是凤毛麟角。

一个真正有作为的企业，在黄金单品的选择和判定上，一定是下过苦功的，它需要对市场和消费者有着充分的把握，需要对自己的优势和竞品的弱点有着彻底的了解。

国内冷饮从零散经营的3000多个小品牌的纷争变为数十家冷饮巨头间的

实力抗衡。以哈根达斯、和路雪、雀巢、八喜组成的国际品牌阵营，以其独特的口味、精准的市场定位和良好的营销模式牢牢占据国内高端冰淇淋市场，但与本土消费的对接度稍差，其高昂的价格也使更多的普通消费者望而却步。以蒙牛、伊利组成的本土全国性品牌阵营以其品牌优势、原料优势、渠道优势等占领国内中端冰淇淋市场，但是乳品安全事件使蒙牛、伊利品牌形象受损，祸及淇淋事业板块。本土冰淇淋品牌正面临新一轮的行业洗牌。以宏宝莱、天冰、五羊为代表的区域化品牌阵营，优势是产品种类多，适合普通消费者消费，但是它们正面临着产品陈旧，缺乏特色，营销模式老化而被淘汰出局的危险。

现在很多地方的冰淇淋企业每年跑马灯似地推新品，却是每年都呈现青黄不接的现象。如河南天冰 2008 年推草莓沙拉冰淇淋，失败；2009 年推蓝莓小神童蛋筒冰淇淋，失败；推 3 元的芒果冰筒，失败；推 2 元的蜜呀脆筒，失败。天冰之所以从当年的知名冰淇淋品牌沦为只能屈居后来者伊利、蒙牛之后的第三阵营的普通冰淇淋企业，最根本的原因是它虽有很多新品却没有一款足以打败其他产品的黄金单品。不止天冰，我们发现，这也是冰淇淋行业绝大多数企业的通病。

许多企业在经营过程中仍然有“广撒网、多捞鱼”的心态，开发新产品时因缺乏明确的目标性、全局性而导致新产品在市场上销路不畅，形成积压的事情时有发生，结果造成了极大的人力、物力、财力的浪费，甚至把企业拖入泥沼。这是一种可怕的思维。

新产品的开发并不是越多越好，而是要先声夺人，出奇制胜，不断创造新的体制、新的市场和压倒竞争对手的新形势，这样企业才能立于不败之地。

只有黄金单品才能让企业真正集中资源，将新品市场做透做深，从而支持企业发展的战略目标！比如和路雪，产品并不多，但一个可爱多蛋筒冰淇淋系列加一个梦龙系列，凭借准确的市场定位、合理的产品定位及先进的市场运作理念，自投放市场以来就一直保持着冰淇淋产品销售的领先地位。它从区域到全国不断成功，一举攻下了国内高端冰淇淋市场，成为今天冰淇淋市场中的“新科状元”。

我们不要认为蒙牛、伊利、和路雪等的成功是因为大广告、大投入，而应该清晰地认识到这个行业的竞争本质：只有更专注的战略、更专注的产品、更专注的营销，才让冰淇淋企业发展得很好。

黄金单品具有历久弥新的魅力。但大多数企业还没有找到自己的黄金单品，没有一款可以使企业持续保持较高利润的新品，其产品同质化严重，品类缺乏创新，一味跟风模仿，让它们很难在竞争中脱颖而出。对于二三线品牌来说，黄金单品的意义不言而喻。对于一线品牌来说，也不是一款战略产品就能永葆江山。一线品牌须用黄金单品刷新品牌内涵，避免品牌老化。

只有看清行业发展本质，将产品摆上战略高度，看清楚战略型产品对于企业的意义，真正重视产品，并找到正确运作的方法和路径，才是正途。

黄金单品战略，企业未来 5 年的关键路径

各行各业已进入由黄金单品驱动的时代，我们所需要做的，就是思考、孕育并且选择，我们的黄金单品在哪里？我们如何塑造企业的支柱和生命线？

黄金单品突破是企业发展利器

娃哈哈董事长宗庆后说："娃哈哈成功来源于不断地创新，不断地开发新产品！新产品对销售和利润的贡献率达到 60% 以上！"

凡是在市场有一席之地的企业基本上都有一个具有贡献利润、表现亮眼的代表作，比如以奶糖为代表的大白兔，以凝胶糖为代表的旺仔 QQ，以硬糖为代表的阿尔卑斯，等等。以前，我们将其称之为"明星产品"、"核心产品"，企业命运往往由它们决定。

生产糖果的福建雅客食品公司在 2003 年以前虽然有数千个单品，但没有一个能够叫得响，企业业绩不佳。直到 2003 年，它从数千个单品中选择了一个，推出"雅客 V9"横空出世，打造成黄金单品，使其广为人知，企业的格局才开始改观。

因此，开发新市场时，首先要单品突破，然后在单品突破的基础上实现

产品丰富。

这么多年来，很多企业在产品线上兜兜转转、起起伏伏，看到市场热销什么概念，就跟风推出什么产品，可以说是你有，我有，全都有，可是，就是没有一个是自己独有的黄金单品。

什么是黄金单品战略

所谓黄金单品战略就是把一个单品当成一个品牌来做，从资源配置上对黄金单品强力聚焦，以单品为一切运营工作的重心。通俗地讲，品牌运营工作是一个圆，那么黄金单品就是这个圆的圆心。关键时候，需要聚集10倍的推广资源于此单品，以通过该单品形成的明星效应，达到以点带面，带动品牌整体销售。

黄金单品战略就是在战略上更加聚焦，在策略上不断升级，在支持上完全配套，集中资源将主推单品打造成为专营店铺中的“爆款产品、热销产品、消费者主动咨询购买的产品”。密切接触目标消费群，以企业某品牌中的有特色、有优势的单品，作为长期重点主推的单品，集中企业的人力、物力、财力将其打造成具有独特竞争力的产品进行营销，以求尽快占领市场，拓宽市场份额。

黄金单品战略是企业战略、产品战略和品牌战略的最佳集合和集中体现

分析市场现状和发展趋势，结合自身的优势，聚焦到最有可能成功的一个和几个主导产品上，做深做透，点上突破，高端制胜，培育自己的黄金单品，往往是营销制胜的必经之路。

对于服装业来说，从市场调查到新产品的推出一般要经过6个月左右，ZARA则只用2周时间。ZARA有200多名被称作潮流探员的“街头设计师们”，随时都会探索消费者的服装需求，捕捉流行趋势的原因。另外，ZARA的任何产品都是黄金单品，都不会在店铺挂出4周以上，所以ZARA的热心顾客会经常性地访问其店铺，ZARA连广告都不用做。较短的产品寿命期可以提高消费者喜好的概率。服装界的顾客访问自己喜欢的店铺的频率大概是平均每年3次，但ZARA的顾客却能达到17次，比一般品牌的顾客高出5倍还多。黄金单品就是活生生的广告，因为引领流行趋势变化。

英国罗尔斯·罗伊斯公司（以下简称罗罗公司）是世界三大发动机制造

商之一。在 20 世纪 80 年代以前，罗罗公司生产的民用发动机只能用在波音的 4 种飞机上，市场份额非常小。20 世纪 80 年代以来，罗罗公司通过技术创新，研制出黄金单品 RB211 系列，并以此扩大市场覆盖面和占有率，取得巨大成功。今天能选用罗罗公司发动机的知名民用飞机超过了 30 种。使用罗罗发动机的用户数量也急剧增长，从 1975 年 5 个国家的 8 家用户增加到目前的 650 家客货运航空公司、租赁公司和 4000 个公务机用户，在世界各地平均每 2.5 秒就有一架以罗罗发动机为动力的飞机起飞或降落。罗罗公司在黄金单品 RB211 系列的带领之下终于踏上扬帆起航的征程。

在智能机市场，三星大有超越苹果的势头，曾创造一季度 445 万部出货量的纪录。过去，三星的产品品种琳琅满目，都是围绕消费者需求开发的，可没有进行产品线规划，没有把有限的资源聚焦在主推的产品上，结果，众多的产品品种在分摊有限的营销资源后，没有一个能卖火的。三星在切入智能机市场时，采取黄金单品发布策略，从高端机起步，借助供应链优势，生产快速换代，占取了智能手机的价值链高地。

这两年，本土部分化妆品企业美津植秀、敏泉、兰亭等纷纷实施黄金单品战略。广州十长生公司，这家最初靠“川”品牌成长和壮大的新锐企业，为了自己的单品更具黄金优势，不惜放弃原有的定位，把“川”品牌进行重新塑造，打造新一轮的黄金单品。从目前川品牌新的定位以及资源聚焦来看，前景是非常明朗的，你也不得不佩服十长生那种舍得的魄力。

整个中国汽车产业里面，长城不像吉利，不像奇瑞，它的推广费用很少，知名度不是很高，但它的利润是最高的。长城的武器是什么？把企业内部现有的资源，均有效地向 SUV 哈弗品牌集中，作为黄金单品打造，成为第一个走向全球的中国品牌。长城的哈弗品牌是唯一一个在世界上卖得比韩国汽车更贵的中国品牌；在大多数欧盟市场，它是唯一的中国品牌；在非洲市场，长城卖得过途胜；在澳大利亚，它也是销量第一的 SUV 品牌，超过了吉普，超过了所有其他的 SUV。SUV 哈弗的品质，给人的感觉像奥迪的越野。

奇瑞汽车在发展初期，注重规模和数量的扩张，不断丰富自己的产品线。近几年，奇瑞的发展模式正在悄然做出改变，一改以前“多生孩子打群架”的理念，转为打造“拳头”精品，以此进行战略转变。它陆续推出了“东方之子”和“SUV 瑞虎”等黄金单品，赢得了不错的市场反响，从而提振了奇瑞汽车的企业形象。黄金单品的销量增长，也拉动了奇瑞汽车的整体销售。

总的来说，按照本土企业的资源和实力，在未来不短的一段时间内，单品突破仍是企业的快速发展之道，而黄金单品的策略，就是单品突破的一种较好的实施方式。

打造黄金单品的历史机遇

很多公司抓住历史机遇，通过打造黄金单品，走向了辉煌——

可贝尔，通过打造出眼贴膜黄金单品成功了；

霸王，通过打造出防脱洗发水黄金单品成功了；

云南白药，成功打造药物功效牙膏黄金单品成功了；

亚都，通过打造出空气净化器黄金单品成功了；

公牛，通过打造出插座黄金单品成功了；

好记星，打造出学生英语学习机黄金单品成功了；

……

在竞争更为白热化的领域，如果你有足够的敏锐洞察到消费者需求，同样有机会打造黄金单品。即使飞利浦已经成为照明黄金单品，中国企业是否有机会可以打造节能灯品类黄金单品，打造台灯黄金单品？答案应该是肯定的。

品牌定位于顾客意图

在生产时代，厂房和机器是制胜的基础。当进入无形时代，企业都有竞争的入场券。当工业革命转变到技术革命时，整个世界从“有形世界”转变为“无形世界”。如今那些无形的、无重量的理念，如知识产权、创意、产品和服务对财富的驱动力等，要远远重于有形物质。很多人把企业核心竞争能力与品牌的本质混淆了，认为具有核心竞争能力的企业就能够构建品牌。

很多企业甚至没有构建品牌，只是不断地进行市场定位的调整和完善，花大量的时间和资源来改善进入市场的营销策略，考虑在哪里获得原材料，怎样管理和分类产品，不断调整产品组合，甚至开始创造更新的产品，但是却忘记了品牌内涵需要符合顾客的意愿，更忘记了企业需要吸引顾客的购买。核心竞争力当然非常重要，但也请大家明白，企业核心竞争能力是实现品牌构建的一种能力，却并不是品牌内涵，品牌的内涵只有一个——顾客意图。

黄金单品时代的到来，机会反而比较公平。克林顿在 1996 年总统竞选上有一句著名的短语："经济，乏味透顶的东西。"这句脍炙人口的话，把克林顿定位为唯一关心百姓疾苦的人，因此，虽然其他候选人力图抢回注意力，但克林顿已经捷足先登。克林顿正是选择选民的意图来构建自己的品牌，而非他的演说能力或领导能力。

企业确定品牌的关键是与顾客的价值需求相一致，简单地说，就是品牌定位于顾客意图而非企业核心竞争力。打造黄金单品的关键点是如何把握顾客的意图，并不需要太多的资源，这是中国中小企业低成本竞争的起飞点，必须抓住的最后机会！

品牌建设先从产品识别开始

品牌首先是建立在产品基础上的，没有有效的产品识别做基础的品牌知名度和忠诚度不过是假象而已，消费者不会无知到对脱离产品的品牌情有独钟的地步。消费者的忠诚度也是建立在对产品的功能与价值熟知基础上的选择性行为，只有产品与消费者实现充分的接触和沟通，才会最终赚得消费者的选票。产品才是与消费者沟通的最基础平台，而不是其他；没有产品作为基础，品牌建设就成了虚无缥缈的空中楼阁。

产品识别使实力有限的中小企业的品牌建设成为现实，是中国现时市场环境下，中小企业品牌建设的有效途径！

产品识别是谁都能玩得起的游戏。品牌建设对企业来说是个系统工程，是套组合拳，而产品识别是这套组合拳的基本动作，这个基本动作并不受制于你的资金是否充足，它已经把品牌理想降低为可实现的产品识别的意识，也就是说，品牌建设在产品识别层面已经不是中小企业力所不及的宏伟工程，而是切实可行的营销手段。中小企业可落实产品识别的可操作方案，从产品属性或产品的消费属性入手，深入挖掘产品的消费沟通点，建立有效的区隔。这些营销手段很多时候可以通过终端展示、体验等较低费用的与消费者互动的形式得以实现，使中小企业拿到低成本的品牌竞技台的入场券。

通过产品识别建立标准。目前中国市场的很多产品品类还没有标准，当然，这种标准不是通过了多少国家权威机构的验证，而是直接建立在消费者心智中的标准，即什么是好的？什么是差的？好的为什么好？差的为什么差？企业完全可以通过对产品属性或消费属性的特点提炼促进消费者对产品的识别，以一个或几个产品属性和（或）消费属性的组合建立立体的产品识别系统，进而成为标准。例如，颜色、口味、耐用度、成分、工艺等都可以通过形象化的表现成为产品识别和消费标准的要素。这样就先行打造了品牌建设的利基，把你的标签贴进了消费者的心里。

产品的各种属性、产品的质量、产品的包装以及产品可能与消费者发生接触的每一个点都是产品识别的一部分。

产品识别相当于在产品和品牌之间设置的一个紧密的联系点，它通过与消费者的直接沟通率先实现消费者的心智占位，进而为品牌建设奠定良好的基础，逐渐使消费者能感受到的现实利益转化为心理利益。同时好的产品识别能为系统的品牌建设节约大量的传播成本，在激烈的市场竞争中产生有效的区隔和阻慑作用，是通向品牌成功的阶梯。越是中小企业，越应该在这些细节上下工夫。消费者越来越挑剔，只有在细节上精益求精，才能使产品真正占领消费者的心智，使产品的良好形象清晰化，并有效促进产品的市场销售，延长产品的生命周期，在解决现实问题的同时解决企业发展与品牌发展的长远问题。中小企业正处在发展期，高速成长往往掩盖了企业在细节上的不足，在产品识别上同样如此，而外界因素的突变会使一点瑕疵被无限放大，直接摧毁企业的品牌梦想，威胁到企业的生存。

产品识别是品牌建设的基础，但并不能取代品牌建设，也可能并不适用于所有行业，但产品识别之于中小企业的意义首先是理性的认识和对待品牌建设，然后才是现实的可操作手段。

不要再把品牌建设看得那么复杂与遥不可及，品牌建设先从产品识别开始！

谁略高一筹，谁就是黄金单品

在中国市场，许多表面看来竞争激烈的市场，其实仍然是初级竞争。

在企业战略层面，绝大多数企业缺乏长远而清晰的战略，仍然停留在"王小二过年，过一年是一年"的阶段。在产品和技术层面，绝大多数企业缺乏符合消费需求的创新，缺乏扎实的质量管理体系，依靠重复模仿赚点加工费。

在市场推广方面，绝大多数企业并不具备成熟的营销管理系统和品牌传播系统，即使已经取得成功，大多数是依靠个人的关系资源或广告轰炸。因此，看上去纷繁激烈的竞争局面，并没有形成稳定的格局，而是时刻上演着"你方唱罢我登场"的局面。对于具备伟大基因的企业而言，这就是机会!

升级变革的中国市场将加速催生黄金单品

历经 30 年的改革开放，中国经济和社会将进入一个升级变革的时代，随着中高收入人群增长，消费结构向发展型、品质型、健康型升级，过去的奢侈品将转化为居民的必需品。

"宁吃鲜桃一口，不吃烂杏一筐"的俗语在当今越来越灵验。消费升级运动将是一个产生黄金单品和以黄金单品制胜的伟大的时代。以国产男装为例，多个男装品牌从不同品类切入，分别打造出黄金单品。比如，休闲商务男装黄金单品——利郎、立领男装黄金单品——柒牌中华、西裤黄金单品——九牧王、夹克黄金单品——劲霸……

城市化浪潮除了直接推动住房产业的发展，同样促进着商业、教育、家居、环保等产业的发展。你是否关注到，幼儿教育已经成为新一代年轻父母不吝投入的消费？你是否意识到其中的商业机会——打造一个连锁早教机构，成为中国早教黄金单品？

"70 后"、"80 后"逐渐成为消费新势力。他们在消费上比上一代人更为积极，他们的消费观念更注重自我体验和感受，在娱乐、数码、服装等产业领域，他们已经成为消费主力军。如果你能准确捕捉到他们的消费需求，采用更贴近他们的营销战略，很有可能在某一领域打造成黄金单品。

13 亿人口的市场，将更容易孕育无数个黄金单品

中国的 13 亿消费者，意味着巨大的市场总量，也意味着无数种完全不同的个性需求。每一个领域能提供许多的生存与成长的机会，每一个领域都有机会成就黄金单品，也给新品牌生存和发展提供了足够的空间。

即使受企业资金实力和运营能力所限，你不能成为某一行业、或某一品类的第一，你也可以扎根于某一个局域市场，深耕细作，成为当地黄金单品。在中国，东部沿海的一个省级市场的土地面积，就相当于欧洲一个国家的大小。区域市场同样可以成就黄金单品。青春宝，浙江中老年保健品黄金单品，在浙江保持年销量5个亿左右；碧生源，广东排毒通便类产品黄金单品，销量达2个亿；知蜂堂，苏州市场的蜂胶黄金单品，年销量1个多亿……

在中国这片伟大的市场热土，在这个充满变革和机遇的伟大时代，充满了无限的可能与机会，只要你有足够的勇气与魄力，再加上足够敏锐的洞察力和行动力，打造黄金单品，并不那么遥远。

|第2章|

黄金单品的营销模式

一个成功的品牌往往可以满足客户

多种价值需求。

从容易选择到最终选择

做广告有个准则叫“单一诉求”，据调查显示，大凡成功的广告采用的都是“单一诉求”。反映的是一种产品或者产品特征、一种品牌的自觉认知，但这并不代表人们一定会购买。

“单一诉求”是为了从信息和广告泛滥的森林中鹤立鸡群。只有“单一诉求”，消费者才记得住，才容易选择。但是，“单一诉求”不等于消费者的最终选择。正如我们可以在多种场合下，不断提及沃尔沃汽车，但是可能根本就没有意愿去真正拥有一辆沃尔沃汽车，因为在大多数人的消费习惯中，沃尔沃并不是与他相关联的产品。

大家争的不再是市场占有率，而是在“争”一个很有限的资源——就是顾客口袋里的钱。

集中打造单品也是为了在泛滥的商品海洋中冒尖。美国一家普通超市里大约存放着一万种产品或品牌，足够让消费者目不暇接。美国有一家托马斯注册（Thomas Register）公司，大约登记在册 8 万家公司，随便抽出两个行业：有 292 家公司生产离心泵，326 家公司制造遥控器。全地球的人平均每天要和上百亿个品牌打交道。

集中打造单品的目的是具有个性，实现消费者的终极选择，成为首选。

两个猎人去打猎，甲说万一碰到熊怎么办？乙说跑呗。甲又说跑得过熊吗？乙说我跑得过你就行了。

英国学校里销售的巧克力遇到了销量下降的问题，经过市场调查发现，原来学生的零用钱都花在买手机和交话费上了，因而没有什么多余的钱来买巧克力。市场是一种关系，是一种基于共同的外部环境下的企业（及其伙伴）、顾客、对手（及其伙伴）之间的“互动作用的关系”！简单来说，企业不仅仅要了解顾客心里如何想，而且还要将“顾客”放置于“企业、顾客、对手”之间的互动关系中，来发现“顾客如何选择（做）”的结果。

“冠军永远跑在掌声之前，对需求的把握也永远跑在订单之前，就看谁的眼光更远，动作更快了。”

宝洁公司，它能够从一个小小的肥皂公司，历经170多年考验，发展成全球最大的日用消费品公司，世界上市值第6大公司，世界五百强中利润第14大公司。它在全球80多个国家和地区拥有约127000名雇员，市场资本额超过许多国家的国内生产总值，所经营的300多个品牌畅销160多个国家和地区，并且拥有着20多个10亿美元品牌，业务范围包括美容美发、居家护理、家庭健康用品、健康护理、食品及饮料等，横跨多个品类，其营销和品牌战略都被写入了各种教科书。

是什么让宝洁得以越过复杂多变的世界政局、环境、人文、历史能够延续100多年而强盛至今？宝洁前任首席执行官兼董事长白波（John Pepper）说：“宝洁的成功源于很多因素，但如果没有居领导地位的品牌，宝洁连一个公司都算不上。”的确，宝洁很少宣传自己公司，而是要让消费者知道柔顺头发首选飘柔，营养头发的最佳选择是潘婷，去头屑的第一选择是海飞丝，专业时尚发型的第一选择是沙宣，天然植物成分洗发水的第一选择是伊卡璐，除菌香皂的第一选择是舒肤佳，没有蛀牙的第一选择是佳洁士，专业级口腔护理的第一选择是欧乐－B，薯片的第一选择是品客，剃须刀的第一选择是吉列，电池的第一选择是金霸王……

宝洁的一切营销工作的目标，不是去打造宝洁公司伟大而光辉的形象，而是要让每一个产品都列于消费者心智阶梯的第一位置。

宝洁在刚起步的时候，就只做肥皂和蜡烛。后来，不再做蜡烛了，有了电灯，蜡烛就不是人们的第一选择了。而肥皂一做就做了四五十年，如今宝洁的肥皂还是人们的第一选择。

2000年6月，雷富礼临危受命，担任CEO，他发表了题为《我所相信的十件事》的演讲。演讲说，为了创造顾客忠诚度并让顾客大力推荐宝洁的产品，我们必须了解消费者的需求，了解他们想要什么、梦想什么、想要怎样的消费经验。了解技术、产品和品牌选择，就能更有效且更迅速地营销。我们必须了解“整个”消费经验——购物、使用及关系——以确保我们能与在各地生活的顾客建立关系，并成为顾客生活中的可靠伙伴。领导创新是成为市场领导者并维持此地位的唯一方法。在两大关键时刻取胜：购买决定和使用经历。成为产品类别领导者：在类别市场中排名第一或者第二，拥有独特的利益，否则就撤资以增加公司的现金和获利。

在雷富礼的领导下，宝洁公司不仅走出了困境，向资本市场交出了一份完美的答卷，而且变得更加强大。雷富礼上任的时候，宝洁年销售额 399.51 亿美元，净利润 33.63 亿美元；2008 年，宝洁全球销售收入 835 亿美元，净利润 120 亿美元，年销售额超过 10 亿美元的品牌有 24 个。仔细研读雷富礼的演讲，不难看出宝洁打造热卖品牌的第一要务，是打造消费者首选，而不是什么名牌。

21 世纪初，宝洁的拳头产品汰渍前景黯淡。当时洗涤剂已经面世 50 多年，汰渍销售增长逐渐停滞。从 2004 年起，宝洁开始重新打造汰渍，并把汰渍当做公司的黄金单品来运营。从第一代汰渍到柠檬汰渍再到第三代加强型汰渍，短短数年里汰渍经历了几次升级。近年来，汰渍产品的收入几近翻番，推动该事业部的营业收入从 120 亿美元增加到近 240 亿美元。

黄金单品往往是消费者的首选品牌

趋势专家托夫勒在 20 世纪 60 年代就提出了“选择过多”这一新词，他说：“未来民众可能遭遇的问题，并非缺乏选择，而是因为选择过多而无所适从。”如果说营销是场战争，这是一场多国军队参与的争夺，那么，各方争的是什么？有人说是客户，这个答案正确，却又似是而非。实际上，争的是客户对品牌的选择。现在，众多丰富的品牌令消费者有广泛的“选择空间”。

任何企业，一开始就进入了一场无休止的淘汰赛，不可能一帆风顺，也不可能停歇。到 2009 年，我国注册商标累计总量已达 344 万件，每年新增数 10 万个品牌，在这样海量的品牌信息里，只有神仙才记住。中国企业从来不缺品牌，但大多数都是流星品牌，它们像流星一样，来得快，去得更快，而企业本身也随着流星的消失而辉煌不再，从而导致中国流星企业无数。商务部对我国企业的平均寿命也进行了统计，结果显示：中国企业的平均寿命只有 7.3 年，我国民营企业的平均寿命只有 3.5 年，品牌生命力平均不足 2 年。

被消费者选择的机会越来越少，在这场比赛中，不是吃掉别人，就是被别人吃掉。比如，某个人饿了想吃鸡，摆在他面前的有叫花鸡、手撕鸡、烧鸡、烤鸡等，他会如何选择？同一个需求，有可能会引来不同连接的产品，消费者需要选择，只有被选中的产品才能实现附加值。所以，需求产生了，但不一定是你的，大家都有机会，需要竞争才会决出最后的胜者。

传统的经营理念是以“生产产品”为核心。比如说，某一个公司，发现某个国家的人都不穿鞋子，于是就决定卖鞋给这些人。公司在这个国家开设工厂，生产鞋子，然后再打广告，宣传穿鞋的好处，让穿鞋成为一种流行趋势，最终的目的是把自己制造的鞋卖给顾客。

这就是从发现需求，到研发满足需求，再到营销扩大需求，最后转化为公司盈利的经营模式。

这是比较传统的、古典的经营方式。现代信息技术这么发达，信息传播这么迅捷，很快，所有公司都发现了同一个问题：“消费者的主要需求几乎全部被满足了，找不到市场的空白点了！”你的想法还未成型，别人已经生产出类似的产品投放到市场中了，发明创造变得越来越困难，市场细分的结果，使竞争在针尖般大小的阵地上展开。

当世界上所有的人都有鞋子穿的时候，市场供给大于了市场需求，于是，制鞋行业整体开始萎缩，人们的选择性消费开始升级，不再仅仅满足于有鞋可穿，而是开始追求鞋子的款式、质量，等等。

市场营销学也有同样的规律，在同行业、同领域，各家公司产品的市场份额总趋向于均等。

品牌一定代表了顾客在某类问题方面的最佳或最合适解决方案，并聚焦于一两个核心品项上。当顾客需要解决某类问题时，就立刻想到这个品牌的某一个产品。比如，需要方便面就立即想到康师傅，想到康师傅红烧牛肉面；需要去头屑，就立即想到海飞丝，想到瓶装海飞丝；需要纯牛奶，就立即想到蒙牛，想到特仑苏……

英特尔前CEO说，要么吃午餐，要么成为别人的午餐。要么成为骑士，要么成为坐骑。

企业不仅造出好产品，还要借助产品或服务赢得消费者的货币选择。

日本家电厂家在2012年，普遍出现巨亏，最高的达到6900多亿日元。巨亏的主要原因在于他们在技术方面投入巨资，但是消费者并不买账，偏离了消费者首选。

成为消费者的首选，这是任何一个品牌的永恒追求。在众多的商家和产品中，如何快速高效的成为首选，这就是营销本质。

现代化的经营理念——以维护品牌代替制造产品，低成本快速构建品牌，形成消费者可持续首选。

做首选引导，才有可能成为消费者首选

过去，通用食品公司（General Foods）以“麦氏（Maxwell House）”这个品牌占据着咖啡市场，它的市场份额最大，赚的钱也最多。后来，它发明了一种新的加工方法，叫做“快速冷冻干燥法”。用了“马克西姆”这个从“麦氏”延伸出来的名字。

从表面上看，这一方法似乎能帮助通用食品公司增大它在咖啡市场上的份额。“马克西姆”就是马克斯韦尔，没有任何好的含义，大多数人都搞不明白。雀巢公司（Nastle）用“行家首选”这个名字发起了反攻。结果如何？“行家首选”是这场咖啡杯恶作剧里的大赢家。尽管是通用食品公司发明了冷冻干燥咖啡，并且首先上市销售，但“行家首选”的销量与“马克西姆”的销量却是二比一。如今，“行家首选（Taster’s Choice）”是此类咖啡中销量最大的领导品牌。“行家首选”为什么战胜第一个冷冻干燥咖啡的“马克西姆”（Maxim）？没有别的理由，只因为名字就是“行家首选”。“行家首选”，这是一种带有天然优势的营销引导，最好的营销引导。

成为消费者首选，是战略设计的起点

麦当劳，在全球推出品牌诉求——我就喜欢。我就喜欢，其实是最终选择。

品牌定位就是为产品在消费者的心智中占领一个特殊的位置。唯有准确鲜明、个性独特的品牌定位，才会形成明确而稳定的消费群体，产生消费品位，从而成为某一层次消费者文化品位的象征，进而得到消费者的认可，让消费者得到物质与精神的满足，完成与消费者的双向情感联系和价值认同。在麦当劳进入中国之初，将其品牌定位为“家庭”快餐，提出“常常欢笑，尝尝麦当劳”的“温馨”理念，并且以“儿童”为杠杆，开启中国“家庭”快餐市场。打出“温馨”“家庭”“欢乐”等亲情牌，最大限度的贴近中国消费者的生活观念。中国孩子在家庭的地位非同小可，家长对孩子十分的宠溺，倘若麦当劳能够吸引小孩的目光，进而就能够促使父母选择。一家人在

麦当劳享受快捷、卫生和舒适的用餐，欢乐开怀。不得不说，麦当劳的这个品牌定位在开拓中国市场初期还是很成功的，但是，“儿童”毕竟没有购买力，在家庭的消费决策中并不构成绝对影响，因此，麦当劳品牌不得不寻求新的定位。2003 年，麦当劳放弃了延续 50 多年的“温馨家庭”，重新定位“我就喜欢”（I’m lovein’it）的时尚个性品牌，其目标消费群也转向了拥有消费能力、追求时尚个性的青年消费者。新兴的年轻人市场显得异常的“优质”。

“我就喜欢” （I’m lovein’it）可谓最直接的标榜“消费者首选”的典范。

成为消费者首选，可能要付出比平常多几倍的努力，但是不管付出多大，比平常获得的好处高更多，理所当然地成为强势企业。热销品牌从里到外让消费者喜爱、尊敬，甚至以此为傲，就像饮料中的可口可乐。

要想赢，就必须成为消费者首选

有一个学生曾问苏格拉底成功的秘诀。苏格拉底却问他：“在水里的时候，你最需要什么?”“空气。”学生回答。苏格拉底笑笑说：“这就是成功的秘诀。”

苏格拉底提示学生，成功就是在某些方面某个时期成为人们的首选。你不仅要提供符合他们需求的产品，而且提供唯一的必需品，成为唯一的选择。

不是我有什么功劳，而是人们还会不会选择我，这是美国开国元勋华盛顿的战略思考。

市场竞争，消费者的选票非常重要。很多学者并没有下工夫研究消费者为哪个因素投票，也就是消费者为什么这样选择。

营销与政治一样，找到客户的第一选择，并最经济地满足这一选择。市场是消费者首选的竞争，不是企业之间的竞争。

通用电气公司的创始人爱迪生发现议员们投票很麻烦，就发明了投票机，独家销售，没有其他厂家的介入，哪知议员们并不感兴趣。爱迪生发现，议员们的工作就是人工投票，而不是为了节省时间。如此尴尬，爱迪生终于醒悟，此后只做消费者首选的产品。

继承人韦尔奇把创始人的理念更明确化指标化，只做数一数二的，第三第四的就删掉。

“数一数二”不是公司战略，而是对市场的最本质的洞察。韦尔奇曾说，通用电气最好的定位一定是要在行业内做到“数一数二”，否则就会沦为“不三不四”！

第一重要的是做第一，失败是最大的浪费！

通用电气有一项鲜为人知的举措，公司拨出一笔专款，选出一批类似“黑客”的人才，让他们专门寻找通用电气的弱点并实施攻击，其绩效考核就在于击倒多少个通用产品。

韦尔奇的继承人伊梅尔特把公司理念推向了高峰——只做创想出来的产品，成为市场上的唯一，也没有第二名的跟随者。

作为企业的管理者，当你和竞争对手势均力敌、胜负未决时，你务必要不惜一切代价投入 120% 的努力，去占领那座最高的山头。一旦让对手抢去该战略高地，其结果将是“长期的灾难”，你不得不活在对方的阴影之中，吃人家施舍的残羹冷炙。

首选战略是软实力，不需要投入多大的资金。消费者首选的抢占可能成为品牌竞争的最后一块“油田”。在市场上，打败自己的不是别人，也不是技术不过硬，恰恰是缺乏首选战略和思维。

不论商家多牛，都是消费者出题，商家做题。阿里巴巴曾有这样一个故事，那就是团队开发出一种服务之后，由马云来评判是否可以通过验收，如果马云都搞不明白是怎么回事的话，就必须重新设计。为什么采取这种方式来评判呢？根源在于能不能成为顾客认知。

马云深知阿里巴巴的客户都是一些中小企业主，这些企业主学历大都不高，面向这些客户设计的服务系统必须是非常简洁和容易理解的。如果马云都搞不明白的话，那些企业主很有可能也搞不明白。马云搞不明白不打紧，这些企业主搞不明白就可能会放弃选择阿里巴巴。成功的商家都具有首选思维，认真思考顾客是怎么看待你的，然后再去寻找自己的首选位置。

成为消费者首选，既是战术问题，也是战略问题

谁集中成为顾客首选，谁就能立于不败之地。

IBM，信息领域的常青树，其秘诀在于提前发现消费者的第一选择。

IBM 历任杰出领导人都有着超乎常人的远见和对市场前瞻性的洞察。这种远见其实已经成为 IBM 这家企业的组织能力。

IBM 的创始人老托马斯·沃森，在 1914 年创立了国际商用机器公司，他就是非常有远见的人。他在创立公司不久，就把公司的名称改成国际商业机器公司。早年的 IBM 是做打孔机甚至切肉机的机械设备公司，从公司的命名就显示了他带领这家公司走向全球化的远见和雄心。1929 年经济大萧条的时候，大多数公司都在裁员，老托马斯·沃森反而招募员工，继续扩大生产，并且不断培训销售人员。当罗斯福政府实施新政，政府开始大量采购办公设备的时候，唯有 IBM 能够迅速满足政府的订单，从而一举实现了突飞猛进的成长。

在后来的时代里，IBM 因为老托马斯的儿子小托马斯·沃森的远见，获得了使 IBM 后来独步计算机产业的第一次重大转型。小托马斯·沃森预见在计算机方面人类巨大的需求，于是他做了一个很大的赌博。IBM 在 20 世纪 50 年代的时候投入 50 亿美元，当时可是一个天文数字，用于研发新一代的计算机系统——系统 360。系统 360 在计算机历史上第一次为客户提供了一个整体的方案，不光是计算机，还包括存储和打印设备，并且在融资模式上进行了创新，为那些买不起的客户提供融资服务。

除了忽视小型计算机成为趋势之外，IBM 每次提出对市场的洞察和看法往往都早于行业的普遍认知，提出的很多想法是在引领甚至重新定义这个行业，很多跟随者后来发现原来产业可以这样做。

浙江杰玛高科技产业公司原来是一家生产坯布出口的公司，早在多年前他们就意识到，按传统营销模式走下去会越来越被动，于是就与天津化工厂实现异业联合生产涂层布。这种涂层布可以起到钢板的作用却具有极大的柔性，美国大量进口用来保护河堤，高等级的高速公路底下也要铺一层涂层布，还可以用来做货车的车厢。当初我国建设青藏铁路，工程进入西藏之后出现了难题，地下埋的是冰，随温度变化就会翻浆，后来就是用铁丝编成方格，上面铺上石子，石子上面再铺上涂层布解决了这一难题。

成为消费者首选，既是营销问题，也是品牌问题

乔布斯在 1997 年重返苹果，第一件事就是砍掉经营了 7 年还在不断亏损的牛顿（Newton）PDA 业务，因为牛顿不是消费者的首选。

乔布斯采取的第一步骤就是削减苹果的产品线，把正在开发的 15 种产品缩减到 4 种，而且裁掉一部分人员，节省了营运费用。之后，苹果远离那些用低端产品满足市场份额的要求，也不向公司不能占据领导地位的临近市场扩张。

苹果把有限的营销资源全部集中在该单一品种或品类上，实现单品突破，通过单品的营销运作来塑造品牌。苹果明确企业的主推品种、主打品类，每年最多确定品牌主打主推一个品种或品类，进行合理的产品线规划。

可口可乐的 CEO 曾宣称，即使可口可乐全球的设施在一夜之间化为灰烬，也可以凭借品牌迅速复原。但假如所有消费者瞬间失去关于品牌的记忆，那么可口可乐要重拾往日辉煌就难上加难了。由此推出，可口可乐经营的是工厂之外的东西。

郭思达担任可口可乐的首席执行官之初，可口可乐市场占有率已经很高，百事可乐向他发起正面攻击无功而返。可口可乐可谓笑傲江湖，孤独求败，郭思达似乎已无所作为。然而，他说，我关心的是可口可乐在消费者的胃里的占有率（“胃纳量”）。

他的逻辑是，有没有市场潜力，看人们的胃是不是选择可可可乐，而不是其他。消费者的胃可以装可乐，也可以装果汁，也可以装葡萄酒。看全体美国人及全球每个人一年消费饮料的总规模时，其所占的比例都是极低的，增长的空间无限。

品类与品类之间，谁最重要，消费者就先考虑谁。当消费者口渴时，会迅速在大脑里做出“大类偏好”选择，选果汁、可乐还是选蔬菜汁、茶饮料或碳酸饮料等，然后是产品档次评价，最后是影响力评价。

正是基于对产品需求规模的这种认识，可可可乐开始了更大规模的投资及市场营销：实施瓶装厂模式、全球化模式、产品渗透模式，由著名的 3A 向 3P 转变。

3A——买得到（Available）、乐得买（Acceptable）、买得起（Affordable）；

3P——无处不在（Pervasiveness）、心中首选（Preference）、物有所值（Price to value）。

不管百事可乐如何宣传，只要是可口可乐还是消费者心中首选，市场第一占有率就会还有提高。

百事可乐做了很多颠覆对手的活动，发现都不见效。百事可乐发现，只有找到消费者对自己的关键选择元素才是根本，于是打出了“新一代的选择”，只要新一代选择我就够了。我是新一代，不选择我选择谁？结果，由求着让可口可乐收购变成了可乐类的老二。

不管学者把品牌解释得多么复杂，品牌创建于顾客心智之中，品牌的意义也即在顾客心智中代表其个品类，进而成为顾客消费某个品类的首选。

其实，消费者只是在判断这个产品对自己来说，是不是第一选择。

由品牌联想到产品固然重要，而由产品联想到品牌，在消费者购买决定因素中更加重要。虽然有消费者想到品牌去购买该品牌的产品，但绝大多数消费者是有了产品的需求才考虑购买具体的品牌。

由可口可乐，想到可乐虽然重要，但更重要的是消费者有可乐的需求时，首先想到可口可乐；由海尔想到冰箱虽然重要，更重要的是消费者想买冰箱时，首先想到海尔；由娃哈哈想到纯净水虽然重要，更重要的是，消费者想喝纯净水时，首先想到娃哈哈。

成为消费者首选，既是成就，又是成就的因素

格兰仕把微波炉做得成本越来越低，价格越来越便宜，低到别人不敢做微波炉，所以格兰仕生产了世界上78%的微波炉，借助低成本变成了高门槛。在格兰仕超低价格的血洗后，海尔、惠而浦等一批国内外知名的企业相继因亏损退出微波炉市场。

营销是在消费者心智和大脑中选择的较量。只有首选战略才能破局。实际上，营销战略的目的是追寻最终的结果，成为消费者的首选，才有最终的结果。

成为消费者首选，既是过程，又是结果

你是什么不重要，消费者需要你什么方面才重要。你的一切工作就是成为消费者首选。

在产品过剩，甚至品牌过剩的时代，消费者已经无暇顾及你的产品和品牌，此时消费者更多地关注自己，这就要求商家必须暂且把自己的产品放在一边，要想赢得势均力敌的对手，商家必须通过更高级的思维方式才行。品牌要想长远的发展，就必须站在行业的高度上，抢占消费者（或客户）认知的制高点，要想实现生存，就必须有效地将品牌战略落地，打造锋利的销售力。当消费者运动感到口渴时，想到的是佳得乐运动饮料；刷牙时想牙齿防蛀，想到的是佳洁士牙膏；想坐名贵显示身份的轿车时，想到的是宝马轿车，等等。

成为消费者首选，是营销的起点，也是营销的终点

你要卖贵产品，你得给消费者一个可以让他信服的理由。

真正的溢价就是发掘你产品的潜在价值，做出顾客所期望的价值，而不是在产品里面添油加醋。

发掘产品的潜在价值，必然要对生意的关键点有深刻的理解，触及了生意的关键点你就能发掘产品的潜在价值，你也就找到了潜藏的宝藏。

品牌是存在于顾客心智中的，建设品牌的关键点就是让代表品牌的符号通过营销活动的投资，进入到顾客的心智之中，并且形成清晰的品牌印象，进而帮助了顾客选择承载着品牌的产品或服务。

顾客购买产品或者服务，大概的程序应该是有需求，根据自己头脑中的记忆印象去市场上进行购买选择，现实看到的产品或服务符合和印证了自己记忆的印象时，往往便会进行购买；但是当现实与印象不相符合，或者在卖场中遇到了其他相关替代产品的营销活动时，便会产生一种纠结，一番比对后，进行了决策后购买。

品牌在顾客的心智中形成，自然会伴随着顾客心智的变化。这种变化主要有顾客认知的变化、品牌联想、品牌的态度、品牌依附、品牌活动五种，不管是何种营销活动，只要作用在顾客身上，就会改变顾客对你的认知。在团队中的每一个成员也都应为团队提供价值，这种价值通过团队的平台提供给顾客，顾客通过这种价值的累积，从而也改变着对你和企业的认知。

这五种变化是依次递进的。我们可以把对品牌的认知归为品牌的知名度，而对品牌的联想和态度归为美誉度，对品牌的依附及品牌活动的反应归为对品牌的忠诚度。

品牌要在顾客心智中具有五度，即品牌知名度、品牌联想度、品牌态度、品牌忠诚度、品牌活动参与度。品牌知名度是指顾客对品牌的认知和了解的程度；品牌联想度是指顾客想起品牌名所产生的联系；品牌态度是顾客对品牌的好评还是差评；品牌忠诚是顾客在情感和精神上对品牌的认可程度；品牌活动参与度是顾客对该品牌进行的营销活动的介入深度，是乐意参与还是敬而远之。这五度通常被缩减为三度，即品牌知名度、品牌美誉度（联想和态度）、品牌忠诚度（忠诚和活动参与）。

如何衡量这五度呢？

斯科特·贝德伯里（Scott Bedbury）和斯蒂芬·芬尼契尔（Stephen Fenichell）认为，品牌的七种核心价值最为重要：①简洁；②耐心；③关联性；④可接触性；⑤人情化；⑥无处不在；⑦创新。

这七种核心价值正是黄金单品的体现，也许企业属于不同的行业，会有不同的规模，但是在构建品牌的时候，体现这些核心价值是所有品牌在创建以前都必须关注的。

王老吉为什么暂时斗不过加多宝？广药从加多宝收回王老吉的商标使用权后，继承了定位的广告语，并没有得到预想的最佳效果。原因在于王老吉在品牌精神、首想品质、形象、地位等方面还有软肋。

黄金单品是顾客最佳体验的总和，构建黄金单品品牌是回归顾客层面的过程。也许品牌有多种表述方式，但我们还是倾向于用“顾客首选”来定义品牌，从而使品牌构建的方向符合顾客成长的方向，唯有如此，企业才能够真正构建自己的品牌。

如何实现“顾客首选”，就要在品质、形象、概念、地位等方面做文章。那种依靠大规模广告轰炸一夜暴富的时代已经一去不复返。要想在市场上取胜，就必须在产品开发、品牌文化提炼、网络完善优化、终端建设管理、广告传播拉动、内部团队提升等等各营销环节要素上进行系统整合。

当一个好的价格出现时，消费者依然认同，商家才有利润回报。

苹果 iPhone 剖析

放眼整个手机市场，苹果无疑是最大的赢家、热卖品牌的典范。2011 年苹果在全球手机市场的份额达6%，已取代LG成为全球第三大手机厂商。iPhone系列产品对传统手机厂商的地位造成巨大冲击，打破了多年稳定未变的诺基亚、三星、LG三甲格局。纽约时间2011年8月9日，苹果公司击败了老牌石油公司美孚，以3500多亿美元身价成为这个星球上市值最高的公司。从乔布斯回归苹果的时间算起，苹果的股价竟然上涨了6754%！

苹果公司2012财年第一财季财报数据显示，该财季营收为463.33亿美元，比2011年同期的267.41亿美元增长73%；净利润为130.64亿美元，比2011年同期的60.04亿美元大幅增长118%。其中，iPhone在2012财年第一财季的销量为3700万台。苹果一家企业的利润，比中国所有IT企业加在一起还要高。利润率是联想的30倍左右，是惠普的6倍。为苹果做代工的鸿海集团董事长郭台铭于2010年身价57亿美元成为台湾首富。

苹果"爱疯"iPhone手机当之无愧为苹果利润大增的最大功臣，成为市场上占统治地位的一种智能手机型号，是黄金单品成功的世界级样本。

iPhone作为苹果的黄金单品，哪些元素使产品卖得快、卖得好、卖得贵?

在苹果生产iPhone之前，苹果在手机领域几乎是没有任何地位。当乔布斯接管苹果公司后，曾有人问戴尔公司的首席执行官迈克尔·戴尔："乔布斯当上苹果计算机公司的掌门人后，下一步打算会是什么呢?"戴尔的回答是："关闭公司，把资金归还给股东。"

乔布斯1997年重返苹果时，公司已经奄奄一息。一是苹果的前途令人怀疑，二是乔布斯的领导方式令人怀疑。乔布斯的经营哲学就是"简约"二字，在回到苹果之后不到一年的时间里，结束了Mac Clone时代，划分苹果的产品矩阵为由计算机组成的四个部分：商用台式机、商用笔记本、消费类台式机和消费类笔记本。乔布斯精简了硬件开发团队的规模，并要求苹果智囊团将这四个系统开发到极致。这被看做是他独特的领导特点，在其他公司都在追求把产品功能做全的时候，乔布斯却一直在做着减法，极致地做减法，聚焦打造黄金单品。他说："我们只生产伟大的产品。"

产品已经摆上了苹果最高的战略位置，每年一个重点产品，往往是五年前还没有出现的产品。

苹果，手机领域的外来户，所谓采用的"尖端技术"并没有什么不可逾越的，甚至来自一些小公司甚至出自业余发明者之手。但他通过精雕细琢，从产品外包装到外观再到硬件，注重产品的每一个细节，并将这种对用户的体验真正融入苹果的产品体验中，iPhone 成为强有力的黄金单品。

还记得在第一代 iPhone 抑或是第一代 iPad 发布前夜，全球各地的苹果迷都是彻夜排队等待的疯狂场面吗？如今，苹果每一款新品的出现，都让全世界的消费者趋之若鹜，归其原因，还是因为苹果的每一款产品都一直 hold 住，并且能一直 hold 到底！

自推出 iPhone 以后，《联机》曾评论说："苹果成功了，但是不可复制，乔布斯运气好，错的有理。"乔布斯被杰克·韦尔奇称之为世界上最伟大的 CEO，其所在的董事会这样评价他，"乔布斯凭借卓越的眼光和领导力挽救了苹果，将它塑造成世界最具创新力、最有价值的企业。他为苹果的成功不断贡献才智，他吸引并鼓舞苹果极具创新力的员工、世界级的执行团队。在董事会董事长新角色上，乔布斯会用自己独到的眼光、创造力和灵感继续服务苹果。"

那么，乔布斯卓越的眼光体现在哪里？乔布斯最伟大的基因在哪里？

答案只有一个：一个最重视推出黄金单品的老板，一个最懂得推出黄金单品的老板。

苹果企业战略、产品战略和品牌战略的集合为六个字——打造黄金单品。

苹果首选品牌的核心密码——7F

在苹果公司，企业 70% 的利润往往是由五年前还没有出现的产品创造的，正是持续不断的新品推动着企业不断向前。苹果手机虽然比一般的手机要贵，但是中国能消费这种价格的年轻人群已经有一定的规模。可以说，有无成功的黄金单品直接决定了一个企业未来五年的命运。

苹果 iPhone4 无与伦比的人气和全球市场疯狂的销售成绩，都让这款手机无愧于作为苹果史上最成功的产品的荣誉，尤其是产品价格高高在上却依然供不应求的销售状况，而让该机的销量冠军地位无人能够取代。苹果 iPhone4 可谓"孤独求败，笑傲江湖"！

2010 年中国 10 大智能手机销量排行中位居第二的诺基亚 N8，其功能、操作便利性与 iPhone4 相比还是差的好远、好远。

品牌可以从很多方面差异化，苹果是从哪几个方面突破的呢

飞机设计中什么最重要？发动机？还是翅膀？都不是，而是两者之间的关系。两者之间的关系决定了飞机能不能起飞。在营销思维中，战术解决的是飞机能不能起飞的问题，战略要解决的是飞向哪里的问题。

从产品角度看，苹果通过将手机变身为集音乐播放器、手机和能上网收发邮件的“移动电脑”于一体的产品革命性创新和商业模式的变革，从当初的市场挑战者逐步发展成为今天的手机市场领导者。从品牌的角度看，苹果为品牌注入情感和精神等人性化的东西，打造为信仰品牌。

1. 首要品类（First-line Items）

（1）从关键元件——触摸屏看苹果黄金单品策略。

iPhone 成为消费者首选的关键一点是它的触摸屏幕。

iPhone 的触控式屏幕对手机产业的改变，像是1984 年个人计算机从键盘走向鼠标。使用者的手可以更进一步去操作机器，脱离死板板制式1 到9 数字按键的限制，无论是计算机还是手机的应用，想象空间都变得更大，对使用者来说，操作也更容易。

触控式屏幕就像是从油灯时代一下子跃到了电灯时代一样。

电容式触摸屏产业的开创者之一台湾厂商宸鸿（TPK）在2000 年成立触摸屏实验室，并说服美国客户把触摸屏环节的组装转移到宸鸿（TPK）。在这一过程中，宸鸿（TPK）逐渐认准触摸屏将是未来发展的趋势——这种用手指直接在屏幕上触摸的方式，比原有的机械式操控简单了许多。早在2005 年，宸鸿（TPK）向诺基亚推销触摸屏技术，希望诺基亚将这一技术应用到手机上，出人意料的是遭到诺基亚的冷遇。

诺基亚为什么拒绝这一技术不得而知。也许，它正沉醉于手机冠军宝座的胜利中，也许是官僚主义在作怪，也许是缺乏战略思考。

诺基亚以往的确很成功，它把手机当作大众消费品出售，而不是只满足有限需求的特殊科技产品，提出科技以人为本，在手机领域，多年稳坐老大位置。但从这些年的发展来看，诺基亚关心最多的还是它熟悉的东西，价格、成本、机型、品种，等等，而不是能够改变生活的技术升级。未来天使来到它的面前，它却拒绝伸出双臂接纳，或者并不认为是机遇，就这样错失了利用触摸屏升级换代的历史机遇。

与诺基亚不同，当时还是电脑厂商的苹果，正在进行智能手机的早期研发，找到日、韩多家触摸屏生产商，都不满意。后来，苹果通过一家美国触控面板材料供应商介绍，找到了 TPK。TPK 研发电容式触摸技术已经两年，技术人员做完演示后，没想到苹果要求 TPK 隔天就飞赴美国做简报。此后苹果认准 TPK，开展联合研发电容式触摸屏技术长达两年。苹果把它作为实现手机升级的龙头技术。在 2007 年年初第一代 iPhone 推出的时候，TPK 成为苹果触摸屏的独家供应商。

苹果第一时间推出人性化宽屏。那时的手机屏幕尺寸最大在 2 英寸左右，很多计算机应用无法在这一级别的屏幕上展开使用。苹果直接将 iPhone 智能手机屏幕尺寸做到了 3.5 英寸，比诺基亚的 2 英寸扩大了 1.5 英寸。不要小看这 1.5 英寸的变化，正是这一点面积的变化带来了质变。在移动办公上，3.5 英寸的屏幕就让原来在手机上很难展现的 office 文档能够很好呈现；在娱乐上，较大的屏幕尺寸也让手机直接变身为移动影视播放终端。

对比电脑，3.5 英寸的触摸屏，太精致了，简直是极品。苹果 iPhone 采用了全功能的桌面操作系统 OSX。这样，iPhone 的身份就不是一个手机那么简单了，它更像是一个掌上电脑。

消费者不是在苹果与诺基亚之间进行选择，而是在苹果与电脑之间进行对比。接近 iPhone 的只有苹果 iPad；实质上，消费者是只在苹果中做选择。也就是说，在某个时期，苹果 iPhone 成为智能手机的首选。

一些公司在销量上难以突破，不是因为管理不好，而是没有管好消费者的选择。不在于你多优秀，而在于你能否成为首选。没有首选就没有营销，也就更没有热卖。

（2）触摸屏担当了首要品类的急先锋。

乔布斯说："我想你们也会同意我们重新发明了手机。" iPhone 将创新的移动电话、可触摸宽屏 iPod 以及具有桌面级电子邮件、网页浏览、搜索和地图功能的突破性因特网通信设备这三种产品完美地融为一体，时尚的外形、简洁酷炫的设计更是使其拥有无数粉丝，一经上市便销量领先。

iPad 和 iPhone 之所以有今天的销售奇迹，得益于乔布斯对消费者首选元素的把握。

当苹果第一款 iPhone 手机问世时，是以智能手机的面目出现，对比数字手机，是一个新的品类，也就是首要品类，自然受到热捧。

进入移动互联网时代后，乔布斯把微软划为桌面领导者，把苹果提升为终端领导者。乔布斯说："微软不能拿在手上，苹果能拿在手上。"这不单是一种心态，更是战略思维。微软自恃的是行业标准，而乔布斯仰仗的是消费者的首买思维。

（3）首要品类满足消费者的本质选择。

自上网本兴起以来，许多顾客期待苹果推出同类产品，这种体积小巧且便携的产品是PC市场增长最快的一个领域。乔布斯回绝了，他经常引用亨利·福特的一句名言："如果我当年去问顾客想要什么，他们肯定会告诉我，'一匹更快的马'。"他推出了iPad，一个新品类，不仅仅是"一匹更快的马"。乔布斯说，iPad不应该是那种与手机和笔记本电脑一起塞进女式手提包或公文包的第三类设备。

苹果公司在乔布斯的回归下，经过10年之久终于涅槃重生。凭借iPhone、iPad等革命性的产品，凭借每隔一段时间，每推出一款产品，以"改变一切的革命性产品"来不断要求自己，不断追求完美，甚至不计较成本，采用先进的原材料部件，让苹果的所有产品具有可靠的保证，也真正让乔布斯用技术改变世界的梦想变成了现实。

目前国内绝大多数企业对此不重视，在源头上，没有明确产品的需求，导致不规范、不明确、不执行，让质量保证大大缩水。

2G时代，有多少消费者对早期的诺基亚品牌爱的发疯，使诺基亚当仁不让地成为手机市场的世界老大。在3G时代，诺基亚被一个手机新手"苹果"给超越。苹果代替它成为3G时代的标杆品牌。诺基亚沦落了，其品牌被新时代的消费者视为落伍品牌。

在2G时代，更有很多消费者把自己标榜成为诺基亚的忠诚粉丝。进入3G时代以后，诺基亚被苹果超越了。无数诺基亚的所谓忠诚粉丝转变成苹果的"果粉"，同样在标榜自己苹果忠诚粉丝的身份。是苹果品牌超越了诺基亚品牌了吗？NO！是苹果的产品性能与个性体验征服了消费者，并超越了诺基亚品牌给消费者所带来的传统价值感，所以品牌的竞争基础是产品力的竞争。诺基亚当时的品牌力还不是建立在质量过硬、实在的产品里上才获得消费者的认可吗？

现在诺基亚在很多人眼中之所以已属于落伍的品牌，实质就是因为其产品品类的落伍。

（4）苹果与诺基亚对手机的理解。

当初，西方很多机构研究，就中国的经济实力和消费水平，认为手机在中国没有多大的市场。但是，诺基亚认为，中国消费者的认知很特别，手机一年一换，乐铃一周一变，手机具有很强的社交价值，而非简单的工作需要。围绕提升社交价值，诺基亚开发出很多长面子的款式，赢得了消费者认可，最终成为中国第一品牌。

爱立信、摩托罗拉等简单地把手机当成了通信工具，错失了快速扩张的机会。

诺基亚理解的手机是“用手机”，所以诺基亚把手机做得越来越小。手机越来越小似乎成为这个行业的趋势，直到有一天苹果突然一反常态出产了iPhone这个大家伙。以往大家做手机是以诺基亚为标杆的，看看现在几乎所有的山寨手机都开始以iPhone为范本了。为什么？因为苹果对手机的理解比诺基亚的理解更深刻。苹果对手机的理解是“玩手机”；苹果对手机的理解，不是手机本身，而是对人与手机的关系有更深的认知。

生意的关键点不是着眼商品形态，而是着眼人性欲望。

有了对手机更深的洞察和理解，苹果就斗胆生产出了这么个大砖头块。在苹果生产iPhone之前，苹果在手机领域几乎是没有任何地位，但苹果凭着对手机生意的关键点的超凡理解，这个“门外汉”却可以打败“老师傅”。

2. 首肯价格（First-wanted Price）

有人曾经在网络上如此调侃苹果iPhone手机在中国掀起的销售热潮。

“苹果说：我的CPU高，小米笑了！

苹果说：我的质量好，诺基亚笑了！

苹果说：我的超时尚，魅族笑了！

苹果说：我的音乐效果好，索爱笑了！

苹果说：我的屏幕分辨率高，三星笑了！

苹果说，我的机身薄，摩托笑了！

苹果说：我的价格最贵，大家都沉默了……”

这则调侃幽默生动地道出苹果产品的特性与价格的巨大反差。

在许多人眼里，iPhone手机价格高高在上，不应是打工族的首选，恰恰相反，它却引得无数“果粉”打工族为之痴狂，甚至有人疯狂到不惜卖掉一个肾来换取一部iPhone手机。

在数码产品不断降价的时代，手机市场竞争激烈，人们说这是一片血红血红的“红海”。手机市场对价格十分敏感，利润率通常仅为个位数。而苹果iPhone总计研发成本不过1.5亿美元，却为苹果带来700亿美元现金储备，一度超过美国政府，其市值在10年间上升了60多倍。如果说其他公司的产品是好卖的产品，苹果做的是好卖而又高价的产品。

苹果坚持着普遍的高价，是投入产出比最高的公司之一。

3. 首想品质（Fabulous Quality）

苹果产品不仅有独特极致的外观，更拥有顾客可感受到的使用品质——一流的界面、方便的操作、多样化的功能满足。

大多数人认为，顾客选择过程是理性判断的过程，但其实90%的时候都取决于客户的感性决策。一见到某品牌，就会马上浮现出它的特质，这就是品牌联想；在品牌丛林中，如果做到消费者产生某种需求，或者想起某种商品特质，脑海中就会马上浮现出某个品牌，就是极大成功。

品质联想是消费者根据品牌标志所产生的有关品牌对应物质量优劣的联想。此类联想是消费者对企业产品功能和品质的抽象评价，它是在基于品类基础之上所产生的联想。我们把最佳品质联想简称首想品质。

2007年，在距离iPhone发布的6个星期前，乔布斯做出了一个重大的设计改变：把屏幕由原来的塑料设计改为玻璃设计。乔布斯坚持认为，塑料容易产生划痕，这些划痕会激怒客户，并会被看做一种设计缺陷。使用玻璃是极大的挑战，在当时来说“几乎是不可能的”，但团队最后找到了解决办法。

到iPhone4，屏幕分辨率达到了惊人的960×640，足足是主流高清分辨率480×320的4倍！苹果将这块超精细屏取名为“Retina Display（视网膜显像）”，意即iPhone4的分辨率超过了人眼的辨识能力。新屏幕采用了IPS和LED背光技术，使iPhone4在阳光直射下具有较好的可视性。同时，暗光线下的表现和可视角度也都相当讨人喜欢。

苹果公司从消费者最易感知、最易判断档次的界面开始突破，这便有了iPhone的鹤立鸡群。

苹果通过对其产品内在、外在属性的整合，使其转化为消费者可以感知的一系列利益，即品牌知觉质量，再通过对诸多利益的提炼，变成苹果产品的品牌价值。

首想品质涉及品牌实体——品牌所代表的产品、服务或组织，产品或服务的特性和利益点、类别属性、质量和创新等，组织经营范畴、经营战略和各种经营行为。

苹果钻到消费者的大脑中，按照消费者的联想思路进行品牌定位，这个过程是逆向的。苹果的每款新产品都有足够让消费者可感知价值，都是源于经营方式的创新，以及对品类的重新定义。以消费者的可感知价值为构建品牌的核心，是品牌存在的基点。

苹果抓住第一选择元素，采取首选战略，做足文章，给消费者震撼性的感知。不管企业的战略和执行如何，信息链的侧重点永远在消费者心甘情愿为你投上一票的刹那间。苹果想象到，消费者首先关心的是用户界面，并根据界面决定是否购买。

在苹果看来，智能手机除了界面，其他都是后台。消费者的第一选择是操作界面。缘于此，苹果将用户界面做到极致。苹果颠覆了传统手机显示屏，一直把触摸屏作为战略制胜的极致元件。

整支 iPhone 只有一个回到首页的按钮，其他所有的功能，随着屏幕的变化，拨电话、上网、选音乐、看照片，都在两指之间，拇指食指轻轻一拨，就可以放大或缩小画面。

如果把键盘和显示器算作人机交互真正的肇始，那么鼠标应该算是这一领域的第一次革命，触控屏则是第二次。巧合的是，这两次革命都是由苹果公司率先引领或引爆的。

多点触控完全替代传统实体键盘，大大节约了手持设备宝贵的体积空间。这使得多点触控时代的来临势不可当，而 iPhone 正是通向未来的第一扇门。

在 iPhone 一炮走红后，包括 HTC、三星、摩托罗拉、索爱、诺基亚等手机厂商争先恐后地推出了自己的电容式触摸屏手机。

触控技术出现在移动终端上的时间并不晚。早在 1999 年，摩托罗拉就运用了简单的“电阻式触控屏”技术。在 iPhone 研发之前，许多基于 Windows

Mobile 操作系统的手机，已经实现全触摸控制。纽约大学教授在 2006 年展示了多点触控技术的终端。在多点触控技术领域，最优秀的研发公司要数 Fingerworks。它在 2001 ~ 2005 年出品了包括 Touchstream 触控键盘和 iGesture 触控板在内的多款优秀产品。问题是这些手机制造商没有把它当做战略元件来对待。

在人们无动于衷之际，苹果公司收购 Fingerworks，它的技术成为后来 iPhone 多点触控技术的实现基础。很快，苹果的工程师们将电容式触摸屏应用到了手机上。

iPhone 的电容式触摸屏解决了电阻触摸屏幕的最大问题——高硬度的触摸外屏的使用，使电容触摸屏有了华丽的外观以及坚硬的外壳，大大促进触摸屏技术的发展。同时因为其特有的设计原理，多点触摸的奇特功能也从不可能变为可能。

在 iPhone 推出后不久，手机玩家中流行这样一句话：世界上只有两种手机：iPhone 和其他手机。客观地说，的确是苹果公司把人们带进了一个人机交互的新纪元——iPhone 对长期以来弃摩尔定律于不顾的鼠标和键盘进行了一场革命。

所谓苹果重新发明了手机，只不过是新技术的系列组合。问题是，这些技术就摆在世界面前。诺基亚等公司也可以拿来，只不过诺基亚采用的是低成本、低价格的财务标准，苹果采取的是高感知、高价格的客户选择第一的标准。

到 iPhone 上市第二年，诺基亚才发现首先在触摸屏上落在了苹果的后边，其功能、操作便利性与 iPhone4 有如此大的差距就不足为奇了。

在这个一切都在成为快速消费品的世界，你的产品和服务，符合顾客的第一选择，就会大获全胜。否则，只能铩羽而归。

产品质量比宣传本身更重要。在乔布斯眼里，“任何一款产品都不应该带着 BUG 去见用户，哪怕失信于媒体推迟发布时间。”这既是乔布斯对产品本身的要求，也是绝妙的营销创意。“不要小看 iPad 上的一颗按钮，它和别人不一样的是我们做了 21 个方案、84000 次测试、57 次改进，用户的满意源于不必要的坚持。”

4. 首选概念（First-choice Concept）

乔布斯上任后做的第一个重要的决策，就是问苹果公司的所有人：“我们是做什么的?”他得到的大多数回答是：“我们是生产电脑的。”“不!”乔布斯坚决地说，“我们不是生产电脑的，我们是制造快乐的，电脑只不过是我们制造快乐的一种工具而已!”

苹果进入手机市场，乔布斯提出，再一次改变世界。实际上，他并不是吹牛，而是找到了首选概念，用它与市场沟通。

品牌首选概念具有很强的竞争价值、沟通价值、指导价值，包括品牌核心价值、市场定位、沟通承诺、品牌个性（情感）等。

品牌符号——名称、标志、基本色、口号、象征物、代言人、包装等识别元素形成有机结构，对消费者施加影响。它是品牌概念的视觉化的表达，能整合和强化品牌认同，在品牌与消费者互动中发挥作用。

首选概念表述品牌终极价值问题——我们是做什么的。

苹果公司在乔布斯的领导下，研发 MP3，制造 iPhone 手机，生产掌上媒体视听设备，并为之提供海量的应用程序和音乐库，公司的产品线一下子延伸开，并创造了一个神话。现在，欧洲平均 10 个人里，有 6 个在使用苹果公司的产品。

如果苹果公司继续沿袭制造电脑的老路，后果可能不堪设想。苹果公司的电脑市场已经退守到一个很小的领域，只在专业设计型电脑市场占有较大的份额，而最普遍的家庭型电脑市场领域，苹果几乎没有任何空间！乔布斯将苹果的品牌重新定位，找到了构成苹果品牌的基本元素，于是苹果公司起死回生，并成为商界津津乐道的传奇。

我们很多企业，在开始做市场的时候，并没有想这么多，以产品、市场或者消费者群体作为品牌的定位，正在重复苹果公司的老路线。

在消费者至上的年代，苹果是把“以产品为中心”做到极致的典型企业。在乔布斯的企业管理思想中，品牌战略的核心目标就是把产品做到极致，从而创造出欲望和需求。

乔布斯总认为消费者的需求研究并不是根本的，因为需求是可以被创造出来的。“以产品为中心”的品牌战略注重的是 C 型需求和 D 型需求的创造，并且把这种创造集中体现在产品上，把产品的创新放在需求、市场、品类之上，从而实现非连续性创新，成就了苹果 iPhone 和 iPad 的销售奇迹。

苹果与其他公司的不同之处，乔布斯说，我们骨子里就是一家消费品公司，你的生死存亡掌握在消费者的手中，他们才是我们关注的对象。我们觉得自己的工作就是对整个用户体验负责。如果表现不及格，那就是我们的错。

作家丹·里昂斯表示："乔布斯不是一个工程师，他实际上什么都不会设计，他对电路一无所知。但乔布斯是一名终端用户，他以消费者的角度来作出产品决策。"

从本质上说，乔布斯发现了消费者对智能手机的第一选择。

苹果产品之所以卖得快、卖得好、卖得贵，实际上从创始人到继承者，围绕消费者的第一选择的影响因素，致力于打造首选品牌。

iPhone 手机在行业内掀起了革命，并被《时代》杂志评为"年度最佳发明"，苹果公司的天之骄子。

5. 首领形象（Father Figure）

我们知道国内许多人用 iPhone 只是玩玩愤怒的小鸟、植物大战僵尸之类的。多数买 iPhone 的人并不是出于功能需要，而是出于 iPhone 品牌的关注，出于时尚的需要。在这点上，国人喜欢发扬一贯的"一窝蜂精神"。我要买的是苹果，是苹果就行，反正我要赶得上潮流。这种高度关注品牌寻求心理安全的思考模式，注定了作为电子产品的 iPhone 不可能具有太多款式，相比较于 HTC 来说，iPhone 就是个单品。我们可以把买 iPhone 的品牌购买行为理解为心理需要，那么，购买 HTC 的人群则是功能需要，HTC 的购买模式跟 iPhone 完全是两种模式。如果说 iPhone 的购买焦点是品牌的话，HTC 的购买焦点就是产品。

品牌是一种"人格化"的存在，产品极大丰富，竞争者的增加，品牌信息泛滥，顾客已经不再仅仅基于"需求和品质"，逐渐上升到一种对产品及服务提供者的"有意为之"的"情感关系"的需求。

品牌最佳"人格化"表现为偶像化，也就是品牌具有首领形象。首领形象是情感的集中表现，是品牌和顾客之间重要的"黏合剂"。

成为一个首选品牌，首先是占据首要的社会形象，就是社会对企业的整体认识与评价，社会形象包括自然属性（科技与创新）、社会属性（伦理定位)、行为属性(角色定位)。

乔布斯重回苹果，从产品设计到销售进行了脱胎换骨的转变，包括产品的时尚化、品牌诉求的时尚化、售卖方式的时尚化以及传播推广的时尚化。通过苹果的时尚化运作，树立了行业首席地位和首领形象。

消费者选择一个品牌，不是看你的知名度，而是看品类、概念、进行品质联想、形象和行业地位。

从公司形象塑造上看，苹果具有革新性、历史延续性，社会营销意识及给消费者的信赖感。从产品上，苹果意味着特立独行，意味着我行我素的文化，传达创新而不为传统束缚，带有特立独行的气质。苹果树立了始终把技术创新和注重消费者放在首位的品牌文化。在消费者心中，苹果的形象是创新、个性、时尚、潮流、高档。乔布斯是文化行为主义者。所以，著名工业设计师阿米特(GadiAmit)说："苹果伟大的贡献在于它证明你能通过贩卖情感而成为亿万富翁，证明设计也是一种有效的商业模式。"

在大多数苹果使用者的眼里，喜爱苹果不仅仅是因为他的时尚、独特，对于这个品牌，更有一份心心相惜的归属感。

优秀的品牌全方位打造领军形象，提升产品形象，包括产品外包装、产品五感等方面，给消费者3F感觉：一是"想要"(Wished Feeling)的感觉；二是在渠道上，让消费者有"时尚"(Fashionable Feeling)的感觉，让人有耳目一新的感觉；三是通过轻松愉悦的促销，让消费者有"难得"(Hared－won Feeling)的感觉。

6. 首倡精神(Faith of Initiating)

联想集团CEO杨元庆说，我的产品与苹果没什么区别。问题是，其产品在消费者的心智中有差距，在市场上有差距，在市场上就是卖不过苹果。

华为已是世界第二大通信运营商，全世界的智能手机都是依靠华为的运营网络，但华为制造的3G手机就是卖不过苹果。

有些企业家说，我们的产品与苹果没有什么差距。

很多人对苹果爱不释手、趋之若鹜，前段时间在网上看到一个报道，说有个17岁的小伙子为了买苹果把肾卖了！这是一个极端的个例。有人说，这说明了你产品好就只有一个结果——大卖特卖。为什么没有把肾给卖了去买HTC的呢？苹果手机肯定还有性能之外的东西。乔布斯说：苹果手机之所以受欢迎，30% 是技术，30% 是人性，40% 是文化。

乔布斯的一句话也许会带给我们一些启示："苹果是一家将复杂技术变得简单的公司。我们的目标是站在科技与人性的交汇之处。"

苹果从小众变成大众，就是因为人们追求的自我实现的需求在苹果品牌中得以反映，此时的苹果已经成了象征物。由于存在情感交流与共鸣，消费者会把该品牌作为其生活中难以割舍的一部分，尤其是当品牌成为顾客一个忠诚可信赖的朋友时，它所创造的心理和情感价值是顾客非常珍视的。

乔布斯做了很多研究之外的工作，基本工作就为品牌注入首倡精神。

苹果公司在运作电脑单品时，就鼓励苹果电脑的拥有者组成本地苹果用户团体。到了近年它已经拥有了 600 多个团体，人数从少于 25 人到超过 1000 人不等。用户团体为苹果电脑用户提供更多的学习有关计算机的知识，分享观点，得到产品折扣，而且他们发起特殊的活动和事件以及实施社区服务。这些无不是苹果实施其品牌崇拜的一个细节而已，然而就是这些品牌崇拜细节的打造成就了今天苹果品牌价值世界第一的国际品牌。

在物质上苹果的产品满足了奢侈品的一切特性：时尚、精致、可炫耀。在精神上，苹果无疑是一家富有理想主义的公司：创新、独立、有所坚持。

早在 1997 年，苹果参考耐克的广告，发动了名为"非同凡想"的广告宣传攻势。广告片中，一系列英雄、思想者、发明家和反叛者的黑白影像蒙太奇充满了画面：爱因斯坦抽着烟斗，鲍勃·迪伦吹着口琴，马丁·路德·金正在发表"我有个梦"的演说，理查德·布兰森猛摇香槟，玛莎·格雷厄姆翩翩起舞，毕加索凝神作画。

随着这些励志的画面不断闪现在屏幕上，搭配简单的钢琴伴奏，演员理查德·德雷弗斯，一位沧桑的中年男人，缓缓朗诵了一首自由诗。声音读出了一段感人至深的旁白。虽然这不是出自乔布斯之手，但这些旁白却体现了他对探索精神的信仰。"谨献给那些狂人们。他们特立独行，他们桀骜不驯，他们惹是生非。他们是一群格格不入的人。他们看待这个世界的方式与众不同。他们讨厌循规蹈矩，他们也绝不安于现状。你可以支持他们、质疑他们、颂扬他们或诋毁他们，但你唯独无法忽视他们的存在。因为他们改变了许多事物。他们推动人类前进。尽管他们是别人眼中的疯子，却是我们眼中的天才。正是那些疯狂到以为自己可以改变世界的人，才能真正改变世界。

就像你选择了苹果计算机。”

改变世界的17个名人出现后，画面终止在一个叛逆小孩的眼神中。据说，在看试片时，乔布斯不由自主地掉下泪来。

苹果品牌成为一种文化平台，就像是一部好莱坞电影或一种新的社会运动，并用有效的概念来满足这些需要。苹果并不把消费者简单地视为消费者，所涉及的有关存在的话题远远超越了与一种产品相关联的通常的好处和行为。苹果用精神和价值观来号召和统领消费者，超越了纯粹的产品层面。同样，消费者追随的是苹果首倡的向上的精神。

自2007年苹果发布第一款iPhone手机以来，其屏幕尺寸一直保持在3.5英寸（人类单手掌控的最佳范围）。苹果iPhone4/4S在智能手机市场里，可谓一枝独秀，单一款（颜色区别）产品卖出了天量，产品风头势不可当。

苹果制造并抓住“市场的期待”，形成“饥饿式营销”。乔布斯从来不会等到新品上市后再想着如何来卖。正如乔布斯所说：“如果等到这个时候再想这些问题，那新品80%以上的情况会失败。”早在新品有一个概念性想法的时候，苹果就开始了它的创新型的系统造势活动，并将终端渠道商、顾客的互动沟通，一直贯穿新品上市全程的始末。乔布斯就是要制造并抓住“市场的期待”。通过对新品上市全程动作和节奏的巧妙设计，形成巨大的冲击市场的合力。苹果对新品上市全程的系统创新管控，值得每个在新品征途上屡战屡败的企业深思。

世界级大品牌为什么纷纷被苹果打败？

金钻战略在多年研究中发现，随着市场经济的飞快发展和社会的进步，如今，全世界的消费者已经进入了消费体验的崭新时代。如今的消费者，已经不是仅仅重视产品或服务本身带来的功能效益，而更加关注自己购买和消费的产品、服务是否能给他带来的精神和消费过程中的良好体验。因为在产品功能及服务功能效益相同或相近的情境下，产品带来的消费体验成为关键的价值决定因素，也是消费者做出购买决策的重要依据。可以说，能够准确洞察这一深刻变化，这正是乔布斯打败竞争对手的真正原因。

7. 首席地位（First Position）

品牌可以分为自然属性的品牌和社会属性的品牌。

其实，二者的区分永远是相对的。这与产品的社会关注度高度相关。比如家电，曾经是高关注度产品，拥有彩电、冰箱和洗衣机甚至是富有的象征。那时，它们是社会属性的品牌，而今天，它们已经属于自然属性品牌的范围了。比如电脑、手机，情况也大致如此。同时，不同的社会阶层，对价值的理解也是不同的。

黄金单品是从“非必需”到“必需”的首选品牌。我们知道，很多企业都在不断地研发新品，但新品是否能真正让消费者动心？是否能让消费者买单？又是否能具有长期的产品竞争力呢？恐怕是少之又少。在乔布斯的眼里，只有达到完美极致的产品才能带给消费者最佳的用户体验。从 iPod 到 iPad、iTouch，从 iPhone 到 iPhone4，从 iPad 到 iPad2，苹果公司每一次产品升级，都大大提升了消费者的用户体验。

“用户体验至上”的本质是“一个黄金单品好于十个黄铜单品”的战略意识。乔布斯果断率先预见到了音乐领域即将发生的变革。于是，创新设计的 iPod + iTunes 组合带来了独特的用户体验，iTunes 的存在让更多人方便地下载和整理音乐，从而大大促进了 iPod 的销售，这也由此开创了一种全新的商业模式：将硬件、软件和服务融为一体，造就了一个数字媒体的发布渠道，从而通过在线商店 App Store 构建了一套完整的产业链生态系统。

除此之外，对企业而言，也许还有更多类似的人员压力、资金压力、技术压力、时间压力等困难与挑战，像一座座大山向我们袭来，时刻都会禁锢到我们前进的脚步，但在乔布斯的眼里，一切都不是问题！因为，乔布斯只想，也能够真正做出最好的产品！

苹果围绕高端价格、首要品类、首选概念、首想品质、首领形象、首席地位、首倡精神七大核心元素打造并持续修炼，最终成为消费者首选的热卖品牌。这也是成功品牌的七大核心元素，称为“7F 营销密码”。

苹果做到了这“7 首”，既满足了消费者的基本需求，也满足了消费者的高级需求，卖得贵、卖得好、卖得多就不足为奇了。

苹果通过 7 大核心元素提升含金量，通过这些元素，设立门槛，让竞争对手难以企及。相反，诺基亚之所以大意失荆州，是因为在首要品类、首想品质、首选概念、首席地位、首领形象和首倡精神等方面做得不够。

品牌名不仅决定传播成本，更是超级认知的核心。

品类不仅决定消费者的持续购买，而且决定企业的定价，甚至决定企业命运。

品质，我们往往认为是技术问题，其实也是营销问题。

品牌概念、品牌观点决定了你的产品有多大的市场号召力。

产品购买理由、产品创意的销售力决定了你的产品有多大的销量。

很多品牌栽在上市前的开端，开端规划不好，成功很难，至少，要承担亏损的风险。与其在市场上疲于奔命，不如好好规划开端。

黄金单品的构成模式

用黄金单品开拓市场“抢占机会”比“整装待发”更重要！黄金单品营销的成功关键在于有突出的优势，能够差异化营销；用黄金单品策略开拓市场时抢占制高点比全面开花更快捷；与其用许多产品艰难地维持多个市场，不如全力死守一两个市场；与其用多个产品的盈利来支撑整个产品线，不如甩掉没有竞争力的产品，全力打造一个优势产品。

对比苹果公司的传奇，绝大多数中国企业在产品战略上存在重大问题，这是真正影响中国企业、中国品牌成长的重要原因。

反观一下我们目前众多的企业现状：产品众多，产品线混乱，没有强劲的明星产品。即便是企业最器重的王牌产品，但当谈到销售额的时候却总是让人难免有些尴尬。因为，销售数据就在那里，不增不减，甚至是只减只跌。

品牌不只停留在一个名称，一句广告语上，而是全方位立体式的，包含有四个层面：品牌精神、品牌形象、品牌传播和品牌动作。

品牌精神是理念和内涵，品牌形象将抽象的具象化，品牌传播扩展知名度，品牌动作则将品牌理念变成实实在在的行为。四者一起构成了完整意义上的品牌，缺一不可，并相互关联，相互影响，共同作用，促进品牌健康全面成长。

苹果品牌的基础是首要品类和首想品质，基础之上是首选概念，而深度差异化则靠首领形象。品牌的高级阶段是品牌精神和攀上首席地位。由文化精神所建立的竞争壁垒，能够成为一道难以逾越的鸿沟。

一个品牌，一旦在品类等方面突破临界点，成为首要品类、首想品质、首选概念、首席地位、首领形象和首倡精神，成为消费者的“必需”，也就达到了品牌的终极目标。

黄金单品是急需、必需、时需、特需的集合

市场的需求总共可以分成急需、必需、时需、特需四种类型。

急需的需求就是一种很急迫的需求，比如说像王老吉诉求的“怕上火喝王老吉”，就是将凉茶的功能变成一种急需的需求，让凉茶从药变成了一种日常功能饮料，时时提醒消费者，上火要喝王老吉。

必需的需求是一种必需性的需求，比如说六个核桃的“经常用脑多喝六个核桃”，启动了补脑健脑市场的必需性需求，告诉消费者你用脑多了就是要多喝六个核桃，从而实现了六个核桃的华丽转身。

时需的需求就是在某个时候的一种需求，比如营养快线诉求“早餐喝一瓶，精神一上午”，告诉消费者早餐的时候要喝营养快线，同时它诉求 18 种营养素，告诉你一种急切地和必需的营养补充模式。而红牛诉求的“困了累了喝红牛”营造的是一种在疲惫时的需求，从而占领了功能饮料类的第一位置。

特需的需求就是满足在特定环境、时间或适合特定人群的需求，比如说九龙斋诉求的是“解油腻喝九龙斋”，所以最后九龙斋就成了一个餐饮渠道的产品，只有在吃饭的时候才能够饮用，很难进行普及化和大众化，因此市场也一直处于细分市场中，没有走向全国也没有成功占领酸梅汤市场第一的位置。

黄金单品具备六个基因

对于黄金单品的判定，我认为它必须具备六个基因。

（1）一定是一款特色产品，并不单纯是一款有卖点的产品，是一款能够将卖点形成赢点的产品。在这里，我非常强调赢点的概念，因为对于每一款产品来说，都有自己的卖点。由于目前市场上的产品众多，不同的品牌往往都具有相同的卖点，因此，产品在市场上的优势，就变得平淡，没有竞争力了。所以，黄金单品需要有赢点。

（2）一定是同类产品中，能形成一定竞争力的，无论在包装、形象、品质等各个方面，要形成单品的品类竞争优势，形成其他同类竞品暂时不具备的基因。对于黄金单品来说，独特性、不可复制性非常重要，因为能人众多，很多时候，只要一款产品概念好，包装好，很快的，市场上到处都会充斥这类产品。所以，黄金单品在这一点上，要具有自己的不可复制性。它的形象、包装、价格一定要符合市场定位，要考虑消费者的需求点。一切的营销，最后的重点都会落在消费者的购买上。作为黄金单品，它的一个主要功能，是抢占消费者购买资源。

黄金单品，在某一个点上，一定要有这种霸气和能力，让对手望尘莫及。如果大家都能轻易进行模仿和跟进，那么，很有可能，我们所谓的黄金单品，只是为别人做嫁衣裳而已。可口可乐这么多年都非常畅销，但是它的配方很简单，就是苏打水。可以说，国内大多数企业都可以制造，但是，为什么一直以来在可乐市场上，它很少有竞争者呢？那是因为，山寨的可乐，成本可能比正版可乐还要高，还怎么来和人家竞争呢？这就是可口可乐的优势。

（3）一定是公司的利润产品，可以形成稳定、流畅的现金流。作为黄金单品，赋予它的任务很简单，就是要阻击对手，抢夺市场。因为公司把所有的资源几乎都集中在黄金单品身上，如果投入产出比不能形成合理的回报，那么公司的运营就会出问题。这也是黄金单品的风险所在，这也是我们一直强调黄金单品要有赢点的原因。试想想，你加大力度推广产品，别的品牌也都会加大力度推广产品，那么，在这场短兵相接中，您能不能打赢对手，能不能取得主动权，很大因素就是看你的黄金单品的赢点是否足够。如果赢点比其他品牌好，那么销售肯定没问题，其他的稳定性、利润、流畅的现金流等问题也就迎刃而解了。

（4）一定是具备能够推动渠道商去积极投入的产品基因。本土企业在很长的时间内依靠渠道商把产品对接到消费者当中，因此，再好的产品如果得不到渠道商的支持，政策就落不到实处。所以，黄金单品的成功与否，与渠道商的关系也是非常大的，无论从形象上、利润上、品牌上，这款产品需要对渠道商有帮助和提升，在扩大产品的多功能性、安全性或便利性方面，能够被消费者迅速接受，激发经销商的经销热情，并不容易受到竞争对手的模仿跟进。像隆立奇的“蛇”元素，就具有跨行业整合的魅力，可以包容很多品类的产品进来，提升未来终端的整体盈利水平。这就是隆力奇一直以“蛇”元素为黄金单品的原因。

（5）超级时代基因。时代造就英雄，一点都没有错。大时代造就了大需求和大市场，机遇也造就了一些超级黄金单品，因为有了大时代的助推，才有了中国饮料市场上的大英雄出现，才有了中国本草型中国风饮品在与国际品牌两乐竞争中获胜，并且销售占了上风。中国本草型中国风化的饮料兴起于2003年，这一年的中国非典让醋卖出了天价，让板蓝根成为明星，让王老吉全面爆发……进入2013年以来，中国全面进入PM2.5时代，雾霾天气以来，口罩脱销、空气净化器脱销、枇杷膏脱销……各种与肺健康相关的产业和产品，迎来史上最强的发展期。雾霾天气下，呼吸一口新鲜空气已经上升到建设中国战略的第一步。

（6）符合顾客关键心智。心智规模决定需求模式，需求模式决定市场规模。心智是指人们对已知事物的沉淀和储存，通过生物反应而实现动因的一种能力总和。它涵盖了哲学对已知事物的积累和储存，结合了生物学的大脑信息处理，即生物反应，运用了为实现某种欲望需求（动因）而从事的心理活动，从而达到为实现动因结果而必须产生的智能力和潜能力。一个人的心智指的是他各项思维能力的总和，用以感受、观察、理解、判断、选择、记忆、想象、假设、推理，而后据以指导其行为。心智主要包括以下三个方面的能力——获得知识、应用知识、抽象推理。

根据心理学“认知冲突”理论，“追求逻辑一致性几乎是人类的本能，类似饿了想吃饭、渴了想喝水一样”。进入顾客的心智中——“攻心为上”。一个绝对需要不断强化和重视的问题就是“我们的工作是围绕着顾客开展的，顾客是谁？如何才能让他购买”？我们知道，对于顾客来说，品牌是零零星星的信息和经历，来源于顾客生活中不断的零散体验和零散信息接触（其中，就有品牌不断传递出来的品牌信息）。因此，我们必须在整个品牌的组成中，在品牌核心价值的指导下，形成一个相对统一的核心信息对外传达，以不断强化顾客头脑中的品牌印象，不断影响顾客，并且让顾客产生持续的购买行为或者能够成为品牌的持续推广者。启动市场的关键在于启动消费需求，击中消费者需求靶心，改变消费者的需求轨迹，创造品牌超级市场。通过逆向大挖掘，形成了超级品牌的三大特征。这也是超级品牌的基因密码。市场竞争的首要任务是认知竞争，本质是创造顾客心智首选。黄金单品关键是从最优化认知竞争中胜出。

当企业确定要打造黄金单品的时候，企业在选择黄金单品上也要注意多方面考虑。一般来讲，黄金单品的选择要注意其是否符合并且能够代表企业整个产品线的定位，是否能够在市场中有足够的市场空间和生存空间。即使我们考虑到黄金单品带动其他产品线的销售，但是在考虑黄金单品的时候，黄金单品自身是否具备销售性即市场空间是需要考虑的。因为只有当产品销售出去，消费者在消费过程中才能对这个品牌产生好感，进而产生美誉度、忠诚度和知名度，从而带动其他产品线的销售。

黄金单品品牌的六层含义

属性——表达出产品特定的属性；

利益——给购买者带来的功能、情感上的利益（耐用可以转化为功能利益，昂贵可以转化为情感利益）；

个性——品牌应传达差异化个性；

价值——应体现制造商的某些价值感；

文化——品牌附加及象征的文化；

使用者——它应体现购买或使用这种产品的那一种消费者。

如果围绕品牌的六层含义提炼卖点，会产生巨大的超常的价值。

消费有三种形态：生活消费、社会（时尚）消费、精神（奢侈）消费，这三者的差异不体现在价格、品质、服务上的程度差异，而是性质根本不同。是性质决定了价格、品质和服务的差异，而不是相反。这就很清楚，为什么高价格、高品质、高服务却不一定是奢侈品牌，而更像是奢侈（浪费）品了。生活消费反映日常需求，社会消费反映社会交往的需要，精神消费则反映自我的精神享受，这恰恰是单纯依靠高质高价给予不了的，你得有思想。

黄金单品品牌基本都以人类五大基本价值为基础

黄金单品确立了改善人类生活的品牌价值，分别是激发愉悦、建立联系、激励探索、唤起自豪和影响社会。

激发愉悦（激发快乐、好奇和无限可能性的体验）——给你带来快乐的可口可乐、百事可乐、青岛啤酒等；

建立联系（以有意义的方式加强人与人沟通、融入世界的能力）——帮助你加强人际沟通、融入世界的星巴克、联邦快递、乐天网等；

激励探索（帮助人们探索新领域、追求新体验）——唤起你探索新领域、追求新体验的路易威登、亚马逊、苹果、谷歌、红牛、惠普、三星、维萨等；

唤起自豪（增强人们的信心、力量、安全感和活力）——增强人们信心、活力、归属感的喜力、轩尼诗、爱马仕、奔驰；影响社会（广泛影响社会，包括挑战现状和重新定义行业领域）——积极挑战现状或重新定义某行业的 IBM、麦思德、舒适达等。

到首选，要有 7 个价值元素引导或触动，也就是可用、可见、可信、可爱、可比、可行、可为等，简称（7T）。

消费者首选的基础是可用，所以，你要实现以弱胜强，应考虑首要品类和首想品质，即功能价值；首选的条件是可见、对应考虑首选概念和品牌主张和承诺，即认知价值和条件价值。首选的条件是可信，需要通过市场划分，实现有效分销；首选的成败在于可比、可为，发现有利于提升利润的人群，实现费用投入高效率；首选的关键环节是可爱，在竞争的天平上，加入感性的砝码，触动消费者心灵，满足消费者深层次的渴望和追求和向往，对应考虑首领形象和首席地位，体现社会价值、情感价值；消费者首选的最终考虑是可行。

黄金单品的“7F 营销模式”

打造黄金单品，从运营上就需要一种全新的系统的思维和能力，需要企业从高到低、从研发到生产、营销等多个部门之间的合作、协调和联合创新。它需要领导者有敏锐的战略性眼光，更需要决策者跳出行业看行业、跳出企业看企业，从消费者未满足的潜在需求中、从竞争对手日益快速的变化中寻找灵感，系统设计并且快速行动，完全不同于传统的新产品策划、新产品研发。

领导者首先必须看到黄金单品对于企业、品牌的重要性，并且需要高层管理人员甚至是企业老板自己亲身参与开发，熟悉“维持性创新、商业性创新、转型性创新、颠覆性创新、整合性创新、破坏性创新、模式性创新”这七大创新武器，能够指导管理层和项目小组成员转变思维和行为，构建合理的组织结构，提供适当的资源，并大胆进行尝试。

以黄金单品为核心的“7F 模式”，要求企业首先要有一个足以在市场制胜的产品策略，企业需要通过来不断推出创新产品的产品领先策略和优化产品线的产品组合策略制胜市场。当然，这里要强调的不是某个单品，而是指企业系统的产品策略组合体系，创新也不仅是指革命性创新，还包括各种形式的创新。

第3章

打造首肯价格体系　创造市场引爆力

首肯价格就是消费者、经销商和品牌运营商都点头同意的价格。

企业要找到一个消费者、经销商都首肯的价格来达到最大利润。

苏宁董事长张近东认为，企业靠打价格战不可能持续发展。

三星董事长李健熙说，不靠销售低价手机扩大市场份额。

世界上的强势品牌，很少是靠打价格战拉客户发展起来的。

高价格是一种战略

高价为何热卖

许多成功品牌的成就证明，一种品牌打开市场销路越来越少地取决于它的事实上的质量，而是更多地取决于消费者感知的“潜在的”质量。

潜在的质量是指消费者对一种品牌的主观评价。在消费者头脑中，潜在的产品价值跟事实上经过检验的产品价值一样，也是实实在在和令人满意的。

宝洁收购玉兰油之后，将其平均售价提高了 2.5 倍，并适时推出一系列产品将玉兰油品牌充实起来，不但走进了大型购物商场的护肤品专柜，在超市、小型化妆品店等零售终端也同样可以方便地买到。由此可见，产品售价其实不是问题，真正的核心问题是凭什么让消费者接受这个售价——也就是消费者为什么相信你的承诺。

如果着眼产品，往往被使用功能所束缚，劳力士可能被一只电子手表打败；如果着眼产品，往往被人群所束缚，水宜生可能被自来水打败；如果着眼产品，往往被市场所束缚，王老吉可能被可口可乐永远压制着。

花上万元人民币从专卖店买劳力士与花 10 元人民币在街头买一只电子手表，两者在使用功能上并没有什么不同，但在情感卖点上、诉求上却存在天壤之别。

为什么有人总能开出最高的价格，还能让客户心甘情愿地一次又一次地购买？企业存在的目的就是为了赢利。而企业要实现赢利，首先必须知道自己的赢利点在哪里。

要想成为价格领袖，你首先必须成为价值领袖。

人们对价值的认知从来都是主观的，因此，超高价策略要求我们必须主动承担起教育客户的责任，绝不能被动接受社会对他们认知的影响，更不能接受竞争对手对他们的影响。

黄金单品的难点在高价格。高价与热卖矛盾吗？一般认为，价格与销量呈反比，但在现实中并非如此。

我们研究发现，增长最快的500个品牌共同点是——没有了不起的发明，带给世界的高层次的利益，并以高价或特高价的形式卖出去。

价格策略时刻保持与品牌气质相符合。价格策略上的随意性，也是不利于品牌气质塑造的。价格策略对于品牌来讲是档次的象征，高档次的品牌形象必须由高价格作为支撑，平民化的品牌形象就要低价格来支撑。

价格是一种档次。

美国的“派克”钢笔虽然价格昂贵，但许多人依然趋之若鹜，因为，一支派克笔是身份的象征。然而，派克笔的尊贵身份却在1982年掉了价。当时新上任的总经理把派克品牌用于每支售价仅3美元的低档笔上，结果，派克公司非但没有顺利打入低档笔市场，反而丧失了大部分高档笔的市场，市场占有率大幅下降，销售额只及其竞争对手克罗斯公司的一半。消费者的心智非常奇特，不是按照质量来衡量价格，而是按照价格来衡量质量。消费者往往是按照最低价格来衡量。派克每支售价仅3美元的低档笔，就在消费者心智中调整了派克的价值。当派克不再代表着高质量，也毁坏了派克在消费者心目中的高贵形象，并且使其竞争对手趁机侵入高档笔市场。

创造高价格并非人们想象的那么难。当高价格成为一种战略，品牌溢价策略也就容易找到。

把价格当作战略，黄金单品就有了高价格的可能。

如何让“土豆”卖上“金子”价

美国惠而浦公司是一家世界级的著名家电企业，在以洗衣机产品进入中国市场的16年里，由于高成本运营、激进的低价营销市场策略、投入产出的负差自然导致屡屡亏损。为急于扭转这种市场颓势，惠而浦先后换了8位中国总裁。2006年，其产品销售溢价仍然低于行业基价约20%。

从2007年，美国惠而浦实施金钻战略，深刻洞察中国市场竞争大格局和中国消费者文化，发现惠而浦公司在中国市场上犯了一个方向性战略偏差——惠而浦这个百年企业为中国消费者提供低价洗衣机。消费者希望获得的是一种“百年品牌”的精神满足，绝不是低价。

随即，惠而浦公司制定了中国市场洗衣机“三角战略制衡”的竞争方针，针对强势国际品牌西门子、强势本土品牌海尔，以及中国低端洗衣机的三大格局，制定“百年品牌、百年技术”为核心的走溢价营销国际品牌战略方针，通过系统传播惠而浦“百年品牌”的品牌价值，以及传承“百年全球技术”来打造惠而浦公司洗衣机的战略性产品，从而全面提升惠而浦公司洗衣机的销售溢价，扩大营销规模，建立中国强势市场竞争力，最终系统解决在中国市场营销的困境。

两年时间，惠而浦洗衣机推出三大战略性产品，使该公司产品销售溢价高出行业基价约13%，市场占有率从原来不到1%上升为3.9%。美国惠而浦的嬗变说明，绝大多数企业家都具备了成功的资源，却只利用了10%，浪费了90%的资源。

从惠而浦中国公司的运作来看，企业与企业的区别，不是把产品做出来，而是谁能把价值提到最高。把价值提到最高，形成价格势能，利润便滚滚而来，市场的其他问题就迎刃而解。如果产品价格低，整个产品链条各环节的利润就都低，产品销售就缺乏动力。而让利消费者更是不现实，有时候产品越是便宜消费者越不以为然。所以企业可以把价格适当调高，在运作过程中好有更大的空间操作，让每个层面、环节都能为产品动销竭尽全力。

当顾客心智中形成了对品牌的印象，并且能够对品牌所进行的营销活动采取积极的活动，比如对品牌新品上市踊跃购买、对品牌产品的促销活动积极参与等，这些顾客用金钱参与的活动，就会直接拉动品牌的市场业绩。最终的结果就是这个品牌的产品或服务可以更高的溢价来形成销售（卖得贵），而且卖得快、卖得多，就有了高的市场份额。

相对于企业来讲，经销商跟你合作是因为它能赚钱，如果能赚钱，稻草可以当做金条卖；如果不能赚钱，金条也只能当做稻草卖。对于经销商，价格非常重要，企业要利用定价让经销商由被动变主动，由要他卖到他要卖。

从“要经销商卖”变为“经销商要卖”的关键是从利润中拿出一块给他。经销商在选择推广新品时主要还是考虑最终的利润，通过对产品价格的衡量，进而考虑扣除物流配送、员工开支等各项成本后的利润分配，通过财务报表的详细数据，分析利润空间是否有弹性。一般情况下，某些大品牌的价格带比较透明，利润空间也往往很低，因此并不会成为经销商的首选，反而某些新品由于具有巨大的利润空间，会吸引经销商选择代理。

企业推广一款新品以及经销商选取一款新品来进行市场运作的时候，考虑的因素有很多，譬如，品牌、服务、市场管控、利润、前景……可是到底哪些才是企业或经销商最看重的呢？品牌溢价。

目前很多行业还都以价格为中心，大打价格战，让我们的消费者产生了严重的视觉“审美疲劳”，而这一结局也让企业、渠道商、消费者三者都无利益可图，因为价格战一出，企业只能在产品的成本和服务质量上做文章，渠道商的利益也是随之下滑，因此到底最后还是消费者只能得到并不称心的产品和服务。

想卖好，你得再贵点

在中国市场，有一个奇特的现象，卖得贵的都作为礼品，卖的贵的是热销产品。

2005 年营养快线推出，几年后它占据了饮料市场的半壁江山。它的单瓶销售量并不是最高的，但整箱销售势不可挡。整箱销售卖的是礼品市场，礼品在中国市场的节日里面尤为重要。因为营养快线价位一直较同类产品要高，所以它在节日里面一直都是抢手货。近年走红的王老吉，已经把单箱更高的价位区间掌控在手，而红牛的单箱销售也逐渐走俏。借用《大腕》里面的一句台词：“不求最好，但求最贵！”所以，想卖好，你得再贵点。

从消费者层面看这有其必然。伴随中国经济 30 年来持续增长，以及国人生活水平的不断提高，国人的需求特征出现了两大转变。第一大转变是消费层次转变，国人消费已经从过去解决温饱的产品消费阶段向自我实现的品牌消费阶段转变，已经从过去的一体化消费向多层次消费转变。今天中国市场产品的丰富程度不亚于任何一个发达国家，高、中、低产品全线覆盖，顾客可以根据自身需求自由选择。

第二大转变，也是最核心的转变，消费升级呼唤高端品牌出现，从现在看消费者不在关注产品，也关注营养，更关注品牌与身份的对接。为什么特仑苏牛奶一面市，就广受欢迎呢？因为特仑苏代表了一种消费升级，代表了顾客的直接需求，如果是在 20 年前，特仑苏肯定会面临失败。

所以消费升级，不但是产品升级，更是品牌升级，顾客购买的不单是物理消费，更是感性消费的迫切需求。

王老吉在北方市场能够大卖，完全出乎人预料。因为它的口感确实不是最好的（对北方人来讲更是如此），它的诉求：怕上火，喝王老吉——怕上火多喝一点白开水就可以了，哪还用喝饮料。但是它的销量上来了，你可能从来没有买过单瓶的王老吉喝，但是却已经喝过N箱王老吉产品了，都是走亲访友时别人送的。因为它贵，大家总想在节日里用更贵一些的礼品表示一下自己的心情，所以它火了起来。

因为红牛更贵，所以它在未来两年将会大卖。端午节走亲访友，再买营养快线时已经觉得价格有点低了，因为别人都送王老吉，干脆就比他们送的再贵一点，送红牛吧。不排除乡镇市场的营养快线销量会更高，因为乡镇的礼品市场也会逐步向更高的价位区间走，但城镇市场也会向更高的价位区间走。当前的高销量会掩盖掉很多问题，一美遮百丑，但是当问题完全曝露出来时，再想要去扭转它，那就不是一时一日之功了。我想到了“青黄不接”这个词，但愿娃哈哈在没有更合适的产品推出时，不会出现这样的一个阶段。中国好声音里面的启力，比红牛增加了一个提高免疫力的功能，希望启力未来几年能与红牛分掉一部分功能性饮料的蛋糕。

较贵产品的成功不仅仅是得到了更高的利润，它也是占据了高消费能力消费者资源的一个目标，就像拥有了一座金矿。一旦这座金矿被人抢走，就很难再回到你身边了。

从销售商层面看这有其必然。因为农夫山泉利差大，所以它近两年大卖。农夫山泉，在1.5元/瓶的价位区间坚持了N年，近几年销量大增，大有取代其他价位水饮料的势头。它的销量比几年前翻了N倍，如果它还是在做1元/瓶的产品，恐怕早已是明日黄花了。当然卖得便宜，它的销量还会翻，但利润呢？各级销售商会不会去推它呢？它怎么去更好地发展呢？

在白酒市场，安徽和河南在价格上采取了两个完全不同的策略，很有代表性。

河南的白酒以价廉作为发展的根本，安徽的白酒以中等价位高促销作为发展的出路。

薄利是不是一定多销呢？很多年后的今天，结果是河南的白酒不见了，它们集体消失在了，如今在河南市场里充斥着外地市场的白酒产品。

中等价位的白酒在一个相对落后的地区，应该不容易走得通吧？皖酒在营销方面花样百出，以自己超强的营销实力，将外地酒拒之门外。安徽，已然成为白酒的一个聚集地。他们在很多地方可以达到一个县一个酒厂的地步。比如说阜阳地区有临泉的文王贡酒、界首的沙河王、阜南的焦陂酒、阜阳的金种子、颍上的管仲酒、太和的太和殿。它们在本地是巨无霸级别的白酒霸主，在自己县里销售额一年一两个亿，在全国的销售一年几个亿，十几个亿很正常。安徽还有很多大家耳熟能详的企业，古井贡、高炉家、口子酒、皖酒、迎驾……不胜枚举。它们大部分都比河南的白酒企业过得好一点，因为它们一直在向更高一点的价位冲击。

伊利金典（单提双箱）、蒙牛特仑苏（单提双箱），应该是它们当前更高利润的保证吧。既然酸酸乳、优酸乳价格已经很透明了，利润都已经比纸还要薄了，那就赶快上个更给力的产品吧。这些人都是冲着钱来的——经销商、二批商、终端商，没有更高的利润撬不走的客户，所以推出更高档次的产品不仅仅是厂家的盛宴，也是各级销售商的盛宴。没有人是愿意只喝汤不吃肉的。

同样是凉茶，王老吉就要贵一点，其他凉茶再便宜，还是卖不过王老吉。

制定溢价战略

三星战略体系中注重价格因素，它的基本假设是：三星可以通过更多的新品和高档的品牌定位获取比竞争对手高得多的利润，接着又用这个利润去加大研发投入，研发出更多的新产品和新技术，实现高档的品牌定位和高额的利润，而高效的运作水平，又确保了从研发到品牌价值转换的高效性。

决定一个品牌是否能够成功，其中的一个关键点就是产品或服务的售价是否能够弥补成本并有所赢利。产品的定价，方法其实是相对较为简单的，主要有三种定价的方法：一种是成本定价法，也就是根据产品的成本，再加上企业所需要的利润、企业风险的准备金等，就可以核算出产品的价格；另外一种是竞争定价法，根据市场上相关竞争产品的价格，来进行产品的定价；再一种是市场定价法，根据市场上顾客所能够接受和认可的价格来确定价格。

中国企业必须制定较高的溢价战略，否则转型很难成功。制定高溢价战略是中国企业从低价格驱动型向品牌溢价型转变的前提。因为只有较高的溢价，才有利润空间来支持品牌、研发的投入，从大众平庸产品向精美产品转变。中国企业高溢价成功的例子不多。我们认为首要是观念问题，其实是缺乏高定价后能否给产品赋予高溢价的"灵气"的艺术。

高价格才能打造利益分配体系

我们通过对苹果、王老吉、水宜生、蒙牛、云南白药、脑白金等增长最快的500个品牌共同点和路径进行分析发现，它们并没有了不起的发明，他们并不是远离红海，他们的共同特点是立足足够大的目标市场大批量销售，同时创造了高价或特高价。

市场竞争过程中，企业需要高利润来源源不断为品牌注入新的活力和价值认知，同时一旦品牌建立，品牌又可以为企业带来源源不断的高利润，这是一个相辅相成、相得益彰的概念。在今天的社会，没有高利润不可能支撑品牌的快速成长。

一个品牌是否是暴利企业知道，但能不能销售却需要社会认同。今天，整个社会已经认同了高利润，认同了奢侈品的概念。否则茅台也没有持续大幅度涨价空间，特仑苏牛奶也不会畅销于市场。

企业作为一个以营利为目的的经济组织，是通过价值创造、价值传递、价值交换来实现增值的，所有营销活动都要以盈利模式为最终衡量标准。

企业营销的终极目标是盈利，但是在具体营销实践中，往往各大管理体系、各项具体工作，难以与利润指标和利益管理之间找到直接关联，常常会出现：忙忙碌碌、热热闹闹，却收益不大、效果不好。

企业的营销价值链涵盖企业内、外部的整个营销过程和环节，只有市场价差体系与企业内部的利差体系有机结合，才能真实反映出从产品销售成本到零售价之间的价值空间和在各个环节的利益分配（包括零售价、分销价、经销价、出厂价、销售费用、市场费用、产品销售成本、产品销售利润等）。

有了价格的空间，才有了利益分配体系；有了利益分配体系，有了渠道到终端的积极性，才形成市场拉动力，形成热卖。简单来说，就是促使渠道及消费者重复购买的方法，即渠道利益链与消费者价值链。这两个驱动力是产品热卖、动销缺一不可的条件，所以企业应该优先将有限的营销资源投入到这两个环节。只有这两个环节打通了，代言人、广告、战略定位以及口号才能成为销量之帆的“正风源”。

没有更贵的野心，只有被消灭的机会；没有更贵的计划，只有束手待毙。三国里的刘表其实比刘备更具备三分天下的机会，因为他已经具有三分天下的资本，但他没有野心，所以他被消灭了。就像很多企业，已经做到一定的规模，但没有做到更大规模的野心，没有抢占高端消费者的野心。日子好过时产品大卖，饱食终日无所用心。等别的企业占领了高端消费者资源，拿着从富人那里赚到的大把钞票，收拾一个只知道从穷人那里赚取微利的企业，易如反掌。

在市场营销的基本结构里，当产品结构确定后，我们就需要考虑价格问题、产品定价、市场价差体系等。但是，打造黄金单品，我们需要从实效性的市场运营角度出发，以营销价值链（产品销售成本到产品零售价）为基础，以利益分配在营销模式的每个环节合理有序分配为基准，把价格提升为利益分配体系，因为从营销价值链来看，不仅是外部的市场价差分配体系问题，还应包括企业内部的利差分配体系，二者的有机结合才能真实反映出从产品销售成本到零售价之间的价值空间和在各个环节的利益有序分配（包括零售价、分销价、经销价、出厂价、销售费用、市场费用、产品销售成本、产品销售利润等）。

打造黄金单品，必须把价格当作战略，把价格提升为利益分配体系。以利益分配体系为主线，贯穿各大体系，形成了一个赢利系统的结构，让良好的价格流助你的大产品持续增长。

产品之所以能够从生产企业流向经销商，流向终端，最后走进千家万户，正是基于顺差性的价格流，每一个参与到产品物流环节的中间人因为顺差性价格流而获利。

新产品从无到有阶段最关键的是动销方法，当然需要定位、广告语、代言人、广告。更重要的是渠道成员（厂家销售人员、经销商、经销商销售人员、分销商、终端等）先动起来，销量才会产生；销量产生了，企业才更有信心去请代言人、投放广告，由此形成动销速度加快、品牌知名度高、产品认可度好的正循环。

一级到二级，二级到非协议商业，各级商业到终端，终端到消费者，都必须保持合理的价差体系，我们叫做价格流。价格流控制好得好，就像水有压力差一样，产品就可以顺利地向终端和消费者流动。

产品在局部市场具备较强的流通性，甚至可能作为“硬通货”被经销商用于商品与商品的交换。另外还有一些无票生意充斥在市场之内，至于零售终端则可能将其作为招揽顾客的筹码，不惜牺牲利润以进货价直接销售。更有甚者，零售价还低于进货价，最终导致产品价格流呈现逆差性（倒挂），这些问题给产品的价格管理带来极为不利的干扰。而某些产品的价格流处在顺差性和逆差性的矛盾之中。逆差性的价格流导致物流的中间环节无利可图，进而引发生产企业与消费者之间的联系纽带断裂的危机，产品自然无法做大做强。

价格流必须是顺差，即向下每一级都有差异，他们都有钱赚，否则亏本的生意没人做。

制定合理的价差体系，保证合理的顺差价格流。有了较高的价格空间，才能保证利益分配机制，实现渠道的高效益高效率。

从价格协同上看，黄金单品模式的主体是产品，那么价格的制定将服从公司整体产品规划，不能损害产品的品牌形象和声誉。具体来说，价格是跟随产品的节奏来变化的，处于不同成长阶段的产品要实施不同的价格策略。一般来说，在价格制定方面，当新产品推出开始形成销售时，其价格将位于金字塔的顶部，而之前的产品则开始降价到金字塔的腰部及底部，直到进入过渡阶段并最终停产，即使销售不错的情况下也会完全退出市场，给消费者留下余韵。

从渠道协同上看，以产品策略为核心的营销模式，要取得产品的领先优势，踏准产品策略的节奏是成功的关键。在产品流通的过程中，渠道的速度和协同程度将决定其最终效率，这就需要流通渠道能够快速支持和响应，使产品快速通过渠道到达终端。同时，企业要有选择性地将产品投放到渠道中去，突出渠道分销的差异，避免渠道间的冲突。通过产品层次分明的投放，在各渠道客户体系范围内形成有针对性的销售。

强力维护顺差，加强市场监察与奖惩。对于已经混乱的价格体系，可以跳过控货的方式，从终端倒着提价。比如中美史克就是跳过控制终端供货量，从而顺利地实现了价格顺差体系建设，保证了产品的可持续增长。京都念慈菴蜜炼川贝枇杷膏就是每年都要进行终端价格体系维护的系列活动，保证终端客户有钱赚，主流连锁药店也就愿意卖产品。

产品动销是串起从无到有、由小到大发展阶段的驱动链条。促销要围绕产品的特点来运作。在运作过程中，要结合产品本身的特点来展开，促销在该模式的运行条件下，更注重的是产品的长远利益及品牌知名度和美誉度。同时，促销要反映出产品的差异性，以产品为核心也就意味着产品是为某一个特定的消费群体定位的，那么也要有“与众不同”的促销手段、方法和产品的定位相吻合，同时与竞争对手有所区别，与产品投放的频率保持一致。

“7F 营销模式”是在一般意义的营销模式基础上，以产品结构体系、利益分配体系、渠道分销体系、品牌建设体系、组织管控体系、区域市场运营体系、销售队伍管理体系、促销流管理体系等体系为要素构成的立体的、动态的、系统的营销模式。

若从财务角度进行结构性细分，营销价值链的逻辑关系如下：

产品销售成本 + 产品销售费用 + 企业销售利润 + 中间商毛利 = 产品零售价

其中：产品销售费用 = 固定销售费用 + 变动销售费用 + 市场开发费用 + 业务人员费用。

中间商毛利 = 经销商毛利 + 分销商毛利 + 终端毛利

企业在营销活动开展前，对产品零售价、产品销售成本、企业销售利润目标一般都可以事先确定或计划性设定，以这三个要素为原点，“盈利系统差异化结构分析模型”形成了以下的营销价值逻辑：

营销价值区间 = 产品零售价 − 产品销售成本

利益分配区间 = 营销价值区间 − 企业销售利润目标

利益分配区间 = 内部利益分配 + 外部利益分配

内部利益分配 = 固定销售费用 + 变动销售费用 + 市场开发费用 + 业务人员费用

外部利益分配 = 经销商毛利 + 分销商毛利 + 终端毛利

以动销原理构建出"盈利系统差异化结构分析模型"，通过关联增减优化法则，来对企业的营销模式进行系统性的优化与提升，有效整合和聚焦营销资源，促进企业有意识地打造具有自身特点的差异化优势。

价值链与运营要素有直接关联关系，利益在各个环节的有序分配，需要与八大体系之间实现相互有机的对接与融合，二者是不能分离的，因为任何运营体系都需要有相应的资源来支持，而且各大体系的宽度和深度的不同所需配套的资源也是不同的。

所以，黄金单品品牌的利益分配体系不是孤立的，它必须与其他运营要素相结合。

企业分配营销利益时，不能闭门造车，而是需要根据行业的基本特点和企业实际情况，摸清竞争企业在利益分配体系各要素的最低与最高边界，再结合企业的营销策略进行重新调整与界定，对现有利益分配体系进行有目的差异化整合。

利益分配要素的行业最高标准和最低标准，以及企业现行标准在最高标准和最低标准之间所处的位置与差异，可以初步看出企业价值分配的特点与优劣势，这就为利益分配体系的优化与整合提供了最简单、有效的分析工具。

利益分配体系关联元素增减优化法则

基于营销价值链的各种内在逻辑关系，这时我们可以立足于企业营销特点和营销策略的不同，遵循利益分配体系关联元素增减优化法则，对企业现行标准线的价值链进行有效的优化与整合。

（1）根据行业基本规律与标准进行各个环节的重新分配。

（2）根据企业资源聚焦原则，适当减少其他环节的利益分配（以满足市场最基本要求为底线），将利益向核心竞争环节进行优化倾斜。

（3）若利益分配区间不足于合理的分配，就需要反向放大利益分配区间和营销价值区间，但是需要从市场竞争角度评价其（降低成本，或降低销售利润空间，或提高产品零售价）可行性。

（4）若利益分配区间充裕，就可以在增加核心竞争环节利益分配的同时，或把各个环节利益配足，或对利益分配区间和营销价值区间进行适当调窄，使企业更具综合竞争实力。

（5）如果怎么调整也难实现利益在各个环节的有序分配，这就说明按企业目前现况是难以形成盈利模式的，企业就应选择放弃或主动进行深度的战略调整。

如某企业以降低产品销售成本，提高产品零售价为基础，以大力度的市场开发费用、降低经销商毛利、加大分销商和终端毛利为差异化竞争优势，从而获得合理销售利润的营销新模式。

应该说，通过关联增减优化法则的运用，企业的营销模式从价值链的内涵上已经基本形成，它的关键是企业需根据内外部环境的变化，立足于企业所处的发展阶段、所拥有的发展理念、所具备的竞争优势，以及未来发展战略定位，锁定3~5个关键运营要素，打造出适合企业自身特点的、具有差异化优势的“7F营销模式”。

通过把握消费者的心理，通过更多的宣传及销售渠道，通过在国企及政府部门业务方面建立业务关系网，联想将销售点、消费者（特别是政府和企业）与它自己之间的三角关系变成了一个“价值增值系统”，每个参与者都从中获得了好处，从而使得联想成为最大赢家。凭借这种能力，联想代理的东芝笔记本曾经连续三年保持中国笔记本市场占有率第一，与此同时，联想逐渐在全国建立了一个庞大的分销渠道体系。当联想开始推出自有品牌的时候，这个集结了生产商、代理商、经销商、消费者的“生态链”，一方面适应了中国PC市场启动初期需要教育和指导的需求，成功地树立了品牌形象；另一方面这个具有延展性的销售网随着市场的增大而增大，成为新兴市场的主导。而分销增值让利的运作手法将经销商等的利益纳入到联想的利益体系中——联想要求代理商交纳一定的“信誉金”，发货后一个月货款不到位，就会结清信誉金，并最终降低信誉等级，以此带动经销商主动性的同时，也在一定程度上保证了渠道的忠实性。

尽管IBM、Compaq等也采用分销模式，但其多代理商的经营方式在激烈的竞争下虽然保证了供应商的利益，却无助于经销商的利益，结果再好的东西做不出规模，只好败下阵来。

提高价格的几个途径

在传统的营销概念中，这是一个销售渠道的问题。在这里，我们用价值通路来表述。一个原因就是让我们更本真地思考：我们如何把品牌提供的价值传导给顾客，以方便顾客能够购买。在这个定位中，我们需要思考一个问题，我们的顾客在哪里？我们已经通过目标市场定位，找出来了我们的顾客群体，现在我们需要思考，他们在哪里？他们的生活方式和生活习惯是什么样的？我们怎么样才能够让他们更方便地来购买我们提供的价值？

传统的销售通路概念，是我们思考和运用的一个方面；但更重要的另外一个方面，就是需要根据顾客群体的购买方便性，来创造性地开拓新的销售通路。顾客在哪里，品牌的价值（产品或者服务）就应该在哪里。

一个非常典型的案例就是饮乐多。在青岛，饮乐多的目标顾客群是儿童的家长，所以，饮乐多就在几乎所有带着儿童的家长出现的地方出现了：社区广场、社区活动中心、社区商店的门口、学校和幼儿园门口……

“拯救顾客”

同人活着需要有魂一样，企业正常经营也必须要有“魂”。一个没有魂的人就是行尸走肉，一个没有魂的企业就是一个干巴巴的机器，不会有好的发展，甚至都不能够成活多久。

企业之魂应该是什么呢？企业必须能够被顾客所需，能够值得顾客所需，顾客所不需要的企业是没有任何存在的价值的。所以，必须明确企业是要通过什么产品或服务，帮助顾客来解决一个什么样的问题，从而给顾客带来实际的价值，让顾客真实需要。企业存在的唯一理由就是能够造福人！换句话说，企业之魂就是要“拯救顾客”。

敢卖高价格，就要提出大问题。

在 iPhone 新产品发布会上，身着紧身牛仔裤的乔布斯指着自己的窄小裤兜说，“如果我们想在裤兜里塞进去一个产品，那它应该是什么？”紧接着，乔布斯拿出了iPhone："没错，就是它！"这是典型的乔布斯式的提问方式，即：站在消费者的角度，提出一个耐人寻味的问题！

消费者并不在乎你的价格，只要你解决他的大问题。

热卖品牌成功在于能否打造出高价格。

跨国品牌强势盘踞中国牙膏市场，以高露洁、佳洁士为代表的外资品牌牢牢把持第一阵营，市场份额超过2/3，市场排名前10位的牙膏品牌已占据了市场90%的份额。做牙膏，云南白药是门外汉，与外资品牌正面竞争，是以卵击石。云南白药切入牙膏，在消费者看来，第一感觉就是不专业。日化领域的渠道、终端、操作理念，对云南白药集团而言，都是一个陌生的领域。由于原料成本偏高等原因，云南白药牙膏定价20多元，价格比佳洁士、高露洁的高端牙膏，还要贵一倍。在当时，这样的价格，对消费者而言，简直是天价。

这样一支牙膏，怎样才能让消费者买单？能否找到方法，变劣势为优势。

发现一：中国90%的成年人都有不同程度的口腔问题。随着饮食习惯的改变（麻、辣、烫）和工作压力的增大，成年人大多有口腔溃疡、牙龈肿痛、出血、萎缩等口腔问题。而这些口腔"小问题"虽然不足以去医院，但大多困扰了人们的情绪，有快速解决的心理和生理需求。

发现二：传统牙膏无法解决人们的口腔困扰。传统牙膏解决的主要是"防蛀、美白、口气清新"等问题，这些问题主要聚焦在牙齿上，着重于清洁，清洁是牙膏必备的基础功能，防蛀主要是儿童期需要解决的，成年人口腔问题大多是体现在牙龈和口腔内的综合问题。

发现三：药物功效牙膏品类虽然一直存在，在消费者心智中，药物功效牙膏一直没有强势品牌，这些本土牙膏品牌，并没有凸显自身的药物属性，而强势品牌佳洁士、高露洁，主要宣传的是防蛀、美白等基本功能。

以上发现，找到了巨大的市场空白点：临床研究证明，云南白药牙膏不但对牙龈出血效果显著，而且能有效防治口腔溃疡、牙龈肿痛、牙龈萎缩、牙龈炎、牙周炎、口臭、蛀牙等常见口腔问题。事实上，这不是一支普通的牙膏，而是一支能解决多种口腔问题的牙膏。显然，云南白药作为伤科圣药，由百年药企打造的云南白药牙膏，天生具备药物功效牙膏的专业属性与品牌背书。

通过系统的思考，企业确定了一个战略：占位“药物功效牙膏”品类，通过系统的品牌爆破，打造成该领域的第一品牌。

在品牌传播策略上，锁定“药物功效牙膏”的品类属性，针对“牙龈出血、口腔溃疡、牙龈肿痛”三大症状，诉求云南白药牙膏的功效。

这一战略设计，将医药科技背景与日化产品有力嫁接，巧妙地将劣势转化成优势，增加了牙膏的科技含量和信誉保证，这也是符合国际“药妆”理念的大潮流。药物功效牙膏的品类，与佳洁士、高露洁等传统防蛀、清洁类牙膏形成“划江而治”的市场格局，避开与跨国品牌的正面竞争。对普通清洁牙膏而言，10 元是消费者接受的价格分水岭，而把一支牙膏作为解决口腔问题的产品时，20 多元的价格就显得容易理解了。一些经常性牙龈出血、口腔溃疡、牙龈肿痛的人群，迫切希望解决这些困扰，对价格敏感度较低，大都愿意花 20 多块钱来解决问题，轻易地化解了价格障碍。

在这一战略决策下，云南白药牙膏启动了一系列品牌爆破。2005 年 12 月底，全年实现销售 8000 万，成为牙膏行业的一匹黑马。2006 年底，实现销售 2.2 亿。随后，云南白药牙膏销量一路攀升，到 2012 年，总计销量突破 60 亿。

质量好 10%的马太效应

质量好、特色新、使用价值高的产品成功率高达 98%，而中等优势的产品成功率为 58%，最小优势产品的成功率仅为 18%。10% 的努力，100% 的价格增量。

1. 产品价格的倍增效应

2000 元的手机与 1000 元的手机，价格上相差一倍，但性能仅多了 10%，然而，还是有很多消费者愿意为这 10% 多付出 1 倍的钱。但他愿意多花 1 倍的价钱，真的是希望购买这 10% 的功能吗？不是。其中相当数量的消费者，之所以多掏 1000 元，其实只是从这款手机里获取“独特”的价值——自己跟别人不一样。这类价格上的“递增”效应，随处可见。

商品多出 1 分价值，价格却可以提高 10 分的秘密——让性价比原理失效！当然，这里说的是“狭义性价比”，是指纯粹以商品物理效用为衡量指标的性价比。“广义性价比”则囊括了消费者对商品的精神享受等衡量指标，比如：买了名牌让自己倍儿有面子，这种精神感受也可以纳入性价比。当我们研究的焦点是商品时，狭义性价比理论是成立的；当我们研究的焦点是消费者时，狭义性价比理论则总是失效。

2. 从低成本到适度成本

过去30年，低成本是多数企业追求的竞争优势，称之为“比较优势”，这也是主流的企业战略思维。从低端转型升级到高端品牌，必须抛弃做低端品牌形成的固有的低成本思维。这不仅仅是由于成本压力上升的被动之举，而是暗含了做高端品牌的内在要求。

做低端品牌，因需要满足顾客的价廉物美的要求，因此企业需要把成本节约视为重中之重，凡导致成本上升的因素被一一剔除。而高端品牌面对的是消费升级后的市场，顾客注重的是多样化需求的满足程度，因此需要增加一些所谓会导致成本上升的“不必要”的环节、工艺。如欧洲企业会在设计上花费更多时间并经常进行工艺再造，这样会导致“低效率”和“浪费”，导致成本大幅上升。但这些所谓的“浪费”是高端品牌所必需的，能够增加高端品牌的内在价值，从而获得高端市场的认可，这是欧洲高端品牌能够长期占据高端市场长盛不衰的重要因素。从低端转型到高端的企业必须舍得加大投入在高端品牌的塑造上，适度成本是必要的，不必过多地考虑成本节约问题。

为附加价值而增加的成本是值得的，高端顾客会乐于支付附加价值所带来的价格差额，企业因此增加的价值远远超过增加的成本。另一方面，能够获得低成本优势的规模经济模式必须抛弃，高成本的小批量多样化才能满足高端市场对个性化、独特性的要求，这将是高端品牌区别于低端品牌的商业模式。

如果一个非常优秀的产品，不经过一个精心的品牌包装与品牌打造，不塑造一个良好的品牌形象，那么在品牌多元化的市场，便很难取得消费者的认同，也就不可能爆发出强势的品牌动力。

只有定好价，才有市场主动权。

海鸥表业，曾诞生过中国第一只手表。计划经济时期海鸥表卖120元一只。1995年，在日本电子表的低价冲击下，全国38家手表企业全部停产，海鸥最困难时大部分职工放假，连企业的水电费都支付不了，企业濒临破产。整个中国 1 年制造超过 10 亿只手表，但平均 1 只手表产值不到 1 美元；做手表的不如种“土豆”的。

瑞士 1 年生产 2700 多万只手表，平均每只手表产值约 224 美元。也就是说，瑞士生产 1 只手表等于中国生产 224 只手表。

如今，天津海鸥集团经历了企业发展历史上最关键，也是最惊险的跨越，其手表最高卖 128 万元一只，身价飙升了 1 万倍，打破了行业平均利润超低的迷局，改写了尴尬局面。

同样是一只手表，海鸥表价格为何发生这么大变化？

市场追捧陀飞轮腕表，海鸥调整产品结构，转产高端复杂机械腕表。近年来研发投入累计达到 1 亿元，2006 年至 2008 年，海鸥先后攻克世界三大经典制表技术，率先研制开发了拥有“中国芯”的陀飞轮表、双陀飞轮表、问表、月相万年历表，打破了瑞士表的垄断，震动了国际表坛，也为天津海鸥赢得了中国手表行业龙头老大的位置。

海鸥通过持续不断的创新，开发具有自主知识产权机芯技术的高档产品，赢得发展主动权。

海鸥集团研制出了集问表、陀飞轮、万年历三种功能于一身的机械手表顶级之作——“三合一”腕表。海鸥“三合一”腕表只使用了少量黄金作为表壳材料，没有用镶钻工艺，对资源和劳动密集程度依赖不强，也就是说，其“金贵”之处完全在于科技含量。新产品“三合一”腕表单只售价达到 128 万元——相当于两辆标准配置的奔驰 SLK 跑车价！海鸥表已经步入了“交钱等货”的定制营销时代。

是创新的能力、实力让海鸥表引领手表消费从计时工具、饰品概念步入了奢侈品、收藏品领域。与经典表款相比，此表设计、工艺制造、装配调校更为复杂，得到了消费者认可。“海鸥牌”卖到 2 万 ~3 万。如今，海鸥遍布全国 20 多个省市的多家专卖店，生意红火。位于北京东方广场的专卖店月营收六七十万元，比一些瑞士品牌销售更好。海鸥表售价突破百万元大关，标志着海鸥成为第一个迈入奢侈品行列的中国品牌。

陀飞轮腕表，让人们产生了品质联想。

挖掘中高端人群价值

一瓶康师傅水才卖1块钱，而依云水可以卖到10几元。

依云的营销思考不是以商品边际效用为出发点的，尽管它也一再强调其矿泉水是多么来之不易，但那至多是支撑其高价位的“借口”而已。如果纯粹用成本来考量，相信依云也卖不到10元。依云的焦点是人，而不是商品。

依云的价值不是水本身值多少钱，而是购买者感觉自己很不一样的心理价值。尽管许多人不会承认购买依云是为了更有面子，但那些不买依云的人会认为你是在摆谱。

为什么奇瑞才6万，而奔驰要60万？是奔驰的性能比奇瑞优越10倍吗？不是。商品显然并不是围绕着商品本身的性价比展开的。所以我们明白了，两个思考模式，决定两种产品档次。

提高价格并非想象的那么难，关键是瞄准塔尖人群，敢于挖掘中高端人群价值。如果把整个消费市场看作一座金字塔，塔底的大众市场看似很大，但消费主要集中在一些必需品、快销品上。这类产品往往已经形成了较为稳定的市场格局和营销壁垒，新进入者缺乏机会。而金字塔上半部分中高端人群的消费需求则会不断转移，这就使得后进入这一市场的企业，仍然有机会去契合、唤醒这群“塔尖消费者”独特的新需求，从而实现品牌崛起。

实际上，面向中高端人群的塔尖营销有一套系统的方法可供运用。运用得当，即可实现企业销量和品牌的“双崛起”。

品牌就其实质来说代表着销售者对交付给购买者的产品特征、利益和服务的一贯性承诺。品牌也是产品溢价的主要手段。达芬奇家具的品牌宣传做得还是很好的，它宣传的产品是符合消费者需求的。它从属性、利益、价值、文化、个性、用户等方面对其品牌进行了有效阐述和导入。“艺术大师”、“文艺复兴”、“名贵木材”、“手工雕刻”、“品位高贵”，这些元素在很大程度上满足了部分富人的购买欲和想象力，将“达芬奇”这三个字的品牌暗示与目标消费者的心理需求做得很到位。

达芬奇的高端市场定位是值得我们借鉴的。

企业在研究市场和细分市场的基础上，结合自身的资源和优势，选择其中最有吸引力和最能有效为之提供产品和服务的细分市场作为目标市场，设计与目标市场需求特点匹配的营销组合。

达芬奇家具的品牌营销策略也运用十分成功。

中高端人群是一个相对宽泛的说法，为了创建更为精准的市场营销活动，我们需要对这一人群做进一步的细分。一般而言，中高端人群由三大消费界别组成：一是政界，广义地包括行政单位、事业单位、军事单位、各种社团组织中的各层级管理者及中高收入者；二是商界，包括各种性质的生产企业、商业企业的各级管理者及中高收入者；三是文化界，包括文化、体育、娱乐等界别的中高收入者。

这种细分能使我们的营销工作有的放矢。当然，也有些产品，是广泛覆盖这三大消费界别的。

多年面对中高端市场的经验告诉我们，中高端市场不同于低端市场，其往往可以进一步细分为五大市场：一是自用市场。为个人或家庭使用而购买，比如云南白药牙膏的销售。二是礼品市场。为送礼而购买。三是团购市场。集体购买、各自使用。比如茅台酒的重点市场一度就是军政两界的团购；再比如水宜生，在很多地市也出现了高收入单位团购的情况。四是收藏市场。为了收藏而购买，比如在多种奢侈品的购买行为中，很大一部分是为了收藏。五是商用市场。购买是为了商业再利用，比如某些连锁餐饮企业会采购功能性酒壶，为餐饮消费者提供增值服务。

实际上，面对中高端人群的很多产品，往往会同时抓住这其中的多个市场。而且上述三大消费界别和五大市场的细分，只是在营销大层面所做的工作，更具体的营销落地尚需进一步的策略来实现。

在消费者身上逆向大挖掘，发现价值点

顾客是有着自己生活态度、生活方式、交际圈子等的活生生的人。没有人活着是为了买你东西的，他买你的东西是为了他更好地活着。顾客需要的并不是黄金单品技术，而是技术转化为产品的使用价值。

我们经常能看到一个衣着精致的上海女子从 LV 挎包里拿出一小瓶的依云矿泉水。对于正常人来说可能一口就喝完了，但上海女子可能喝很久。水已经脱离了它本身的意义。她向你展示的是：她是一个对生活有追求的人！当水作为“扮相”价值存在的时候，每瓶 10 元，太便宜了。广州人习惯把焦点盯在产品身上，脱离了商品本身的附加价值他们全然不认，在这种思维的主导下，哈根达斯、星巴克在广州的表现差强人意。

所以，一种人是聚焦到商品内的思考，一种人是外扩到商品外的思考。广州的商品普遍便宜，上海的商品普遍偏贵，其中原因或许不是区域经济的差异，而是因为两者完全不同的思维模式。

超级品牌的基本策略：逆向大挖掘，发现价值点，再以概念、符号和情感故事的方式告诉委托方，为产品穿上消费者喜欢的外衣，引起消费者共鸣。也就是从消费者大脑中盗梦，变新品的“卖点”为消费者的“买点”。热卖品牌之所以成为品牌，是因为它具有独立的身份，代表某个单一的概念、看法、品类（品牌的单一性），能够影响到顾客的购买决定。

1. 把卖点转换成买点

认清“为什么买”是做好黄金单品策划的前提。在专业的品牌营销服务过程中，每年都能够接触到不少的企业老板。在接触的过程中，他们给我们的第一个问题往往就是“如何让我的产品卖得更多啊”。这个问题本身没有问题，但是如果经营者一直以“如何卖”来思考的话，往往会遇到发展的瓶颈。传统品牌运作过程中最大的问题就是“一直在卖”！

要想卖得好，首先要思考的是“人们为什么会买”。

作为专业品牌营销机构，我们在多年的实践工作中，也在不断思考这个问题，并去寻求突破。为此，我们不断地发问两个问题，一个是“人活着为了什么”，第二个是“人为什么买东西”。多年来，我们一直在这个方面对很多人进行跟踪访谈研究。

马丁·林斯特隆写了一本叫做《买》的书，来揭示人们购买的真相。结论是一样的，那就是没有一个人活着是为了买什么东西的，人们的“买”都是为了满足他生活、工作中的需要。

顾客“为什么买，以及如何买”？

人们买的目的，是为了满足自己的价值需要。对于品牌策划人来说，这是一个重要的道理。知道人们为什么买，才知道自己应该如何去卖！认清人们为什么要买是做好策划的前提。

品牌策划就是把卖点转换成买点。

买与卖中间最为重要的，就是在品牌策划工作中对买卖双方价值共有的寻找和包装。自利则生，利他则久。所以，在品牌策划中，最重要的就是要找到这个双方共有的价值，然后对这个价值进行策划。

这个价值是什么呢？对于卖方企业来说，就是产品的卖点。

对于买方，也就是顾客来说，他购买的是产品的价值，所以我们要在策划的过程中，非常清晰地看到这一点，也就是把企业的卖点转化成买点，人们乐意掏钱去置换的点，这样才能够在沟通上，与顾客达成一致，或者说是在沟通的同一频道上。

所以，卖点转换成买点，就是进行品牌策划最为重要的一步！

当我们的研究对象从商品到消费者时，商业才有了新的视角。那些高呼微利时代来临的人，其实是对商业认知匮乏的人。时代发展到今天，他们仍然盯着商品不放。仅仅从商品身上，确实已经很难获取丰厚的利润。但是当你把焦点放在消费者身上时，却可以获取更大的空间。

消费者在购买瓶装水时，其实有两种思考模式：第一种，关注产品本身；第二种，购买附加价值。我如果花 1 块钱能解决口渴的问题，我就没必要花 2 块钱。于是，越便宜的水越好卖。所以廉价的康师傅矿物质水成了行业金字塔底端最大的基数，而且全行业的低端瓶装水基本上都在 1 元 2 元徘徊。谁想卖贵些，注定会以销售额下跌为代价。在这种消费思考模式下，瓶装水基本被限定在一个“硬”墙内，无人能打破这个藩篱。这种思考模式完全以商品边际效用为出发点的，这种思考模式下，水不可能卖贵！

2. 聚合企业的优异基因

黄金单品不仅是独特的，还要契合中高端人群需求，能打动他们的内心。这就需要我们去寻找、聚合各种优异的产品基因。

面向中高端人群的产品，其产品力并不限于产品的“物质和功用层面”，也包括“精神和品牌层面”，比如很多奢侈品、化妆品的产品力更多来自独特的地理、历史、品牌等因素。所以，我们能聚合的优良基因来源非常广泛。

当大家都买得起汽车时，日本、中国的摩托车逐渐脱离了我们的视野，而钻到越南、柬埔寨等贫穷国家获取微薄利润。据说，宗申摩托的销量是哈雷的十几倍，哈雷的利润是宗申的十几倍。这就是两种思考模式的不同结果。盯着人的商家越来越活跃，盯着产品的商家越来越拧巴！

要想成功撬动中高端人群市场，我们还需要进行第二步的系统工作。

找到消费者的心智价格

做品牌，归根到底就是做生意，做生意如果找不到赚钱的机会，就失去了生意本身的意义。红海竞争的特点，一是竞争白热化，二是对手体量大。如何在红海甚至血海竞争里生存或盈利，并非简单降价这一条路。企业的亏损，尤其是规模企业的亏损，绝大多数原因是企业战略模式、销售管理、营销运营方面出现重大错误导致，与行业平均盈亏水平关系不大。

人们乐意支付数倍于一般品牌价值的钱来购买一副迷人的香奈儿太阳镜。当然，不是这个标志使得香奈儿的太阳镜价格不菲，实际上，它的质量的确要优于一般的太阳镜。然而，质量通常不是消费者们花重金选择香奈儿而非其他不知名品牌所考虑的主要因素。因为，香奈儿的Logo启动了“威望”。我们是不是都应该考虑一下，如何启动某个触发器，让你的产品价格倍增呢？神奇的不是东西本身，而是触发器使得东西看起来更迷人了。

不同的触发器对于不同的人的吸引力也会有所不同。有些人对“罪恶”并不感冒，但是另一些人可能更迷恋于“罪恶”所象征的“威望”。恋物癖们不是唯一的在触发器的作用下对空洞无聊的事物产生迷恋的人。比如说，让你对巧克力蛋糕垂涎不已的并不是蛋糕本身，而是“欲望”这个触发器；让娱乐频道如此风靡的并非八卦新闻本身，而是“罪恶”这个触发器；让你心生感恩温情的并不是你的全家福照片，而是“信任”这个触发器。

消费者们常常被毫无意义的东西吸引。一对交叉的字母C，似乎并无什么意义，除非它们长成香奈儿图标的样子。突然之间，这两个C就变得魅力无穷，因为它启动了“威望”触发器。

瑞士军刀的价格是普通刀具的几倍甚至十几倍。瑞士军刀不仅仅作为一种单纯的刀，还是一种礼品与珍藏品。

1891年，当时瑞士军队还必须从德国购买士兵用刀。瑞士人卡尔·埃尔森纳最初制作军刀的主要目的非常简单。工厂只是一间小作坊，最初制造只是简单的有木制手柄仅有螺丝起子和开罐器两种工具的士兵刀，粗大而笨重。通过不断地进行维持性创新，最终，造出了轻巧且美观、弹簧上面可装有六个刀体的新模型刀，被称为“军官刀”。这种方便的多功能袖珍刀很快就极受欢迎，而且开始收到越来越多的来自国外的订单。而这一军官刀就是瑞士军刀的雏形，并成为维氏公司发家的黄金单品。正是这一黄金单品成为瑞士军刀开启百年扩张之路大门的关键钥匙，奠定了维氏从一家小手工作坊成为跨国公司的基础。

经过一百多年的发展，现在的瑞士军刀早已突破了军队的局限，逐步融入了人们的生活之中，被美国数届总统选为白宫礼品，刀柄刻上总统签名赠送来宾。此外许多世界跨国公司、银行将其刻上名称或商标作为广告宣传品、会议纪念品赠送客户。从尺寸到功能搭配进行合理分类，全面贴合各类人群的需要，瑞士军刀主要针对不同用途及使用组合了上百种型号，有针对野外旅行、探险登山的“露营者”、“攀登者”、“登山家”，有适合钓鱼的“垂钓之王”、“渔夫”等，这种创新也极大的扩宽了使用人群，并增加了销量。

价格战，不是规模上去了，成本降下来了，而是品牌战略出了问题。这就是把凤凰当鸡养。

上海手表，1955 年建立的老牌子，国内名牌，曾经佩戴在毛泽东、周恩来、贺龙、邓小平的手腕上，历史性够强，但产品却没有达到高档水平。2005 年，1 只手表只卖 1500 元。

如果想将上海表变成中国的顶级钟表品牌，让人觉得十几万的产品都是值得的，那就要令上海表成为收藏品。陀飞轮基本是所有钟表收藏家必须拥有的一种产品，所以全世界的陀飞轮都有它的市场价值。一般欧洲陀飞轮的入门点都是 20 万～30 万左右，对于收藏来说当然是物有所值了。

最重要的问题不是在于制造商，而是需要找一个很好的钟表设计师，故此请来全世界最有影响力的 20 位手表设计师之一的 Eric Giroud。他曾经帮著名品牌 Harry Winston 做过一款价值 600 万的陀飞轮。最终通过“私人关系”和“香港品牌”促成了这次合作，Eric Giroud 答应为上海表设计首只陀飞轮，并接后续一直生产。

另外，上海表的形象物料方面也是做的超级豪华，务求将整体感觉推向高端。

首先在发售的前两个月，该公司邀请了一家欧洲的拍卖公司 BonHAms 合作拍卖第一只陀飞轮，最终以 50 万成交。第二天消息通过钟表媒体公布让所有收藏家知道：中国上海牌终于生产了第一只陀飞轮，是由 Eric Giroud 设计的，拍卖结果是 50 万。两个月后，当这个消息完全在市场上消化、接受、等待之后，这款表在东方表行的定价只有15万。

首款“上海牌”陀飞轮全方位打造好后，开始进入销售阶段。

正式销售前先在香港召开大型发布会，选择香港而不是上海的原因是因为香港是所有高档品牌的集中地，素质以及信誉是多年建立起来的，因此也选择了只售卖欧洲高档品牌钟表见称的东方表行合作，因为它那里从来没有卖过任何国内的品牌表，上海表是第一次在此发售，东方表行是一个很重要的信心保证。结果，发布会后3个星期，50只上海表全部售完，每只15万，市场反应比预期的快很多。

市场策略是一个成功品牌必不可少的。建立起一个全新的品牌感觉，让“上海牌”成为上海第一个高档钟表品牌。而包装、形象、销售渠道以及公关策略层层关联，而且紧紧相扣，准确计算市场反应，完全明白和掌握消费者的心里，否则再好的产品得不到市场的认同或者选错媒体，甚至只是样板师的代言人加公关炒作，就想攻占城堡，成功会比你想象中困难很多倍。美国品牌专家凯文·莱思·凯勒说：“品牌来源于消费者反映的差异，如果没有差异发生，那么具有品牌名称的产品本质上仍是一般意义上的产品，而反映中的差异是消费者对品牌理解的结果。虽然公司通过其营销计划和其他行为为品牌提供了刺激，但最终品牌是留在消费者头脑中的东西，品牌是一个可感知的存在，根植于现实中，但是映射着个人的习性。”

创造感知性价比

性价比是企业的事，感知性价比是消费者的事。

美的饮水机上市前，策划人员在走访了汕头、杭州、上海等地后，发现温度可见、可调节、可降温这三个功能足以改变消费者购买饮水机的习惯。美的通过技术革新，不仅把这三大问题解决了，而且还在饮水机上加上当时风靡一时的蓝色显示屏，成本只增加了区区30多块，却把美的饮水机的零售价从400多元推向1888元，且依然供不应求。结果，美的饮水机在两年之内排到了行业第一名。

品牌的真正作用就是影响顾客选择。顾客凭借什么进行购买选择呢？凭借自己的感知性价比。

每个人的购买都是凭借自己头脑中的印象进行购买决定的。一个产品，对其品牌的印象越好，就越倾向于购买；印象越差，就越倾向于不买；印象不好也不坏的就纠结，这个时候身边的促销员就很重要了，周围卖场的氛围就很重要了。

品牌就是设计能影响顾客购买决策的符号和印象，让顾客感知品牌的最优性价比。

对于一个品牌来说，人们的记忆都是散乱的，碎片化的。因为人们会在不同的时间、不同的地点、不同的心情和环境下，遇到同一个品牌的不同信息。所以对于品牌来讲，要想在人们的心智中形成清晰的印象，其各种活动就必须有一个强有力的关联点，可以把品牌的一切信息和活动都联系起来，叠加起来。这个关联点就如同是网络中的那个链接。

养元六个核桃通过设计高考需要补充营养的理由，创造了关联点，在青少年和家长中创造了非买不可的感知性价比。

这种带有“理由”的关联点，容易被顾客从大脑中调出来使用，我们称之为感知性价比很高的“节点”。

|第4章|

绕开技术壁垒　创造首要品类

热销的品牌，

很少有技术上的重大突破，

大多是设计品类方面的突破。

抓住首要品类，才能抓住高利润市场

有这样一种现象，在快消品方面，中国台湾的厂商在内地的表现好于韩国和日本。中国台湾的厂商与韩国和日本的厂商在市场操作上有什么本质的东西呢？我们看看，台湾食品巨头如何一起竞争冰糖雪梨市场的就能看出一些门道。

在莱阳梨汁销声匿迹之后，统一企业毫不畏惧，率先推出冰糖雪梨饮料，2011 年掀起了一股强大“冰糖雪梨热”，在短时间内就以 16 万箱的销量震惊了行业。统一又在瓶装的基础上推出利乐包装，持续在各种媒体展开营销攻势，可谓气势如虹。

老对手康师傅不甘示弱，相隔 7 个月，正式跟进推出冰糖雪梨，同样也是一炮打响，在上市当月仅华南市场销售业绩即高达2000 万元，漂亮地在全国市场对统一实现“弯道超车”。

大牌娃哈哈也加入“雪梨”之争，虽然 2012 年 3 月才上市，但“五一节”之后便铺满各个渠道。娃哈哈在冰糖雪梨中添加了蜂蜜，大打产品概念牌，同样取得了不俗的战绩。

今麦郎也高调进军冰糖雪梨市场。

一个小小的冰糖雪梨市场，一夜成为战国时代，呈现出诸侯争霸的态势。

在冰糖雪梨这个品类上，统一、康师傅和娃哈哈为什么都往里挤呢？答案很简单——消费者接受。

一个品类的成功，首先在很大程度上取决于产品品类概念在消费者心中的认知。中国有着悠久的药食同源文化，很多食品或者食材在消费者心智中，有着特定的价值。这种价值稍一拨动，就会引起消费者的响应。而从国人的养生观来看，冰糖雪梨其实是非常大众化，非常容易被接受和认知的饮品。几乎在全国各地，妇孺皆知其“清热解毒”功效、清甜、爽口。特别是在夏天，消费者更喜欢清淡解渴的饮料，冰糖雪梨是一个具有深厚群众基础的品类。

有人分析，台湾厂商因为与内地有着共同的文化背景，更容易理解内地消费者的心智，所以，更容易启动内地市场。

我们对比一下可口可乐集团推出的“原叶茶”。

可口可乐以为“原叶茶”很高明，结果，茶的品类早就在消费者心中固定为红茶、绿茶、花茶等几大类别上，凭空造出来的“原叶茶”让人莫名其妙，因此消费者并没有选择它。有中国文化背景的商家是绝对不会推出这种东西的。

对品类前途的认识决定市场的效果。

品类教育就如同外语教育一样，是一个漫长的过程。直接利用本土语言是最经济的沟通策略。

企业的营销胜败通常由企业的两个方面共同决定：

(1)“看得见的手”——在现实中，营销团队的建设、管理，以及企业内部执行力和渠道商的外部配合力，形成营销的推力；

(2)“看不见的手”——在目标消费者的大脑中，品类、品牌的战略定位是否精准，是否有效地借助消费者的心智认知，使品牌牢固地立于心智之中，形成营销的拉力。心智之中，最关键的元素是品类。

黄酒为什么打不过茅台

市场的竞争不单是你的同行，更可怕的是替代的产品。替代产品往往是消费者新的第一选择。黄酒是世界三大古酒之一。2004 年以来，以古越龙山、会稽山为领头羊，集体发力黄酒市场，似乎要与白酒、啤酒三分天下。会稽山“占据品类独特性”为定位区隔，品牌定位——“黄酒之源——会稽山，1743 年已是一坛好酒”，传达其黄酒鼻祖地位。

三年之后，黄酒经历了大起之后，集体失语，沉默市场。

在黄酒大品类没有得到消费者认可之前，不能给消费者带来直接的市场效应。消费者知道的黄酒是“佐料”，是调味品，在江南偏安一隅，被民众当作加饭酒，难登大雅之堂。

卖健康虽是黄酒最大的利益点，但黄酒为什么“健康”，只有黄酒企业自己知道。而卖健康必然会遇到定位更为清晰的“保健酒”。

文化和历史是黄酒带给消费者的附加值部分，但单纯地卖文化、卖历史，黄酒很难卖好。从根本上来说，“历史”、“文化” 并不能给消费者带来显著价值因素。

品类、品项在不同时空也可以是定位，主要看消费者的心智接不接受，认不认同，心智有没有这个空当等问题。黄酒缺乏现代“国酒”地位的支持点。

仅存在于货架上而没有进入消费者心智的品类是“伪品类”，存在于消费者心智中的品类是才“真品类”。

“真品类”是企业进行品类营销的前提，众多企业无法取得成功的根本原因是其塑造的品类仅是一个概念，在消费者头脑中找不到任何线索，是不折不扣的“伪品类”，其失败源于对品类营销的误读，和品类营销本身没有任何关系。品类营销就是把你的产品，花较小的代价而快速塑造成消费者心智的最值钱的品类。通俗地讲，我们通过心智引导，让消费者把家鸡当凤凰看，把萝卜当水果看，也就是让消费者把我们策划的产品看得更有价值。品类策划对品牌的塑造起到不可估量的作用。

品类营销将拥有更为强劲的生命力。我们如何进行品类定位，就是弄清消费者对哪一类产品更有持续的需求，它对企业的价值更大。我们协助企业围绕品类创新机会，为品类、品牌进行精准定位，发展营销战略推动品类分化，切实有效地协助企业扩张市场份额，强化品牌在品类内的主导性地位，打造品类领导品牌。

为什么核桃乳市场有跟风，蔬菜汁市场没跟风

一个养元六个核桃已火，山寨版的“七个核桃”、“八个核桃” 和 “九个核桃” 等跟风而来。核桃作为贵坚果，使得养元六个核桃具备了高价植物蛋白饮料的认知基础。

消费者在购买之前，对于将要得到的价值和利益纯粹靠自己的感觉、感受来判断。他感觉好，就愿意付费；感觉很好，就抢先付费。因此，做品牌，就是在消费者购买之前，进行一场价值预演。让消费者感到价值和利益。这种感觉有多大，有多强烈，就决定了消费者愿意付多少钱。因此，品牌工作，本质上就是影响消费者心智工作，让消费者感到我们的品牌最值。

品牌的本质就是一种感觉。

品牌给予消费者的感觉包含两个最基本的元素：

（1）品类属性——我是什么；

（2）价值利益——我能给你什么。

策划就是创造一种感觉。在品牌文化、价值观和认知论基础之上建立品牌感觉体系，是在产品、政策的支撑下展开。针对消费者构建起来的知识体系，是消费者选择的依据，赋予品牌的特质与承诺。它是品牌价值观的体现，是产品结构的源头。在实际操作中，一个是从消费者选择产品的角度，或说从产品角度规划；另一个是从企业内部角度，建立在品牌愿景、品牌使命的基础上，形成品牌主预期的品牌形象与个性。从产品角度、企业内部角度构建针对消费者的承诺，设计购买理由。

不同品类，市场空间不同

男怕入错行，女怕嫁错郎。对于男人来说，行业决定前途；对于女人来说，丈夫决定女人的生活水准。同样，企业要成为黑马，先要寻找品类黑马，也就是选择一个有前景的市场类别。

品类与品类在消费者心智中，存在不同的价值。我们把居于高价值的品类叫首要品类。

以奶粉市场为例，据不完全统计，国内婴儿配方奶粉市场近400个亿，而米粉市场才10个亿左右。如果你做米粉市场，一直遥遥领先割据半壁江山，才5个亿。而即便是个奶粉市场的末流，超越5个亿也是轻轻松松。这是因为，消费者把奶粉划分为比米粉高一级的儿童食品。

不少商家以为，人少的地方就是蓝海，忘了品类有价值高低，抓低丢高，得不偿失。成功的品类创新，无不是立足高价值、大市场、大需求，只是改变了满足消费者的形式。消费者对不同品类的价值划分，形成了主流和非主流。

企业最怕经营错了品类。

有个商学院的学生，按照书本知识，开了一家素食馆，叫“素味相逢”，是高校区首家素食馆，从营销上说通过建立了一个新类别，然后，经研究以素食环保作为切入市场的角度。实际上，销售形势不算太好。在一个高校区虽然有 12000 多学生，但 90% 不愿意吃素食，剩余的学生一个星期能吃一次的不超过 10%，而且 1 份 10 ~ 20 元的价格，也超出了学生的承受范围。再加上没有多少学生为了环保而刻意吃素，其销售额并不高。

产品品类是皮，品牌是毛。“市场类别选择”是指企业的产品究竟进入哪一类市场参与竞争才具有更大的胜算。产品基础策略是企业营销的原点，你的产品未来在市场上的结果，其实一开始就已经确定了。如果产品基础策略错误，那么你后续再多的努力也可能白费，甚至导致失败；如果基础策略正确，就能令你事半功倍。

任何行业、品牌的崛起都与品类创新不无关系。微软、苹果崛起如此，谷歌、微博崛起如此……创造首要品类，突破技术壁垒，让品牌不树自立。

产品成功的核心：品类占位

消费者先是用品类来思考，再用品牌来表达品类的选择。对企业而言，进行品类占位应当是企业战略最重要的环节之一。成功的产品往往代表一个品类，而品类是占领消费者心智的利器。比如，在饮料行业，营养快线是“纯牛奶 + 纯果汁复合饮料”的代表，银鹭是“牛奶花生”的代表，汇源是“100% 纯果汁”的代表；在服装行业，利郎是商务休闲男装的代表，劲霸是夹克的代表，KAPPA 是运动时尚的代表，美特斯邦威是校园休闲品类的代表。它们印证了，品类的牢固占位对于产品战略至关重要。

品类体现消费者的本质需求。消费者在购物时首先关注的是品类特性，其次才是产品的其他特性（如品牌）。这是符合消费者思维逻辑的顺序，因为产品本身的属性才是基本需求，品牌则是附着在产品上的情感归属。

企业要在如此激烈的竞争环境中推出新产品并延长其生命周期，首先就必须要在品类上成功占位，然后再顺势迎合消费者个性化的偏好。品类占位的前提在于洞察行业本质。如果不吃透行业本质，很难进行品类占位。

使品牌成为品类的“代言人”

由于市场竞争激烈，企业在品类占位后并不意味着“高枕无忧”，稍不留神可能就会丧失既有的占位。品类占位要想有持续性，品牌与品类之间就应当建立一种独特的、牢固的消费联想。只要消费者能够将这个品牌与这个品类联结起来，企业的品类占位就较为稳固了。比如，消费者一提到“果冻”就会联想到“喜之郎”，一提到巧克力就想到德芙。要使品牌成为品类的代表，除了在传播上要富于创意之外，还需要构建一套系统的品牌结构，并与品类结构相对应，使不同的品牌与相对应品类内涵相吻合，从而确保消费者产生正确的联想。要实现上述效果，企业可以根据自己的具体情况，采用母子品牌或主副品牌的结构，在资源足够的情况下尽量使每一个不同的品类都能拥有一个与之匹配的品牌，以便能在消费者心目中产生联想。一旦这种联想能够在品牌和品类之间产生，那么就意味着企业的品类占位策略获得了成功。也就是说企业应当从品相或品类战略、模式和体系上构建一套完善的产品运营系统，做到“三位一体”。

如何更好地判断品类价值

到底如何更好地判断品类价值，为未来做好选择呢？“有价、有值、有未来”。

“有价”指的是“高价格”。

选择高价格的产品，在起步就给人一种升级的概念，更容易满足中低端产品爆棚下的消费者高需求的空当。

品类价值高低决定了市场空间和冷热。

醋饮在消费者心智划分中，属低价值品类。无论是“正点酷”的中国第一支青苹果醋饮，还是天地一号的绿色罐装，都无法带动行业的兴盛。这是“果醋”市场无数企业众星捧月还是做不起来的本质原因。

“有值”指的是“有价值”。

在当下和未来，有健康价值、营养价值的产品最容易打动消费者的心智，这是从理性角度来选择产品，产品除了本身能满足顾客核心需求外，还必须额外增添其他竞品所不具备的优势。从心智角度来看，它还必须具备占据心智空当的潜力，于是福娃糙米卷打造“符合健康新观念”的健康休闲零食，娃哈哈的营养快线占据“最营养的饮料”品类。

“有未来”指的是必须符合长远的发展大趋势，能将其做的长久。

品类战略必须顺应社会大环境与消费观念的发展趋势。随着技术的升级和社会的进步，原来的一些首要品类会被淘汰，或者成为次要品类。就像复古与现代的品类对抗一样，就像年轻与年老、新与旧、正宗与仿冒的品类对抗一样；就像画与照相、剑与枪、马车与汽车、传统销售与网上销售的品类对抗一样，无出其右。传统销售品类在逐渐萎缩，而网上销售的电商品类在逐渐扩大。

把握大势，其实是把握品类大势

品牌竞争之本质是品类对抗。传统报纸的阅读量在逐渐减少，而互联网基础新闻网站的阅读量在逐渐增加。相比较而言，台式电脑的销量在逐渐减少，而笔记本电脑的销量在逐渐增加。这是一种趋势，很难阻挡。再光鲜的毛，如果没有皮做承载，最终都是无济于事的。

有人说，全世界的消费者都只认百年品牌，不认百年工厂。其实，全世界的消费者都只认首要品类，而不是百年品牌。

没有一成不变的市场，即使你现在是某个行业的领军企业，或者处于一种垄断经营的状态，关注产品发展趋势也是非常必要且重要的。这里包括技术升级、发展方向、战略制订，等等。1995 年，香港锦兴磁讯公司进行了一笔大收购，然后骄傲地宣称自己成为软盘业的霸主。随之光盘出现了，消费者不再选择软盘，软盘彻底消失在人们的视线当中。香港锦兴磁讯公司消失了。香港锦兴磁讯公司思考的是做本行业优秀的公司，却忽视了消费者的选择。失去了消费者首选的资格，厂房等有形的东西就是一堆垃圾。同理，此后 U 盘出现了，消费者也不再选择光盘。

美国的七喜汽水，所以能成为美国第三大软性饮料，就是由于它知道，人们越来越追求天然，“非可乐”采用新品类策略，宣称自己是“非可乐”型饮料，突出其与两“乐”的区别，实质是突出天然。

消费者的喜新厌旧、观念的改变、政策法规的调整等各种因素都可能导致一个品类的崛起或衰落。企业唯有把握行业发展动向，从消费者心智出发，开发符合社会大环境和消费观念的品类，才能赢得市场。就像仓龙屯人参米，如果是在 20 世纪八九十年代推出市场，必定不会引起太大的关注，因为当时人们的物质生活正处在发展的初始阶段，只是追求吃得好味道好，没有太多的健康概念。到了 21 世纪，随着物质生活的极大丰盛，消费者开始追求吃得健康，搭上了健康风潮的顺风车，健康特性才能受到市场的追捧。而果冻这一曾经红遍大江南北的小零食，近些年也随着健康呼声的越来越高，品类不断萎缩！世界上最具价值的品牌——可口可乐也因为其不健康的特性，在饮料市场的占有率逐年让步给茶饮料、果汁等。

可乐不是很健康是个大问题，因此可乐品类将逐渐萎缩，这是一种趋势，谁也救不了它。品类萎缩的同时也影响到可口可乐、百事可乐品牌的市场份额。

同时当凉茶品类的加多宝、王老吉加大营销力度，那么可口可乐与百事可乐市场份额下降的越快，但会停留在一个止损点。矿泉水品类的农夫山泉、娃哈哈营销力度的大小同样影响到可乐品类的份额。

“健康化”无疑是食品界发展的趋势，具体体现在：添加物越来越少、主原料越来越天然、包材也越来越环保。香约奶茶在局部市场用更天然的“茶包”替代直接添加茶粉就是一个不小的举措。品牌很重要，但不是唯一，所谓品牌竞争的实质还是产品力的竞争。

产品力的竞争实质是创新。创新既符合市场发展趋势又能迎合消费者消费需求的新品类才是品牌成长的王道。普通大众最认可的绿茶、红茶饮料是康师傅、统一饮料里销量最好的品项，而相对小众的铁观音、龙井、普洱、大红袍等茶饮料品类市场则小得多。菊花茶饮料的问题也在这，偏爱菊花茶的人群基数过于狭小。康师傅最初推广的并非是绿茶，它在1996年最初推广的是柠檬茶，市场反响并不理想。而后调整战略，推出瓶装绿茶，才一炮走红。

刘永好的希望集团在创业之初做鹌鹑饲料，由于市场需求量有限，随后进入猪饲料市场，推动了集团的高速发展。他毫不讳言地说，如果只做鹌鹑饲料，只能是个小老板，做了猪饲料，才成为了大老板。

如果品类落伍了，品牌会贬值。曾经风光一时的寻呼机生产或服务企业，当年很赚钱，但是，当技术升级之后，整个寻呼机行业都消失了，如果不及时调整产业结构，这类企业注定昙花一现。英特尔公司持续15年一直生产存储器，曾经在存储芯片上拥有非常大的份额，但利润并不十分乐观。到了1984年，日本人用质量更好同时更便宜的产品替代了它。1985年，安迪·格鲁夫和公司的共同创始人戈登·摩尔面临一个痛苦的抉择：继续做存储器还是转向微处理器。用格鲁夫自己的话说，“在我们所有人的头脑里，英特尔完全等同于存储器，我们怎么能丢了我们的身份呢?”有一天，格鲁夫忽然问道："如果我们被赶出了企业，而董事会又派一个新的首席执行官来，你认为他会做什么呢？"摩尔毫不犹豫地说："他会把我们带出存储器业。"格鲁夫说："你和我为什么不走到门外之后再回来呢？为什么我们不自己改变呢？"一个具有历史意义的拐点出现了——格鲁夫和摩尔让英特尔公司转向了微处理器生产，英特尔公司因此获得了新生。安德鲁·格鲁夫曾经说："我喜欢从细节做起，逐渐形成宏伟蓝图。"安德鲁·格鲁夫说的细节是什么？其实就是消费者的品类首选。

问自己，你是首要品类吗

建立强势品牌的基础是满足人性的第一需求。

首要品类，就是人性的第一需求，品类优势是品牌在同类竞争性品牌中具有的相对优势。

一天深夜，撒切尔夫人忙完所有的应酬疲惫地回到家，她很想好好地休息一下，却发现房门被丈夫从里面反锁了。

撒切尔夫人敲敲门，这时，从房间里传出丈夫不满的声音："谁呀？"

撒切尔夫人没好气地说："是我，撒切尔夫人！"

房门没有开。

撒切尔夫人再次敲门，丈夫的声音更加不悦："谁呀？！"

撒切尔夫人生气地说："是我！撒切尔夫人！"

丈夫没好气地问道："撒切尔夫人是谁？"

撒切尔夫人仿佛意识到什么，她语气温柔地说："是我，您的太太回来了。"

房门打开了。

这个笑话告诉我们的是，在家里，丈夫需要的是一个太太、一个女人、一个妻子，而不是个女强人、铁娘子、政客。

撒切尔夫人为什么吃了闭门羹，引起丈夫不满？显然是她在丈夫面前仍把自己当成政客。

品类对应着人们的本能需求，消费者最基础的选择是品类。消费者的第一选择是对品类的选择，是真实意义的购买。

为了颠覆秦国，赵国实施女人外交，把公主嫁给了秦王，本想既讨好秦国，又增加赵国在秦国的话语权。赵王为了增加礼品的分量，又挑选了一些漂亮的丫鬟作陪。后来的结果出乎赵王的预料。秦王只喜欢丫鬟，冷落了公主。

从本质上讲，秦王喜欢的是漂亮的女人，至于是不是公主身份并不重要。

从消费者的角度，我们可以把产品分为本能性产品、角色性产品、精神性产品。我们把满足消费者本能性需要的产品叫做首要品类。

不同的消费者，会有不同的选择。问题是，如何让不同的消费者有一个共同的选择或者趋向性的选择。从营销学的角度讲，秦王想要的是“漂亮的女人”的品类，外交辞令上表达的是“公主”的品牌。如果单纯送的是漂亮的公主，会赢得秦王的喜欢，问题是赵国让秦王增加了选择项。我们常常像赵王行贿秦国一样，把自己的公主看成是公主，把丫鬟看成丫鬟。可是产品到了客户面前，就有一套他的评价选择标准了。

汉朝皇帝就比较聪明了，据说，匈奴提出和亲时，皇帝比较懂得他们的意图，拿了丫鬟当公主，与匈奴和亲，挑选最会用眼睛说话的“丫鬟”，按照公主的样子打扮，告诉大单于，这个公主最漂亮。大单于见了“公主”，满心喜欢，也不进行身份调查。汉皇帝明白，大单于喜欢的是最漂亮的女人，至于是不是公主并不重要。丫鬟当公主的策略，屡试不爽。

消费者购买产品前是寻找思考品类过程，而最后说出口的是品牌名字。比如：早上买早餐，首先要下决定是买油条？买包子？买煎饼？买牛奶？火腿肠？在确定了购买这几个品类的哪一类后才会说出要买XX牌油条，XX牌煎饼，XX牌牛奶，XX牌火腿肠，XX牌包子。思考的是品类，购买的是品牌！

市场竞争首先是品类与品类之间的竞争，其次才是同品类品牌的竞争，品牌则是其后的选项。怎么可以让消费者买我们的品牌？很简单，只要你是首要品类，你被购买的机会将无限大。

养生堂重磅推出了一款新产品：TOT苏打红茶，浪漫温馨，可惜不好喝。虽然养生堂对TOT苏打红茶进行了大张旗鼓的宣传，销量却不佳。为什么？对于消费者来说，听到苏打红茶后第一反应是什么？首先会纠结在“苏打”上。这东西不常听到，什么是苏打？干什么用的？能喝吗？这些问题虽然不是很清楚，但有一点很清楚——这个肯定是化学物品。当人人都在谈纯天然、无添加的时候，你还弄个这种东西出来，不是自讨没趣吗？

品类构建就是让消费者认为这种品牌就是考虑到他们的问题，专为他们而设，那么这个品牌就会被当成解决他们的唯一方法，市场和利润随之而来！

品牌只是经营品类的结果，品牌只是品类某个细分市场的称号，品牌就是该称号的声誉。声誉随着市场动态改变，现在是知名品牌也许过10年就是狗屎名称，只有品类和名称是没有变化的。

成功的运用品类构建，不仅可以使企业避免激烈的竞争困扰，而且可以以较低的推广费用，获得无人竞争的独享优势。

有些品类产生在很有根基的消费趋势之上，由于受到社会因素、消费因素的推动，它会越来越有价值，比如，附和健康、有机、低脂低糖类食品。

在开始考虑确定品牌定位时，首先需要确定的是顾客意图，确定在顾客意图方面企业擅长什么，不擅长什么，企业所擅长的地方能否帮助实现顾客的意图，还是伤害了顾客的意图，或者根本与顾客意图的实现毫不相关。

品类归属策划——小投入，大收益

高价值品类，只存在消费者心智中

雅戈尔老总李如成到欧洲调研发现，不同品牌的公司在做相同的产品。你做男装，我也在做男装，但是他们对品牌的划分是奢侈、高档、时尚、实用几个档次。

同样，张瑞敏到欧洲调研，也遇到同样的情况。他问一位消费者，这冰箱怎么样。消费者说，这是艺术品。在欧洲，消费者在购买冰箱时不是按照节电来划分，而是按照普通、非艺术品、艺术品、奢侈品来划分。

劳斯莱斯这个品牌不是定位于汽车市场，而是定位于奢侈品市场。劳斯莱斯轿车成为显示地位和身份的象征。消费者为了借劳斯莱斯轿车显示自己的地位和身份，故意说该公司要审查轿车购买者的身份及背景条件。这个杜撰的规定是消费者传递其品牌价值观的重要举措。劳斯莱斯代表的是“皇家贵族的坐骑”；劳斯莱斯的对手也许不是别的品牌的轿车，而是其他的奢侈品品牌。

快消品、艺术品或者奢侈品，是消费者不是立足实物而是从文化品位上的划分。所以，企业应跳开实物角度的束缚，从文化上发现品类新大陆。

品类战略不是细分战略

传统营销理论中的细分战略，是简单地从市场角度寻找机会，靠工厂的制造能力，生产出满足细分市场需求（如更优质、更便宜等）的产品，然后推销给消费者。

品类战略是完全不同的过程，品类机会不存在市场上，而存在消费者的心智中。品类战略是从消费者的认知出发，寻找品类分化的机会，借助消费者心智运作规律，抢先占据心智资源，从而形成市场上的强势品牌。

成为传统品类中的第一品牌很难，而成为新品类中第一品牌就相对容易了。

品牌应该包含两个部分：品类（心智中的格子）和品牌名（心智中格子中的品牌）。品牌名和品类一旦产生关联，锁定在一起，就完成了品牌的创建，创建品牌需要做的就是不断将品牌名与品类名锁定在一起。

消费者品类认知的心智资源是呈阶梯状的，所处的位置是越靠前就越大。只有在消费者品类认知心智中占到了第一位次才能成为第一品牌，品牌溢价问题、渠道问题、宣传问题等才能从根本上解决。

“优先乳”并不是消费者的通用词汇，“营养吸收，双优先”的品类诉求，并不能通过这个命名进入消费者认知。品类的奥妙之处是不能太新不能太旧，快半拍，不是快一拍！

以心智发现为基础的品类缔造是第一品牌的定位前提，在开创的新品类中，第一品牌的定位变得顺理成章，打造具备主导性的领导品牌，就要成为一个新品类的开创者，这是品类战略的主旨思想。

不是从市场中空缺找机会，而是从心智中找机会

通过细分战略的严密步骤，娃哈哈发现市场上存在这样的空缺：咖啡和可乐的融合。娃哈哈通过大规模的广告运动，试图塑造一个全新的品类。但

经过 2 年的推广，现在非常咖啡可乐已经非常萎缩了。在市场中存在空缺的产品，但未必能得到心智的接受。因为消费者想喝到更纯正的咖啡，或者更正宗的可乐，而不是协调两者的口味、互相妥协的怪物。非常咖啡可乐在心智中没有机会。

通过细分战略，你会发现市场上永远存在更美味、更有品质、更漂亮、更多功能、更安全、更健康、更快捷、更方便的产品细分机会，但通常作为后来品牌无法占据这些市场机会。

奥迪汽车曾经做过一份调查，发现消费者需要更多驾驶乐趣的汽车，于是针对消费者需求，开发出了一款比宝马汽车更有驾趣的车型，并请汽车专家做了证言式广告。你会相信这则广告吗？应该不会。很多时候，市场上确实有很多机会，但未必你能占据。这个时候，要考虑的是目标消费者的心智共识。

市场上有“美白”的空缺市场吗？没有。心智中有“清真美白”的机会吗？有。

草原奶——顾客心智中最好的牛奶。蒙牛抓住草原奶大做文章，成为液态牛奶制品的领导者。德国的汽车——顾客心智中全球最讲品质的汽车品牌。奔驰、宝马、大众的品牌战略契合了消费者的心智共识，所以它们成为全球汽车的领先品牌。

在许多手表生产商看来，表就是表。马克·麦克在飞机上遇到劳力士总裁安德鲁·汉尼格，问：“你的手表生意怎么样？”安德鲁·汉尼格回答：“我不清楚手表生意目前怎样。我没做手表生意，而在做奢侈品的生意”。

劳力士手表自从 1905 年问世以来，一直保持较高的知名度和价格水平。事实上现在劳力士手表已经不是真正的单纯的手表了，它已经演化为一种高档首饰，跟黄金项链一个性质。

劳力士不仅仅是推广这个名字，而且把劳力士和心智中叫做豪华瑞士手表的品类锁定在一起。劳力士与普通商家不同，按照低价、中价和高价划分，劳力士开创了一个高价表的认知，使普通消费者隐约觉得可以花 5000 美元买块表。

经营什么是回答消费者为什么消费的问题。

是奢侈品就不能太便宜。手表这个产品，可以基于两种“概念”来概括它：一种是计时功能；另一种是身份炫耀。传统的瑞士手表业，基本上就是以这两种“概念”而闻名于世：要么表示精确，要么表示身份，尤其是后者，更是使得手表这种机械产品走向了辉煌和顶峰。

可是，瑞士的斯沃琪公司（Swatch）却另辟蹊径：既不表示手表精确的计时功能，也不表示它昂贵的身份炫耀，而是把手表定义为了情感的象征。

不同人群，对产品有不同划分方式

很多时候，市场实物角度的品类与心智角度的品类二者并不一样。看似外形一样、工艺一样、原理一样的产品，往往在消费者心智中被划分为不同的品类。

浓缩果汁与非浓缩果汁属于一个类别，但是从心智的角度看，它们属于不同品类。从市场实物的角度看，不存在一个叫做安全轿车的类别，但是，从心智的角度看，安全轿车的类别十分清晰。

从文化细分中发现好品类

品类不是市场细分，品类是文化细分。

劲酒作为中国保健酒第一品牌，是一个非常成功的酒企。劲酒公司认为，劲酒是男人的保健酒，市场存在中国女性保健酒品类的空缺。为了扩大市场，劲酒公司推出了女人保健酒。劲酒公司以赤霞珠葡萄酒为基酒，外加多种草本植物，生产出酒精度为14度的女性保健酒，品牌为“韵酒”，以美容、祛斑、养生为独特的理性卖点。从企业逻辑的角度讲，这是一款具备“品类战略”思想的新产品。劲酒还推出了一款低度保健酒——欢度酒；一款保健白酒——枫林小曲；一款能改善睡眠的保健酒——金眠酒。

反观顾客心智，女性顾客到底需不需要一款专门针对女人的保健酒呢？其实女性保健酒品类早已存在，葡萄酒品类根深蒂固存在于女性消费者大脑中的第一美容健康酒。

需求量大不大呢？需求量有限。

在消费者心智中，女性不宜饮酒，更不适合靠酒来保健。所以，以酒身份出现的产品，没法进入女性的采购清单。

从消费者心智来看，高价值的品类身份就是让消费者认为这种品牌就是考虑到他们的问题，专为他们而设，那么这个品牌就会被当成解决他们的唯一方法。有了高价值的品类身份，容易定高价，容易贯通市场上的各个链条，往往获得更多的市场份额，利润随之而来！

热卖品牌的关键一步是努力在消费者心智中被划分为高价值的品类。

品类，是根据社会身份划分的

消费者根据自己的理解把产品划分了不同身份。商家往往按照商品的固有形态或技术性能来划分，而消费者不这样划分。消费者购买产品，不仅选择产品的功效和质量，也同时选择产品的级别和文化品位。

从工艺和功能上划分上，表是表，但是消费者在心智中，把表划分为垃圾、玩具、装饰品或者是奢侈品。在消费者划分标准中，艺术品、奢侈品是高级的一类。装饰品可以有不同的式样。

经营什么，其实是经营消费者对产品的划分层次。一旦消费者把你的品牌划分为奢侈品、一种最高身份，就会不计较价格问题。

经营什么，似乎是一个显而易见、不用多说的问题。其实，恰恰是这个显而易见、不用多说的问题让一些企业上了天堂，也让一些企业下了地狱。

卖个好价格，就要换个好品类

品类不同，消费者对价格的认可不同。

海带，由于其传统的命名，虽然它有很高的营养价值，但因为历史的原因已经成为售价很低廉的普通海洋食品，没有人会认为海带有多么高贵。这个时候，某企业开创了一个新的海带品种，它非常鲜嫩且颜色也像兰花一样翠绿，因为其培育和加工的成本是普通海带的五倍，所以在销售上形成了非常大的障碍。虽然该名叫“深海小海带”，但因为其属性名称未改，所以顾客依然会把它与普通海带等同联想。为了解决这个难题，企业只得修改属性，直接命名为“海蛟兰”。因为产品的实质其实已经改变，如果继续叫海带，产品的前途不会太好！而这样一改，消费者会认为这是一个新的海洋食品，如果口感和营养价值确实高于传统的海带，市场前景会越来越好。

根据价格不同，品牌可分为大众品牌和奢侈品品牌。

大众品牌如可口可乐、娃哈哈、高露洁、强生，这些品牌价格定位适中，顾客群体广泛，有大量忠诚顾客高频次的购买，最终这些品牌通过顾客大量消费，导致企业规模化生产而获取规模效益，获取规模利润。

奢侈品牌如劳力士表、鳄鱼服饰、宝马轿车等，这些品牌附有地位、身份象征，有心理的附加价值，定位高档，产品的毛利率远远高于一般商品，因而这些奢侈品最终为企业带来了丰厚的利润。

无论是因大批量忠诚客户购买所带来的规模化效应的大众品牌，还是因附加有地位、身份等附加价值而高毛利定价的奢侈品牌，最终均为企业获取了超一般水准的利润。

当人们的生活越过基本生活线之后，基础生活资料的消费及产品的功能性利益点，就越来越不再是产品消费的热点产品。服务产品、文化产品的消费，正在成长为新的大产业，游戏、旅游、养生、娱乐等产品成为消费热点。这是又一轮巨大的产业革命。

无法挖掘常规资源，就发现人们大脑中的认知资源

品类是人们内心和头脑已经根植牢固的认知，不是创造出来的。它脱胎于人的心智，它的根源来自文化，它也必将根植于文化，存在于消费者固有的、已有的认知中。大多数品类在领导品牌出现之前就存在了。品类只是同一文化领域的群体对待事物的集体认知。

新产品研发不单是技术人员的事。认知，人类最核心的差异地带，这种隐藏的差异造成人们对事物的不同理解，从而指导消费行为，因此，人们大脑中的认知资源是营销中不可取代的稀少资源。而这种认知是种宝贵的稀有资源，发掘认知，利用认知，抢占认知资源，将认知资源与企业现有资源对接将给品牌带来核裂变式的发展。

不要小看人的大脑，这里是最深奥、最不可估量的源泉，只要打得够准、挖得够深，就会为品牌源源不断地提供甘甜的泉水。

如何在消费者的大脑中建立一个能创造利润的品牌概念，其中一定有规律可循。从中国顾客心智中已有的品类出发，通过改良或包装，实现工业化。经过缓慢起步，避免被大企业发现，等到实力积累到一定程度后，迅速全国扩张。

聚焦顾客的某类需求，开发对应的产品，同样需要缓慢起步，即使等到具备全国扩张的实力，也不应该全国铺开，而是应该在空白市场逐个培养、逐个突破。

首要品类

建立一个新的产品类别概念，最经典的当属地球人都知道的“七喜”的非可乐概念，这里不再多言。

“老万”在进入民用炉具行业时，大家都叫“采暖炉”。为了从纷杂的市场中“跳”出来，老万发明了“家用锅炉”的类别概念，单从名称上就显示出比其他采暖炉的高级。几年的营销传播下来，“家用锅炉”已经成为高级采暖炉的代名词，“老万”也成为炉具行业的第一品牌。满足同一需求，大家实际上还是正面竞争，但重新定义新品类概念，却让消费者面对一个新的选择，一个新品类的选择。这时你享有的是一个品类的市场。

根据消费者心理导向，确定品牌品类联想

笔者曾经在一家制药企业做顾问工作，最初这家企业生产的药品销量并不是很好，但各方面的工作都在按部就班地开展，该投入广告就投入，该促销就促销。销量一直上不去，企业领导也百思不得其解。后来，经过品牌调研，发现消费者一直认为这家企业的产品是西药，而事实上，他们的主打产品却是中药。中药和西药的联想差距是很大的，普遍认为，中药的副作用更小，这就是品类联想出了问题。于是，把公司的宣传策略重点放在品类宣传上，2 年之内，这家公司的销售额增长了 10 个亿!

消费者需求的本质属性往往来源于消费者的隐性需求，需要品牌管理者深入、细致地了解消费者的购买、使用行为。同样，一个区域，有人认为是落后，有人认为是旅游的好地方。

“高位”营销

市场策略有两种，一种是品牌从属品类，属“低位攀附”式营销。一种是品牌就是品类，品牌霸占心智，属“高位”营销。

大品牌的营销，就是要塑造“朕即国家”这种霸权：用品牌“霸占”顾客心智，包括某些情况下的品类代表认知，即塑造品牌就是品类的心智认知。高位营销是"目中无人"的：可口可乐从没有在广告里说过自己是可乐类的第一品牌。

苹果也从不说自己属于"时尚 IT 品类"，但苹果定义什么是时尚 IT，而不是相反，苹果符合时尚 IT 的品类属性。

德芙从没说自己是（榛子）巧克力品类的第一品牌，而是始终用品牌诉求将"丝滑德芙"的心智认知（印记）牢牢占据。丝滑巧克力是哪个品类呢？只能是德芙。巧克力是一个客观存在的商品类型（品类），优秀产品很多、强势品牌也不少，很多山寨巧克力都在诉求自己的产品"更加丝滑"，但消费者只要看到丝滑、想到丝滑，马上联想到的是就是德芙。诉求丝滑的山寨品牌，也等于在为德芙做广告——这就是高位营销塑造的品牌势能。

大品牌往往就是品类，强势品牌目中无人（可以被模仿，从未被超越）。高位品类心智的营销逻辑是：品牌不是去变成品类属性的代表，而是让品牌"自成一派"，即品牌不需要诉求自己的品类属性，传递自己的品牌的独一无二利益点，聚焦突出"品牌个性"，让品牌个性直指产品驱动顾客购买（包括使用）的关键利益点——顾客为什么要选择、购买、使用"这一个"品牌的产品。在强势品牌的世界里，唯一比第一更生猛。

与时俱进

汽车被发明出来后的第一个诉求是："不用马拉的车。"那时的消费者对汽车的需求其实无关品牌，能跑不用马拉就行，竞争的关键是只要比马车跑得更快更稳。

在汽车品类发展了近百年后的今天，需要驾驶乐趣的会选择宝马，需要体现尊贵身份的是奔驰，让自己更安全的有沃尔沃，想要追求速度的自然首选马达轰鸣的法拉利。不同的消费偏好会选择不同的品牌，品牌竞争成了关键要素。

30 多年来，米其林轮胎一直是世界轮胎市场的主导者。不过，米其林获得超越竞争对手的机会始于钢丝轮胎的生产经营。早在 20 世纪 30 年代，米其林就开始关注并致力于钢丝轮胎的研究开发。不过，基于钢丝轮胎在行驶时的高摩擦声及高额制造成本，当时竞争对手们对这种技术并不认同。但是，到了 20 世纪 60 年代，汽车制造商与用户却接受了钢丝轮胎。竞争对手们猛然醒悟，但为时已晚，米其林已经为他们高高筑起了一道难以逾越的品牌壁垒。

另辟蹊径，品类错位

如果采用逻辑思维，那么一个具备如此多优势的竞争对手，怎么也无法把它打败，甚至你都可能发现找不到攻击的弱点；但如果把思维进行逆反，那么我们就可以找到策略方向，没有优势，但可以创造优势，如果实在创造不了优势，那也可以破坏对手的优势！

在西柏坡时期，中国接待了苏联特使米高扬。在宴会上，酒量过桶的米高扬知道毛泽东一杯就醉，于是，与毛泽东比试喝酒，想让毛泽东出个洋相。毛泽东却让警卫员拿来辣椒，与米高扬比吃辣椒。米高扬只好认输。

毛泽东与米高扬，采用的是品类错位的竞争。

品类错位核心是另辟蹊径（即石头、剪刀、布“风马牛不相及”策略）。在商业上，我把它称之为“非对称性错位竞争模式”，在军事上称之为“非对称性战争”。就如我们同与奥巴马比说普通话，普京与小布什比说俄语。

在汽车行业的品类错位形式：富豪的安全、法拉利的速度、奔驰的开、宝马的坐。这些都是品类错位案例之典范。

莫言说：他永远超越不了像托尔斯泰、雨果等国际文学大师。他告诫自己：不要靠近大师，你将被淹没与融化；远离大师，另辟蹊径，你才有可能成为大师。

他说，我是一个讲故事的作家，专讲家乡的故事。

这就是由外而内的基于品类的全局性思维模式。原来莫言就是品牌大师!!!

品类错位，消灭对手的优势比发现和创造自己的优势更有效。运用品类构建，不仅可以使企业避免激烈的竞争困扰，而且可以以较低的推广费用，获得无人竞争的独享优势。

品牌竞争之本质特征在于品类错位。

品类研发的第一着力点肯定是改变产品属性名称，但不是每个产品都能找到可以改变属性名称的机会。有些产品过于熟悉，几乎已经成为铁律一般不可动摇时，我们只得另辟蹊径，寻找一个可以超越产品属性引起的联想限制，颠覆消费者原来的概念认知。

机会存在于消费者的心智阶梯中，发现了心智空间，就找到了市场机会，市场突破重在产品品类的价值归属上进行突破。

心智归类，转移引导

箭牌口香糖在20世纪90年代初销量开始徘徊不前。怎么办？是强调质量优势还是贬低对手？或者降价促销？

箭牌口香糖的对策出人意料，它把香烟作为自己的竞争对手。它引导消费者在不能吸烟的场合用嚼口香糖来代替香烟。箭牌公司在广告宣传中戏剧化地展现了禁止或不宜吸烟的场合，如在办公室、医院或者前去拜访岳父岳母，等等。在这种场合，口香糖可以像香烟一样满足某种类似的生理需要。因为点燃香烟的时候，神经能量就转化为一组固定的动作套路：手伸向衣兜、掏出香烟、点燃、深吸一口。

在嚼口香糖时也出现类似动作模式；从剥开包装纸到有节奏地咀嚼，因此在两者之间建立可替代的关系完全可行。箭牌的销量重新回到了上升轨道。通过寻找可替代的产品，引导消费者在不该消费某种产品的时间或场合消费这种产品。为你们公司产品的优点（随时可以消费）与对手的弱点（在某些场合被禁止）比较，以开拓一片新的空间，占有一块原本不属于你的市场。

要使产品的市场份额有显著的提升，就要借力心智，引导消费者更广泛地接受，提高需求的频次和数量，所以，将特种饮品向功能饮品、餐桌饮品方向引导，就显得必不可少。

任何饮料的原型起初都来源于特种饮品。为了不禁锢在特种饮料的小市场上，营销必须采取心智归类的转移引导的规律，来拓宽市场。可口可乐起源于法国一种酿造酒，传到美国后，被剔除掉了酒精，并加入了碳酸气体，因而成为美国“南部圣水”，最后才成为“美国的象征”。可口可乐最初摆脱特种饮品的认知，就是将自身定位为“提神醒脑”的功能性饮料，然后融入各式各样的美式生活中去，最后成为大众饮品，无处不在，无时不在。

杯装奶茶最主要的好处是“方便性”。优乐美没有去总结杯装奶茶的“方便性”，也没有跟香飘飘在品类排序上一争高下，而是重新去注解这个品类的价值，不是方便，而是浪漫。在消费者对杯装奶茶的划分中，人们愿意为了浪漫花更多的钱，而不愿意为杯装奶茶产品多花钱。优乐美找到了一条没有就地论题的品类注解，为杯装奶茶找到了附加价值，找到了溢价的空间。这种注解不是产品端的思考，而是消费者体验端的思考，启用的是消费者的划分轨迹。当优乐美奶茶成为浪漫的代名词时，品牌就已经超越了产品本身的功能价值，也具备了超出部分的附加价值。

“亚拉索”是山东沂蒙故事食品有限公司以山楂为主要原料生产的主力品牌，也是当地有名的土特产，然而就是因为这与生俱来的特征，在走向全国的道路中，我们给亚拉索起了一个“洋气”的品类名字“酸角派”，开展了一系列以城市男女为主题的大型创意行销活动，一下子提升了产品的精致感和价值感。吃亚拉索成为年轻人的一种时尚，成为近年来土特产市场的代表明星产品。

享受免费的午餐——利用阵营价值

改变市场，先改变品类归属。在消费者心智中，力争被划分为高价值的品类。

产品属性名称，是一个产品与生俱来的所指，譬如水、煤、米、油等等，很多商品一出生就有了一个属性称谓，因为我们的先人在很早就已经把一些物品进行了属性分类。修改固有的属性是一个危险的行为，因为弄不好顾客不买你的账，反而弄巧成拙，但当这个固有的属性已经在大众头脑里是一个不利的概念时，那就必要修改。

改变消费者的思考路径，也唯有改变消费者思考路径，才能彻底地改变游戏规则，你才能真正有机会。

我们在服务仓龙屯人参米时，仓龙屯人参米推出之前，市场上已经存在相应的产品进行销售。无论是产品形态，还是包装概念，消费者都有了一定的消费基础，较易接受。而仓龙屯人参米没有在传统的以产地为品类归属的山东大米、江南大米及进口泰国大米上久留，而是以消费者更为熟悉的口感彻底颠覆了传统的产地归属法，开创了全新的“人参米”。在毫无广告支持的情况下，2012 年在北京上市以来，一举成为所进各超市大米大类中的单品销量冠军。不仅超越了东北的其他常规所有品种，还超越其他所有的大米品种，掀起了一场大米市场里的革命。

从品类归属中找市场。一个产品，按不同的品类归属，会形成不同的市场，产生不同销售效果。消费者在认知产品的时候，都存在一定的认知定势，他们会不自觉地把产品按照自己的逻辑归入想当然的“概念抽屉”中，从而与“同类”、“同级”产品进行比较。如果我们通过创意，把需要推广的品牌从消费者习以为常的“概念抽屉”中取出来，划归到另一个“类别”或“等级”中去，就会避免与现有竞争产品展开激烈的竞争。

不同品牌阵营，决定你的品牌的价值，影响着消费者的选择

同样是美国籍、具资格的英文老师，但亚洲家长就是喜欢金发碧眼的白种人，而不要东方脸孔的亚裔老师，即使这位东方脸孔的老师是在美国出生长大、教学经验与师资程度均优。

近年来，差异化的品牌策略一直被国内企业所推崇，而现实的应用情况却并不理想，很多中国企业在资源（人力、物力）上力不从心，往往无奈（现时）的选择跟随策略，这就使得品牌的阵营意义更加突显。在品牌差异化环节之前切入品牌阵营的研究与定位能够使企业的跟随策略在品牌上找到支点，跳出单纯以品牌竞争为导向的误区，让企业的营销策略与品牌策略更加紧密的结合起来。

与强者一起成为强者

品牌的阵营定位，确定了品类成员身份。一旦品牌在市场中获得了成员资格，就可以用与竞争品牌相比的优越性来突出它的特殊性。所以脑白金就告诉消费者“送礼就送脑白金”，硬是把一个保健品卖成了和众多低档礼品竞争的高档礼品！上海健特在一开始市场定位时，采取的方法就是在宣传该品牌与其他品牌的区别时，告诉消费者脑白金这种产品的成员身份——礼品。

品牌竞争之本质特征在于品类关联

人们总是对常识性的认知表现得很确定。一个品牌如果是基于常识来打造，那么它注定就会获得最大的心智共识效应。

在地板家具瓷砖行业，使用洋名字的品牌越来越多，这些洋名字多是圣

人、千年大师、世界文化遗产级的，效果出奇的好，如达芬奇、巴洛克、威尼斯，等等。人们总是对一部分教科书里的东西有一种常识性的认知。常常把人、事物和事件按品质分级。

今天的营销，与其说是经营品牌不如说经营品类，与其说是推进品牌战略不如说推进品类战略。品类关联的核心思想是与领导者或知名度较高的“品牌”产生关联。

从某种意义上说，品类关联和品类对抗非常的相似，它们都有一个共同的着力点，即与品类的领导者产生连接，从而达到四两拨千斤的效果。这是快速提升品牌认知度与品牌影响力的有效方式。

农夫山泉的成功在很大程度上就是建立在与娃哈哈对立与关联基础上的。当年农夫山泉“停产纯净水，倡导天然水”的公关活动就可以说明问题。

加多宝说：销量最大的凉茶领导品牌现改名为加多宝。还是同样的配方，还是熟悉的味道。像方舟子、朱瑞峰这些知名人士都是通过与领导者或者相关事件产生关联、对立或对抗而“功成名就”。这说明了关联性定位的威力，四两拨千斤的效果无与伦比。

消费者按品牌阵营选择。在消费者心智中，存在着洋品牌阵营和国产品牌阵营。

人们知觉事物的时候，往往先根据大小原则将事物加以分类。例如我们看到一个人的时候，最先常常是依据大范围划分。例如按照种族、国籍的接近性把这个人归为中国人或外国人。再根据小地域归入山东人或是陕西人，再依据性别的相似性把他或她归入男性或女性。我们也可能根据过去与其交往的经验把这个人归结为可信任或不可信任的人。

消费者把具有相同或相近产品属性的品牌划分成若干个品牌阵营，并以简单的认知加以区分、定性（如高档、时尚、实用等），这就是品牌的阵营。

在市场极度细分、品类创新相对困难、企业实力有限的情况下，一夜成功的营销神话越来越少。以品牌阵营定位为基础或切入点，对品牌形象进行差异化的包装，最终成为品牌领袖，这正是找到属于你的品牌阵营定位的意义。

一件事情我们认为好还是不好，很大程度上取决于把它划归到哪个等级或档次。通过分级，我们对事物的认识判断就习惯性的向正面或者反面方向发展。所以我们可以通过分级的办法，把产品划归到一个新的、更新的等级中去，从而避免与现有竞争产品展开激烈竞争。但前提是你的产品必须有一定的外在特征与现有产品相区别以显示其高档，并且高级产品的市场规模足够大、竞争相对温和。品牌的阵营定位与简单的模仿有本质的区别，它需要站在对市场和行业发展方向透彻把握的高度，先通过进入高端品牌阵营缩小差距，后着力进行品牌形象的差异化建设，寻找机会进行超越，这更适合中国现时的市场环境与企业状况。

力争进入高端品牌阵营

依托品牌的阵营建立起来的品牌形象与单纯的品牌形象塑造相比较，在消费者心智中具有更稳定的地位。品牌阵营定位会造成消费者的错觉，节省大量的传播成本和时间成本，它能使品牌与消费者已知的强者联系在一起，快速成长为强者。

蒙牛，在2000年创业初期，采取品牌阵营定位，打出向伊利学习，为民族工业争气，争创内蒙古乳业第二品牌！此举大大节省了市场教育费用，获得成功。蒙牛，通过将自己的品牌与强者伊利、兴发等联系在一起，迅速实现了知名品牌的消费者心智占位，这是借伊利与兴发的品牌之势的成功，更是品牌阵营定位的成功。蒙牛让消费者记住了它是内蒙乳业的第二品牌，重要的是它已与伊力、兴发等强者处在同一品牌阵营中了！

与狼共舞同样是成长的动力，在激烈的竞争中更要懂得不被差异化的潮流表象所左右，结合企业的战略和实际情况，注重品牌的阵营定位。品牌的阵营定位是品牌建设的重要一环，它看似与品牌形象的个性化相抵触，实则是企业品牌建设的重要基础和有效补充，它是众多的强势品牌共同塑造的共性，这种共性所产生的消费认同和市场拉力远较单一品牌强大，消费者往往在已知的品牌群中选择适合自己的个性品牌，而很少冒险地跨越出去。要让你的品牌和强者在一起，迅速实现市场占位！在某些行业市场，精准的品牌阵营定位甚至能超越品牌层面演化为卓越的营销策略，使企业获得巨大的市场成功。

我们可以以产品为基础，从品牌名称、公关传播、消费者沟通等多方面进行品牌的阵营定位，使品牌建设朝着更加完善和实际的方向发展。

商战之凶残真可谓无处不在！做得好好的一个品牌，一夜之间就被竞争对手抄了后路，抢了蛋糕，这公平吗？竞争无定法，更无公平可言。

品牌的阵营定位是品牌塑造的重要部分，它会使品牌建设事半功倍，是品牌实现消费者心智占位的有效手段。

目标消费群心智中的品牌阵营可能是品类性的（如可乐）、地域性的（如瑞士手表、法国红酒），也可能是由产品属性或消费属性决定的品牌阵营（如耐用、小资等），并进入属于你的品牌阵营，这能降低品牌定位与目标消费群产生错位的风险，也适用于品类创新。

从品牌的阵营看，品类创新实质是以单品的品牌形象暂时代表了品牌的阵营，是一种标准，这更有利于竞争和独占。

现实是消费者认为来自金华的火腿比其他地方生产的火腿质量更好、口味更佳。可事实上其他地方生产的火腿质量不一定差。现实是把在杭州生产火腿的生产总部搬到金华，隐去杭州的“身份”，这样才符合消费者对其火腿产品产生更高质量的认知。现实是把在广州生产的陶瓷产品将生产总部设在景德镇，同时隐去广州的“身份”，这样才符合消费者对其陶瓷产品产生更高质量的认知。

从消费心智上进行划分，而不是从产品上去开发

品类划分法，不是诉求自己有多么优秀，有多好，而是启发式地让消费者明白在消费哪种性质的产品。

从竞争的角度出发，在消费者心智中强力划出能被消费者接受，同时规避竞争对手的新品类，赢得难得的成长空间和时间。这就是资源弱势的一方面对强大竞争对手的最有效的竞争方式。

某新品牌染发产品，因为品牌没有影响力，比起行业中的大哥们，企业实力又明显不足，资源也有限，推广费用很少，如此一来，想在品牌林立的染发市场杀出重围十分困难。于是，其提出植物染发概念，使其他强大的对手都被迫划归到了化学染发的阵营。创造了一个对自己有利的对阵局势后，该品牌把全部资源投入到自己开创的优势战场中，让对手的丰富资源无从介入。它的投入不多，竞争也不是很激烈，却取得了非常理想的市场战绩。

高手竞争都是竞争品类，一刀划出属于自己的品类去尽情尽力抢占。

为竞争性品牌进行品类划分

百事可乐作为众多可乐饮料中的后进品牌，面对可口可乐这个领导品牌，曾经三次请求可口可乐收购，结果三次都被可口可乐无情地拒绝了。百事可乐痛心疾首，决心与可口可乐决战。但是无论通过什么营销活动手段，都无法动摇可口可乐这个领导品牌。最后，百事可乐终于从品类上找到了挑战可口可乐这个领导品牌的秘诀——那就是开发“新一代的可乐”。

实际上，百事可乐并没有真正从产品上去开发一款新可乐，而是从品类上进行了划分。

品类设计和归属其实就是选择主流品类，巧妙利用品类上的两种认知。把品类中的两种认知优势资源界定出来：一种认知优势资源是可口可乐属于正宗的可乐，在认知上是属于传统的、老年人喝的可乐；另一种认知优势资源是百事可乐属于新一代人的可乐，认知上是年轻人喝的可乐。可口可乐是红色，百事可乐就是蓝色，红色再耀眼，也不能掩盖蓝色。

施可丰在与其他肥料企业争夺市场时，按照真假进行了品类划分——施可丰，真化肥。它告诉消费者，买肥料要当心。兵不血刃，施可丰从别人手里的消费者抢了多半市场！

品类研发

任何品类都是从初始期、成长期、成熟期、衰退期递进式演进。因此，行业到了品类成熟期或衰退期，其裁员、被收购、股票缩水都属于正常现象，这是一种趋势。当你看懂了这种趋势，就可以游刃有余地处理企业一些事情，当问题出来时也不会惊慌失措。20 世纪 90 年代初期，AST 公司位居中国电脑市场前三甲地位。在 386 取代 286 的 4～5 年中，它迎合了新技术的发展趋势而使其获得了成功。但是 AST 公司没有认识到由于微处理器技术的变化和更新的速度加快，市场接受新技术、新产品的时间也大大缩短了，仍然固守着传统技术的阵地。1993 年市场上呈现出 486 取代 386 的趋势后，AST 公司并没有太在意。当 1995 年 486 彻底成为市场主流时，AST 公司才意识到自己的过失，但为时已晚，一切已成定局。

缺少品类研发的企业，面临被市场淘汰的危险。与产品研发不同，品类研发只是借助消费者心智，做的是不消耗资源、不花钱的正能量。

市场竞争是品类竞争，很多企业可以做出性能好的产品，却分不清哪个品类在市场上更有销售力。企业要生存，就要像重视引进新设备一样搞好品类研发。

很多企业家钻进了自我意识里，认为只要是细分一种原料，就认为这种原料有消费者强烈的购买理由，就认为找到了蓝海。

中国市场的机会并不在蓝海里，也不存在蓝海，而是在顾客心智中的红海里。张博士零卡茶饮料系列采用甜叶菊作为糖源，替代蔗糖和甜味素，不含卡路里。这是一项企业创新，符合未来食品和饮料的发展大趋势。但张博士似乎被“健康”战略所遮目，而表现的对零卡饮料的品类前景过于乐观。在茶饮料系列推广的并不深入的情况下，张博士开始了大规模的产品线延伸，一时在茶饮料、碳酸饮料、果奶、维生素水饮料、植物蛋白饮料等多条战线上展开进攻，严重分散企业资源。张博士在这些品类上宣传“本品无能量”会违背顾客对这些品类的基础认知（绝大多数消费者分不清食品检测专业名词“营养”和“能量”的区别），会被认为是一个矛盾的产品。占据“健康”，推出更高级的产品，而忽略顾客的心智认知，使张博士这场“健康零卡风潮”的品类创建很难成功。消费者接受果奶、维生素水、植物蛋白等补充营养的营养类饮料其实都是冲着它们的“营养丰富”而去的。

品类战略不是开创绝对创新的品类

香飘飘奶茶的推出也经过了市场上街边奶茶店的多年培育。反之，类似啤儿茶爽这种完全创新性的产品，将茶与啤酒结合在一起，代表养生与激情的两个概念在中国消费者的心智中难以融合，注定了只是昙花一现的产品。

所有品类战略的源点都是从心智出发，再回归到企业本身。这就决定了开创新品类也要符合消费者的心智认知，有心智认知基础才有可作为的发展空间。

重新定义产品

发明很难，对原有产品进行重新定义就比较轻松。

重新定义，就是在现有条件下，对已经存在的产品或服务进行重新定义，以期达到有别其他、一枝独秀的效果。一种产品或许人尽皆知、消费疲劳，但通过重新定义，或许就能得到它的第二春，使消费者产生新的购买热情和冲动。

重新定义的经典案例当属星巴克咖啡。“我不在办公室，就在星巴克；我不在星巴克，就在去星巴克的路上。”星巴克让咖啡馆成为一种生活方式，星巴克想要卖给消费者的产品不仅是那香气四溢的咖啡，更是一种环境，一种在家和办公室之间的生活空间。

产品存在着从新生到凋亡的生命周期，一个强势产品就是能让生命周期尽量长久。

重新定义产品，是保持产品长久生命力的营养素。谁能掌握这个营养素，就直接决定了企业的兴亡成败。劲酒在最初时没有知名度，没有渠道、没有实力打广告去拉动，怎么办？是像以往所有的保健酒一样走商超让消费者买回家喝？劲酒另辟蹊径，把保健酒当白酒卖，成为第一个走饭店的保健酒，结果大获成功。它与白酒在同一终端竞争，独具差异化。

从高档品类切入

统一鲜橙多上市时，消费者对产品有更高价值的判断。鲜橙多名字本身就告诉消费者，这是用足够多的新鲜的橙子做的果汁。消费者的结论是这种果汁，既解渴又有营养，不像纯净水那样无味，在纯净水和纯果汁之外，给了消费者一个清晰的选择。再看生产厂家，又是大牌子，值得信赖。

中央电视台报道了“跳水猪”，同时成为一道旅游景点。从品牌的角度上看，这是“圈养猪”与“放养猪”的品类对抗，实现品类差异化。同时通过猪的“跳水增肌”锻炼，实现放养猪“精品中的精品”之品牌认知。高价格是“跳水猪”关键战略配称元素。

找到具有深厚群众基础的市场，择机入市，全力成为顾客首选。

世间所有的创新都遵从“三相”原理，即“相同”、“相似”、“相反”。没有“相同”和“相似”我们就没有认知基础，只有建立在“相同”和“相似”的基础上，我们的“相反”才能闪光。

任何创造性的东西都不是孤立的，一个完全创新的东西是令人匪夷所思的，它必须跟我们的过去有所承接，我们才觉得它是创新，否则就成了无厘头。

一款既像相机又像手机的东西，是个创新，我们当然知道它是什么，那是因为我们对构成它的元素有认知基础。我们都知道手机是个什么玩意儿，相机是个什么玩意儿，所以我们才确认这个东西是相机手机。如果我们对手机和相机都不知道，这个凭空创新出来的东西就是很奇怪的东西。

华为提出，创新不能超过30%。别人开荒，清洗盐碱地，等生土变成熟土，我们再利用渠道优势进行收获。说得通俗一点就是，找到具有深厚群众基础的市场。有群众基础就是不需要针对该品类进行消费教育，不需要再告诉消费者此品类是干什么用的，消费者在生活或工作中就曾经体验过它、认知它，并且喜欢它，至少不会排斥它。

在中国的市场，与其说是在开拓市场，还不如说如何与消费者争夺终端消费者。那么，巧妙地利用竞争品牌做好的、已被消费者熟知并接受的梯子，也是行之有效的方法。

很多企业在品牌建设中，误以为做产品就是做品牌，花费了巨额的广告投入，结果只是为整个行业制造了一个概念。等你完成了消费者教育、市场开始起量时，大家也都跟进来摘桃子吃了，这种为人做嫁衣的钱花得岂不冤枉？究其根源，就在于这些企业的产品开发，是独立于品牌之外而展开的，没有将产品优势转化为品牌优势，当然避免不了为别人做嫁衣的命运。像乳业中的“酸酸乳”和方便面行业中的“骨汤”以及葡萄酒中的“解百纳”等概念都属此类。

娃哈哈的产品战略是只领先半步，不做大的超前。娃哈哈采取的策略经常是“紧跟第一”，即在对手推出新品类或新产品时，先让竞争对手去趟新品类的“地雷阵”。待到对手趟过之后，娃哈哈再跟进，依靠其强大的分销网络和实力，迅速抢占胜利果实，在加大产能后降低成本，从而迅速占领市场。其“龙井茶”、“激活”等，都是如此。娃哈哈的高明之处在于，建立认知不如利用社会已有认知。

在娃哈哈推出营养快线之前，通过蒙牛、伊利等企业的不懈教育，综合营养奶就已经在消费者头脑中基本形成，营养快线成为黑马是水到渠成的事。

从消费者心智阶梯这个角度，我们可以发现，企业成为黑马的机会有两类：一是随着生活水平提高，人们的需求将越来越细，商品品类（包括行业品类和特性品类）会越来越多，新品类的产生就提供了诞生黑马的机会；二是某个品类虽然早已存在，但在消费者的头脑中，这个品类阶梯上还没有品牌占据，这种情况多在传统行业。换句话说，对于要成为黑马的企业，从消费者角度有两个途径不断为它们提供机会：一是新品类不断诞生，在消费者头脑中出现新的阶梯；二是原本就存在阶梯但无人占领。

宝洁虽然作为领导品牌，但也常常采用模仿策略，将别人好的创意或改头换面或直接拿来用在自己的产品策略上，利用自己的广告传播优势，将自己包装成为开创者的形象。像宝洁玉兰油的“蛋白”肌肤、“草莓”肌肤正是受其他企业创意的启发拿来或改变后为自己所用。如果某一巨大潜力的市场被教育出来，宝洁常常摘了果子。

不抢先折腾市场

业内人士都清楚作为食品界巨头的娃哈哈，其创新产品一向很少，大多数都属于跟进型产品，但运作得依然很好。

众多小企业对品类不一致的定位诉求混淆了顾客认知。比如，芦荟汁饮料在企业体量没有拉开距离的前提下，几家企业不一致的诉求就影响到消费者的选择，传播“清火”、“美颜”、“润肠”、“补充维生素”等的都有。关于金银花饮料也是如此，有家企业一口气提出了“怕吃糖、怕上火、怕发胖、怕伤肝”，有的提出“清热解毒”、“预防上火”、“解毒”等功效。消费者迷惑了……

后进品牌也有自己的优势。后进品牌，一定要清楚自己的地位，自己没有领导品牌的天生优势。但是，从品类的角度出发，就会发现在客户的心智里，有两种认知上的优势资源：一种认知上的优势资源已经属于领导品牌；另一种认知上的优势资源会给予众多后进品牌中的一员。后进品牌的目标就是抓住另一种认知上的优势资源。

后进品牌进攻领导品牌成功后，一定要保持自己的独特性，不要轻易改变自己的进攻重点。一旦放弃进攻重点，以为自己强大了，可以取代领导品牌了，那么，就会逐渐成为品类中弱势企业。当然，假如后进品牌不想在领导品牌占领的品类成长，那么可以去开发一个新品类。

这便是品类创新的秘密，宛如一粒播种在泥土里的种子，当它开始酝酿生命发芽时，什么东西能够阻挡它的生长呢？即使在泥土上面压一块厚重的石头，这粒种子还是会破土而出的，没有什么东西可以阻止它的成长。

进入黄金品类，成就大品牌

品类有强弱，强品类在消费者头脑里有大需求、急需求的特点，强品类更容易让消费者购买，推广更容易，阻力更小，甚至提醒消费者就可以风靡市场。比如，香瓜子就是一个很强的品类，该品类在消费者头脑里已经积埋了很久，你提示他就马上可以唤醒他购买的欲望！如何利用消费者头脑里固有的认知对接到自己的产品上是一个高智慧的营销学问，应该利用消费者心智共识，对接品类引领品牌的战略。

电脑为例，品类分化为大型电脑、个人电脑、炒股电脑、笔记本电脑、平板电脑、设计电脑和掌上电脑。电脑中分离出去，成为各专业领域品牌：聚焦操作系统的微软、聚焦显示器的优派、聚焦芯片的英特尔、聚焦硬盘的希捷、聚焦主板的华硕，等等。

我们再看看佳洁士儿童防蛀牙膏。佳洁士首创儿童防蛀牙膏一经推出便受到欢迎。因为利益定位是防蛀牙，这是目标客户很关注的。当然，也因为属性定位门槛不高，竞争对手很快地就涌现了。这时候，佳洁士在价值定位上做了文章——让你做个好妈妈。实际上，价值定位可以给目标购买者，也可以给目标消费者。如果二者是分离的，通常利益定位是给目标使用者，价值定位是给目标购买者。由于价值定位可以进行商标注册，所以，佳洁士儿童防蛀牙膏在价值定位上就区隔开了竞争对手。其实，市场是动态的，定位也需要动态定位，同时，儿童牙膏这是一个品类，是佳洁士发现了，儿童需要刷牙这个需求是潜在的，只是唤醒了家长而已！经营品类，成就品牌，这个是定位理论需要补充的课题和完善的内容之一！

抓住品类的发展主线，发现品类

抓住品类的发展主线去为自己的产品定位消费者头脑里的空档是最高效率的占位营销，没有品类名和用错误的品类名是营销中最无厘头式的害人营销，做到最后将面临被市场抛弃。现在流行说直接打造创建品牌的模式同样是一种自欺自娱的搞笑理论，但竟然在中国大肆流行。

品类是头，品牌是细分品类的一个差异名称而已，品类才是品牌打造的源头，凭什么直接讨论如何创建品牌？

头脑认知是用品类划分类别，品牌只是表达差异而已。很多巨人倒下，最大的误区就是把头脑认知直接敲打在品牌名称上。其实品类才是源头。那些基于创新产品创造类别名的做法更为可怕，一切传播的修饰都没有品类凝聚的商品力量来得汹涌澎湃。

市场营销与体育竞技同理。处于落后地位的中小企业常常在强势对手面前不知所措，其实不妨向中国体育队学习，先从小品类做起，在小品类逆袭，做好从小品类到大品类、从边缘品类到主流品类的转化，能量照样惊人。

成功源于选择，小品类不是绝对的

品类大小是相对的、动态的，而不是绝对的、静止的，今天的小品类，明天或许就是大品类。罐装王老吉走向全国之前的包装凉茶是小品类，沂蒙故事豆干之前的豆制品小吃是小品类，南方黑芝麻糊在装入方便时尚的“爱心杯”之前也是边缘品类。

品类从小到大的突破步骤如下。

(1) 寻找“小”市场，其“小”并不是指潜力小，而是指大企业无暇顾及或者没有做好。

(2) 做由“小”到“大”的转化工作，改变包装，从费时麻烦到快捷方便；改变消费频次或场景，从街边店固定场所消费到横卧坐行随时随地都可以吃喝；改变消费习惯定势，从自己消费到送礼请客……

(3) 以老大自居，联合同类产品的竞争对手一道，把品类做大。

现实“小”未来“大”的品类选择标准

所谓小品类，现实市场可以小，潜在势能必须大。就像娱乐性高、场地要求不高的乒乓球、羽毛球能很快掀起全民热潮，枯燥、场地要求高的举重、跳水等项目，要普及几乎不可能一样，并非所有小品类都能成功实现逆袭，中粮推出的番茄汁，注定是个难以打动消费者的小众口味。

大势能的小品类有广泛的消费基础，却被长期漠视。一些企业会认为，有广泛消费基础的都是大品类，事实上，很多这样的品类，因为开发不足，产品形式未能跟上发展变化，还在低端小品类徘徊。这类产品如同火山爆发，聚集的巨大能量只等一个出口。豆腐干随处可见，可金丝猴把豆干做成休闲小食品，成为旗下又一明星产品；沂蒙故事，把红薯做成一口一个、独立包装的小甘薯，成为休闲食品新宠。这些产品往往只需要一个变化，一个升级，就能很快引爆。

品类要占据某一存在于消费者心智中的概念。

宁夏红枸杞酒发展迅速，苹果酒等品类却大多还在徘徊不前，这是因为枸杞的养生价值原来就人所共知。苹果酒是个什么东西，消费者好像没觉着怎么好。在消费者的疑问中，苹果酒市场只能发展的缓慢艰难。有的小品类具有鲜明特点，容易形成差异化，易于辨识，强化记忆点。近年来，和田玉枣深受市场青睐，个大肉厚的和田枣本身就与普通枣有着一眼可见的差异，让消费者印象深刻。地域特产中，不乏此类产品，这类产品走出区域做大市场不难。

做受客户欢迎的第一替代品

替代包括品类外替代与品类内替代。所谓品类外替代是指被替代产品与替代产品不属同一品类。

我们知道，中国市场上先出现的燃气热水器，然后是电热水器，再次是太阳能热水器。虽然三者在功能上具有一定的替代作用，但是每个品类都有各自的领先品牌，分别为万家乐燃气热水器、海尔电热水器、皇明太阳能热水器。所以，如果企业在某个领域里掌握了一定技术，就可以试图去开辟一个新品类，用其去替代市场上的已有品类。实际上，这是企业作为进攻战略的重要选择——促进替代。

企业可以通过提高产品性价比、降低买方的转换成本、提高买方的购买欲望等战略活动来引发或加速替代。无疑，这为企业打败竞争对手提供了强大的理论支持。

味精一直是食品生产加工商喜爱使用的鲜味增味剂，但是近年来情况似乎发生了很大变化，越来越多的消费者正在要求不同的增味剂，最明显的是鸡精。鸡精的生产企业，通过媒介宣传自己的产品是当代高科技调味品，是味精的换代产品，并且具有比味精口味更鲜、营养更丰富的特点，是一种复合型、营养型调味品的口号。实际上，鸡精就是要替代味精而分一杯羹。如今，味精市场的莲花、梅花等品牌已经受到了很大的威胁，而鸡精市场上却涌现了很多新锐品牌：豪吉、太太乐、家乐、美极，等等。

品类内替代则属于同一品类，我们还以电热水器为例，电热水器总体上可以分为三类：即热式热水器、贮水式热水器和封闭式热水器。无疑，这三种产品可以相互替代，并且在各自的小领域内也都出现了出色的领先品牌。阿里斯顿推出了 BOOSTER 系列电热水器，采用普通加热和快速加热两种模式，实现了贮水式与即热式双效合一的电热水器。

成为首要品类的代表

抢占品类，先者胜出

企业普遍认为，利用现有的品牌，可以有效使用品牌资产。事实并非如此。如果说使用新品牌意味着要从零开始建立认知的话，使用原有的品牌就是从负数开始。使用原有品牌意味着要改变消费者原来的认知，这是一个浩大的工程。

三辉麦风是法式小面包品类的先行者，一句“三辉卖疯了”让众多消费者记住了这个品牌，但没能让消费者将三辉麦风的品牌与法式小面包这一品类直接挂钩，最终被盼盼一句“法式小面包，还是盼盼好”给抢走了品类领导品牌的地位。

尽力经营首要品类，同时成为首要品类的代表

消费者在选择某一商品时，会自然而然地将其背后的复杂信息进行类别化处理，对品牌的识别同样如此，消费者往往会通过领导品牌来对某一品类的属性定义、储存，之后的品牌若要加入这一阵营，就要接受消费者的检验。如果符合这个品类属性，人们就会接受该品牌，否则自然会拒绝接受。

在某个品类中第一个商品提出的即是品类中的第一，我们称为首选！

每个品类都有一个领导品牌，领导品牌具有天生的优势，这个优势是客户赋予的。例如，这个领导品牌的产品口味不太好，但客户都说这个口味

好，是正宗的，就像王老吉凉茶一样，喝下去总感觉甜。如果以凉茶的标准去衡量，王老吉的凉茶口味肯定不好，但由于王老吉是品类的领导品牌，具有领导品牌的天生优势，所以客户认为王老吉这种偏甜的口味就是好的、正宗的。

领导品牌这种天生的优势成了后进品牌的阻力，因为这些后进品牌无论产品多么出色，客户也不会认为是最好的。

谁代表品类，谁就是第一品牌。

消费者在确定了品类之后，再确定第一位置的品牌。

第一品牌有什么特点？第一品牌一定是该品类的代表！第一品牌是消费者心智中代表特定品类的名字。汇源，代表果汁，消费者如果想喝果汁，自然想到汇源。可口可乐代表碳酸饮料，消费者要买碳酸饮料，大多则是选可口可乐！微波炉品类被格兰仕抢占了，第一品牌肯定是格兰仕！

企业其实不是打造品牌，而是经营品类成就企业产品名字的声誉从而获得品牌价值。新品类的成长与扩张让品牌得以发展，只要集中资源抢占品类代表的资格，你一定就是第一品牌。

流行明星代言和巨额广告投放并不是打造可口可乐品牌的关键，关键在于可口可乐主导可乐的品类。可口可乐第一个抢占消费者头脑里的“可乐品类”的认知，甚至前期教育和普及品类的工作做了不少！

符合消费者心理认知的新品类可以给消费者更多新的选择，而当消费者心里有了更多新的选择，你就有了更多成功的机会，所以越来越多企业把营销的中心聚焦到品类的创新上。

在营销的世界里有一个不讲理的逻辑：谁是第一谁主动，谁是第一谁说了算，谁是第一消费者就跟谁！第一甚至可以犯错，没有常理可言！

Macintosh 成为人类历史上第一台真正意义上的个人电脑；iPod 改变了音乐行业，更将 Sony Walkman 斩于马下；iTouch 的出现，再次将有电话、想用 App Store 却买不起 iPhone 的人一网打尽；iPhone 的流行，成功宣告移动互移网的真正来临，成为手机行业的历史转折点，更是打破了手机巨头诺基亚的不败神话；iTunes 一手将音乐行业拖入互联网时代，彻底改变了唱片行业……正是不断的创新让苹果始终处于被期待的消费者心智中。

美的抢占了风扇品类，成就了美的第一品牌风扇！清开灵品类被明兴制药抢先占有，清开灵市场第一品牌一定是“明兴”！

要成就第一品牌就要盯住整个品类！

抢占第一品类是要在两个地方抢占：第一，在消费者头脑空白位次上占据！第二，要在产品销售渠道上让消费者看到、摸到、用到！

一个手指打人不疼，两个手指打人也不疼，但是，将手握成拳头，打人就会疼了。同样，中小企业打造产品，目标也是想形成拳头产品。既然品牌代表着品类，那么，就要让这个品类的产品明确化。凡是成功的品牌，都代表着一个明确的、单一的产品。

在原有的品类中难以有所突破，只有创建新品类，成为该品类的代言，高度差异原品类，进入无竞争领域，并将新品类做大。用另类的传播策略进入客户的心智，打破原有认知的平衡。

景芝酒怎样凸显不同？金钻战略运用杂交营销思维，深入挖掘历史渊源和酿酒、储藏工艺，终于找到了定位的突破点，独创全新品类——芝麻香型，与其他品牌形成了显著区隔。

成为品类的领导品牌

品类战略的基本原则就是成为品类第一，成为品类的开创者。不仅选择黄金品类，还要主导黄金品类。

消费者首先接触的创新品牌会印象深刻，并很自然地把品牌当成新品类的代表。品类开创者在市场运作方面也占尽优势：新品类的领先品牌进入通路的成本和障碍要比跟进模仿的产品低。

在实际操作过程中，我们发现，品类定位的准确与否直接决定该品类能否成长为主流品类。品类定位，是消费者接触到新品类时会主动寻找的、最重要的信息，通常也是消费者购买新品类的理由。在竞争导向的营销年代，品牌只有做到顾客心智中的第一，才能获取持续赢利的能力，成为长寿品牌。品类战略实际上就是在市场上开拓出一片无争地带，并成为这一无争地带的先行者。但先行者只是市场进入顺序的第一，只有将市场第一转化为顾客心智中的第一，才能成为品类的领导品牌。

忘记对手

忘记自己的对手，是指给自己重新定位，寻找新的市场，不必把以前的对手做参照。特别是在一个处于培育阶段、容量不大的市场，不一定非要以竞争对手为参照。

第一个抓住客户需求的变化

客户是永远都不会知足的，所以要率先发现潜在需求、正在变化的需求，第一个抓住客户需求的变化，就可以为企业带来成功机会。

品类是一场智者的营销游戏，谁发现，同时在消费者头脑里抢占，谁将是该品类的第一品牌！让一线指挥炮火吧，他们最知道该往哪里打炮，落点在哪里。2001 年刚刚兴起的宽带市场中，华为宽带接入模块最小容量都是 1024 线以上，很适合中国市场，这是因为中国城市的居住特点是公寓为主。而巴西则是以别墅为主，因而就需要小于 1024 线的。

品类创新的关键在于洞察消费者的消费趋势，并把未被满足的消费需求巧妙地和产品结合起来。索肤特在传统洗面奶里增加了 OB 蛋白，开创了“瘦脸洗面脸”全新品类，用少量广告费便获得了传统洗面奶价格翻倍的市场领域。我们在服务一个月饼企业时，针对社会上月饼馅不新鲜的问题，开创了“新鲜月饼”全新品类，提出刚出炉的月饼不一定是新鲜月饼，只有用新鲜原料做成的月饼才是新鲜月饼，一句“只选新鲜原料”使企业站在了食品卫生安全的位置上，用少量的投入带来了销售的增长，还一举成为食品行业的新军代表。

有一次，福特公司请人类学家去洛杉矶的凡奈斯大道进行实地考察。人类学家发现每逢周末晚上当地的年轻人都会驾着小货车在大道上来往穿梭。奇怪的是，他们对这些小货车做了改造。这些货车五花八门、形态各异，可以说，它们都不是传统意义上的交通工具了。为了找出缘由，人类学家和这些年轻人交谈，倾听他们的想法，试着理解他们的行为。这些年轻人和他们的故事并没有直接生产出新的产品，却为产品开发灵感的萌发创造了条件。最后，福特采纳了人类学家的调查成果，将货车生产线打造为个性生产线。作为市场研究者，人类学家并非新货车或新产品的创造者，然而，人类学家的街头调查结果却完全重塑了货车的概念。此后福特更进一步开发出运动型多用途车。这一过程花了一些时间，但福特却开辟了一个全新的领域，并以福特漫游者、个性车和运动型多用途车称雄市场。当然，福特的这一做法此后被众多其他汽车制造商争相效仿。

顺应消费者的心智

消费者认知就是消费者对事物的特定看法，具有主观性、一致性、连贯性和偏见性。

每个新出现的品牌和品类对于消费者心智来说，都是一个新知识。那么人们是怎么获得、理解和存储新知识呢？“人类获得知识以及对新知道的理解和存储，一般有两种方式：同化和顺应。同化指个体将心智有效地整合并建构在已有图式之中的过程；顺应指当个体遇到自己不能用已有图式同化新知识时，对已有图式加以修改或重构，以适合新知识的过程。”消费者理解新品类和新品牌时，顺应比同化难多了。

在消费者心智中，品类不是被消费者同化，就是被品类同化。就如同读书，遇到不认识的字多半“认字认半边”被同化，确实无法理解采取查工具书的方法被字同化。

如果是在消费者心智中没有紧密关联的品类，最稳妥的做法就是让自己推出的品牌能够先于消费者心智中的知识顺应。像“红牛”通过“渴了喝红牛”来顺应消费者的心智。

在消费者心智中关联比较紧密的品类却没有这些顾虑，直接同化就好了。

对待新知识时，人们总是先试试同化，确定不行才采取被同化。直接被消费者心智中原先的品牌同化后，此品类的信息量进一步扩大，消费者更容易购买原先品牌，为此品牌做了更好的宣传。

设计差异化品类概念

“差异化品类概念”是指企业赋予产品一个独特的品类名称，促使顾客购买此类产品时成为首选。如果能把这个概念寄托到产品的品牌名称上，那更万无一失了。我们在做产品销量的过程中就会时刻保持品牌的“顺便投入”，让顾客在接触产品时，通过“产品质量”、独特的“名称和概念”和促销传播中的“品牌提醒”来加深对产品品牌的好感，从而促进产品持续的销量。

在以产品销量为目标的“销售促进”传播中，都会提及产品的品牌名称或企业品牌名称，尤其是当你的产品具有独特的“差异化品类概念”时，就会在消费者心智中形成独特的“品牌印迹”。这就是在保证产品销量的前提下，企业对品牌的一种“顺便投入”，久而久之就会积累品牌资产，甚至令一个品牌名称成为某一个产品类别的代名词，如“商务通”和“王老吉”。

一提到“拖鞋”难免与便宜、低档产生关联，这就如同一个人名叫“马大丫”，注定了是个农家孩子，注定了是要跟耕田、放牛、建筑工地打工等有关的生活产生关联，要想改变自己的命运就必须有一个官名。不能再叫“马大丫”了。为何拖鞋不能溢价呢？因为你叫“拖鞋”，就不能溢价了。提到“拖鞋”我们总会联想到那些臭脚丫或者肮脏、龌龊的大澡堂子。

“一丁点儿骄傲”是什么，是一个鞋的品牌。一双卖多少钱？每双售价 75 美元，相当于 400 元人民币。目前已售出逾 7500 万双。Ospop 已经行销到芬兰、德国、意大利、土耳其、英国、斯里兰卡、墨西哥等地，年销量达百万双；而在以色列 2008 年就突破 100 万双；在印度，如果加工上得去，能达到 150 万双……。

Ospop 公司由美国人班 · 沃特斯创办，鞋子由河南焦作市温县的天狼鞋厂设计和制造。Ospop 是“One Small Point of Pride”（“一丁点儿骄傲”）的缩写。

该品牌用的什么工艺？中国的解放鞋工艺。

Ospop 的灵感来自中国工人，甚至它根本就是根据中国民工穿的“解放鞋”而设计的。解放鞋是长期作为中国人民解放军制式军鞋的布面胶鞋的俗称，现在，渐渐淡出普通人的生活。一个老外相中了咱的土货，给它起了个洋名 Ospop，意思是“一丁点儿骄傲”，经过改良不臭脚了，透气还防水，穿上它“脚会舒服得懒洋洋的”。

美国人班 · 沃特斯的高明之处，在于为世界提供了一个欧洲人没见过的新品类。

建立一个新的品类，使用新的品牌

宝洁的“飘柔”、“海飞丝”这两个品牌，消费者一看名字，很容易就能联想到这是洗发水品牌，即使从没接触过这两款品牌的消费者，也绝不可能把这两个品牌名字联想到饮料那里去，这就是品类联想的作用。反之，如果品牌的品类联想有问题，假设一种实木地板的品牌叫做“清风”，消费者很难从品牌上联想到产品的品类，甚至用广告的方法强化记忆也不能做到，那么在品牌推广的过程中，必然要受到更多、更大的阻力，这种建立联想的投入，也许是个无底洞。消费者通过品牌标志所产生的有关品牌代表物所对应的类别的联想，此类联想是品牌联想体系中最表层、最基础的联想。

品类从营销的角度讨论就是在消费者头脑里划分类别，每一个品类开拓者的品牌均优先抢占消费者头脑里该品类的空白位次。因为你先开创并代表这个新品类，消费者就会把你的品牌与品类一对一地联系起来了，谁代表品类谁将是该品类的第一品牌。比如，喜之郎品牌就成为品类的第一代表！品类的代表者占尽了品类和品牌先机。谁能率先用品牌占据品类，谁就能获得最大的名利，财富与品类代表为伍，品牌由品类给予，谁想做第一，抢占第一品类（即首要品类）是捷径，是勇气，是智慧，是胆量！

糖果加上一根小棍子，就变成让人欢乐无比的棒棒糖。矿泉水加上一个趣味无穷的吸嘴瓶盖，成就了农夫山泉。舔一舔扭一扭泡一泡，就是奥利奥。天天“爽歪歪”，成了孩子们必须追逐的饭前饮料。

这些品牌告诉我们，技术垄断也许无效，生存在于创造首要品类。

福马食品推出一款蛋糕卷，售价低廉（每枚定价 0.5 元）且竞争激烈，不仅来自同类，更来自好丽友、利天等品牌涉足的“蛋黄派”品类的挤压。面对这样一款产品，如何突破目前面对的同质化竞争，又要赋予其高价值感摆脱廉价的现时印象？通过消费者调研发现，瑞士卷的核心消费群体在 16～25 岁，这群人的特质很明显，渴望独一无二、充满了娱乐精神和叛逆精神。基于此，福马进行了新的品类定位——“非蛋糕”，启用了一个新品牌——爱尚。随后，这个明显具有高端气质的“非蛋糕”顺理成章地涨到了 1 块钱，并且卖得更加火爆。然后，又赋予它一个十分洋气的名字——瑞士卷。福马，玩了一把非常规的心理游戏，去挑战整个蛋糕品类市场，成功了。

打自己的品牌

出于产地高于产地占据首要品类。

一方水土出一方名品。粮食、水果、蔬菜等产品有一个共同而且突出的特点，这就是，这些产品的品种、质量、口味与产地密切相关！我国地大物博，几乎每一个区域都有闻名全国的名品。但是长期以来，具有强烈产地特色的产品都被说好，但就是做不大，做不成大品牌。究其主要原因，除了一些品种受产量规模不大的限制外，经营这些产品的企业都把产地名称当作品牌，致使产地名称像公共厕所一样供大家共用，谁都不珍惜。像“东北大米”、“沙田柚”、“阳澄湖大闸蟹”这种用产地名称当作品牌名称是做不成品牌的。显然，这不是产地的错。做品牌正确的做法是，出于产地，高于产地，占据品类，打自己的品牌！否则，那是为整个品类打工。成功了自己不能独享，出事了一定跟着倒霉，就如金华的敌敌畏火腿事件一样。

产地，是粮食、水果、蔬菜等产品的名片和身份证，这些资源不能丢，要设法融入品牌内涵和品牌传播当中，但是品牌一定要独特，一定是自己的。正如娃哈哈抢占“青稞粥”资源，打的却是娃哈哈品牌，而不是“雪域”、“高原”、“西藏”之类的品牌。

目前国内有许多领域都是有品类无品牌，比如各地名茶、各地的特色熟食（烧鹅、卤鸭、熏肉、豆腐皮、豆腐丝）、各种粮食、无数的水果等。企业需要用嵌入式命名，创造新词语，占领新品类。嵌入式创造是指通过一种新思维的嵌入，创造一个新的品类概念。嵌入式创造必须具备一个要求，那就是创造的这个名称涵盖面要大，足以大到形成一个单独的行业，不然这个品类仅仅只是某个单品的名称而已。

金大地研制出一种控释肥，控释肥过于专业化，存在市场推广上的认知障碍，我们以更直接、更直观、老百姓更易接受的产品外观形式为突破口，开创了“智膜肥”全新品类，打破了控释肥多年缓慢教育的推广障碍，一举使得金大地智膜肥成为控释肥大类里的第一品牌。

很多人对品牌名字很重视，但忽视了品类命名。品类名字隐含很强的营销智慧，很多新品类的商品被市场雪藏，其核心的问题就是品类名不对。一种商品叫做“滑动紧锁装置”，无人问津，但叫“拉链”后，拉链从此被人认识追捧！原因是符合消费者认知。商业中没有事实，只有认知。而名字是思维的挂钩，品牌依赖名字挂到大脑中某个品类阶梯的挂钩上。顾客是借助名字来形成对你的第一印象、强化与你相关的认知。如果你的产品很好，但你的名字太长、太拗口、让顾客有不好甚至完全负面的联想，你基本上就完蛋了。名字隐含着你的品牌基因——定位。如果你的名字隐含的意义正好与你想传达的定位相反，你就彻底玩完。最保守地说，好名字能自己传播自己，为你节约无限的广告宣传费。

有时候名字就是你的全部，顾客选择产品，没有理由，只是因为你的名字更易记住、更熟悉、更亲切、更能带来好兆头。历史上很多企业因为名字的原因而失去打造强大品牌的机会，有的甚至因为用错名字而遭灭顶之灾。现在市面上有很多取名的公司，找他们取个人名还可以，但要做营销，还是务实一点做做品类研究，根据消费者心智资源来确定名称。

打造品牌从好品类名字开始。好的品类名，有被人们自动传播的诱惑力！选择一个好名字胜过你在产品质量上所做的许多努力。好名字的标准是简短、简单、独特、易读易记，最好蕴含着产品的本质特征或益处。在一个品类的原点发散期如果把品类名字起得过于复杂，过于生硬，过于科学，而违反消费者接受的心理规律，那么要浪费多少费用去推广就只有上帝才知道了，也许推广的费用浪费的部分就大部分在这里被浪费掉！

在确定菜缘有机香油有实力、有机会成为有机香油品类的第一品牌之后，我们做的第一步就是在传播上将菜缘品牌与有机香油牢牢地绑定在一起。

“有机香油，菜缘的”，直截了当地将品类品牌一起植入顾客心智，打造第一的品类地位。经过前期方方面面的筹备，菜缘有机香油一经推出迅速引爆市场。但在中国市场的竞争环境下，成功并不能百分百归功于正确的品类战略，加上企业在营销战术方面一系列的配合，才能确保巩固战略成果。菜缘有机香油，代表的是一种健康新观念。所以在选择代言人的过程中，除了要求有一定知名度和影响力，还必须在广大消费者心智中拥有一个健康向上的形象。最终，我们选用了虽在目标顾客群体中知名度、美誉度不高但代表优质健康的韩国教授，不仅贴合产品的健康属性，巩固健康定位，还能凭借其高影响力，进一步影响我们的目标顾客——家庭主妇和白领女性。现代时尚健康的调性，不仅贴合产品定位，也能够体现菜缘有机香油不同于一般香油的高价值感！

用包装彰显品类

包装的作用常常被忽视、被局部化、被战术化了。有个创新产品，将当地特产大红枣做成浓浓的枣浆，改“吃枣”为“喝枣浆”，可以随时加到豆浆、牛奶当中。产品概念不错，方便了消费者，但是这家企业把枣浆装到了又笨又重的大口粗瓶子里了。想补血想养颜的淑女贵妇们一看那大瓶子就望而却步，这样的“好”产品怎能快销得起来？一个全新品类，一个快销线上的潜力新军就这样被包装糟蹋在摇篮里了。而河南新郑奥星实业将红枣加工成口香糖式的枣片，装到烟盒式的小包装里，时尚小巧。创新的品类，方便的包装，产品像长了腿一样，想不快销都难。“好想你”枣片年均增长率保持在 50% ~80%，在资本市场上备受追捧。

当今市场条件下，不缺少所谓的好产品，只有进入消费者的眼和心的，才是好产品。从小品类到大品类，从边缘品类到主流品类，是高度竞争条件下的一条普遍规律。产品品类的丰富是产品发展的必然，也是品类创新的结果。而成功的品类创新，总会打破原来的产品竞争格局，悄然地实现产品品牌力量强弱的转换。水平营销、蓝海战略、颠覆营销、抢占第一等营销理念通常就是在这个领域里实现的。

|第5章|

规划首选概念　奠定价值基石

概念是厂家“卖点”与消费者“买点”之间的有效对接。

商家用一个概念说出了消费者心里所拥有的想法，

消费者乐于接受和追求，

也就开拓了一个市场。

生意的关键点

品牌成功的捷径就是抓住生意的关键点

特色餐厅生意红火的最重要原因，是隐匿在一个体面理由下的性价比最优。体面理由是消费者请客吃饭摆上台面的说法。

上海做牛蛙的特色店很多，口味最佳的要数鱼蛙传奇，生意最好的是辛香汇，前者的客单价约 65 元，后者约为 50 元，但后者晚餐排队用餐的情况从17：00一直持续到 21：00，还有大量外卖，数年如一日。两者相比，谁家赚得更多，答案不言自明。本质就是一个行业的特殊规律、生意成功的关键点。

所以，我们在展开技术性工作之前，必先深入研究行业基本规律，结合企业及产品特点，找到生意成功的关键因素，在此基础上重新定义客户的生意，规划出与生意结合的品牌成功路径。

彼得·德鲁克警告企业家：“你是锤子，于是所有问题都成了钉子。”什么样的认识就会有什么样的行为，也就有了什么样的结果！是我们的认识决定了一切。“唯心所现，唯识所变”是佛教唯识宗的重要观点，唯识宗的观点认为我们的认识事物的方式决定了所有一切。这种观点不但体现在形而上的哲学认知上，在商业领域同样可以得以验证。对生意的不同理解、不同认知决定了企业不同的做法，而不同的做法必然带来不同的结果。

商品形态与人性欲望是两个门。那些在自己本行业埋头苦干多年的专家很可能一辈子都是“门外汉”，很可能连门都没有入，讲这些你可能认为太过极端，但仔细分析一下你就明白事实就是这样的。

汉堡王的汉堡比麦当劳的大而且好吃，性价比相对于麦当劳要高，但为什么更多的消费者愿意到麦当劳吃东西，而不去买更实惠的汉堡王呢？因为麦当劳对于快餐的行业理解比汉堡王深刻，汉堡王对快餐的理解是产品本身——汉堡薯条类的实实在在的产品，而麦当劳对快餐的理解是消费体验，也就是人性欲望——“欢乐”，基于产品，却远远超越产品。

一个是卖汉堡，一个是卖欢乐，到底谁更成功呢？显然是超越产品的那一个。

生意的关键点就是盈利机会的发掘点。不管你如何懂得做产品，很多时候生意的关键点压根就不在产品身上，而是在产品与消费者的连接点上，可惜的是多数企业在根本的方向上就弄错了。

香烟生意的关键点是在燃烧荷尔蒙，所以万宝路持续也在经营雄性；钻石生意的关键点就是经营虚构价值，所以戴比尔斯垄断了钻矿，捏造自己的标准，从而变废为宝；红酒生意的关键点是售卖产地标签，所以红酒巨头们天天在守着庄园忙活，不遗余力地撰写某某庄园的神话！

老福特有句名言：“如果我当年去问顾客他们想要什么，他们肯定会告诉我，‘一匹更快的马’。”消费者不是专家，他怎能知道未来的产品是什么，他只想要“一匹更快的马”。平庸的企业寻找让马更快的方法，而创新型的企业知道消费者要的不是“马”，而是“更快”，他不在乎是马，是汽车还是飞机。

马、汽车、飞机是形态，更快是消费的本质。

我们的商家往往把自己生产车间的产品当成消费者需要的产品。消费者购买某种产品，并不是为了获得产品的本身，而是通过对产品的消费来满足某种需要。虽然某一种产品以自己的物质形态存在着，但在实质上是为了满足消费者欲望而提供的一种服务。

营销大师莱维特说的好：“顾客买的不是直径五毫米的电钻，而是直径五毫米的钻孔。”在旅馆，夜宿顾客真正购买的是“休息与睡眠”。

海底捞你学不会。的确，海底捞玩的不是餐饮，玩的是人性的欲望——痛快和尽兴。

生意的关键点不是着眼商品形态，而是着眼人性欲望，这就需要一个转换。

星巴克：不是卖“咖啡”，而是出售“空间”；

杜蕾斯：不是避孕防艾滋，而是“更爽”；

毓婷：不是“事后避孕”，而是“尽管爱”；

优乐美：不是“奶茶”，而是“浪漫”；

消食片：不是“助消化”，而是可以“多吃”。

当你对生意的关键点有更深的理解时，你就懂得了围绕这个生意的关键点去构筑你的品牌。当你的品牌代表了生意的关键点时，或者代表了新生意的关键点时，你的产品就具有一道无形的光环了，你就可以卖出溢价的产品了，消费者不会再跟你计较原料成本、工艺成本了，因为你已经是品牌了，你就可以卖这么贵！

你对自己所处生意的关键点的理解是什么？你对自己的生意的关键点的认识有多深？如果没有理解或认识到你生意的关键点，你就要担心自己是不是那种“做了一辈子什么偏偏不懂什么”的人啦！

行业的破局之路从哪里开始，我要说，就从打破自己的固有认知开始！从打破自己的僵化思维开始！跳开商品形态，着眼人性欲望。

一流企业卖“概念”

当下流行的“三流企业卖产品，二流企业卖品牌，一流企业卖标准”，其实就代表着市场竞争已经进入了一个“概念”竞争的阶段。

业绩较为逊色的公司在战略思维上往往被一种思想所支配，这种思想就是在竞争中保持领先地位。而与此形成鲜明对比的是，高增长的公司对于赶超或打败对手并不感兴趣，他们寻找并创造新的“概念”，引发消费者的欲望，引领行业新一轮的增长。

用新“概念”打败旧“概念”

如同坚信“汽车一定会战胜马车”一样，每一项新产品的成功，无一不是因为创造新的“概念”、满足消费者的欲望，以及由此创造了新的市场所致。

“情感”究竟能不能够成为一种产品？

一般来说，情感作为一种心理活动，很难变成一种企业产品。假如有人宣称手表不再是手表，而是一种情感产品，恐怕令人难以接受。但是，斯沃琪公司的掌门人海耶克，却这么坚定地做了，他重新定义了手表的“概念”：手表不再是普通的计时工具，也不再是精美高档的奢侈品，而是传递个性和情感的一种“情感产品”。

海耶克正是把手表定义为了“情感”，才使得曾经一度被日本石英表打趴下的瑞士手表神奇地翻身。既然手表代表着某种情感传递，那么，它为什么不可以像每天换衣服一样，根据不同心情而拥有第二块、第三块乃至更多的手表呢？

事实上，斯沃琪公司现在每年都会推出200～300种新款手表，这些手表分别代表着年轻、新鲜、刺激、时尚、活力等不同的情感表达。也就是说，物理意义上的生活空间，总是相对固定不变的，真正拓展了新的商业空间的因素，取决于人的心理情感空间。当手表不再是传统的计时工具，而是成为一种情感产品时，人们才会从“一生只戴一块手表”，走向“一个人拥有多块代表着不同情感的手表”的新时代。

高度抽象的“概念”，此时成为企业翻身的法宝。基本上可以这样说，是“情感”这个新“概念”，战胜了传统的“精确”的旧“概念”。

其实，“概念”的背后隐藏着消费者认可的一种生活方式。因此，“概念”打败“概念”的实质，是一种生活方式打败了另一种生活方式。

欧倍德是倡导DIY（自己动手）商店“概念”的先锋，致力于给能工巧匠、建筑爱好者和园艺爱好者提供一切所需要的商品。人们欣赏这里的周到随意，惊讶这里的应有尽有——你想DIY，这里提供各种加工服务和工具租借，你甚至可以用欧倍德提供的房型和材料为自己盖一所房屋。欧倍德公司创建于1970年，是世界上最早开创家庭装饰市场的跨国连锁集团。它在全球的连锁店超过467家，企业规模名列德国第一、全球第四。

然而，在欧倍德作为一个“外来物种”来到中国时，却对这里的生态环境严重不适应，经过一番忽左忽右的探索之后，不得不宣布“欧洲才是欧倍德的战略发展重点”，灰溜溜地打道回府。显然，DIY这一体验式营销已经在欧洲盛行，消费者已经把家庭劳动看作是一种乐趣，但大多数中国消费者却没有DIY的习惯。欧倍德这才发现，需要在中国消费者中开展DIY的布道工作，让他们爱上DIY，从而成为欧倍德的信众。然而，这种营销方式在中国还有一段很长的路程。

“概念”的背后总是隐藏着一种生活方式，反过来说，假如没有相对应的生活方式的支撑，那么，“概念”就成为飘荡在空中的海市蜃楼。

品牌的支点

能否在目标顾客心中确立产品及品牌与众不同的有价值的地位，首先取决消费者价值思考的原点，它决定一切，这就是秘诀。其实最简单的也就是我们最容易忽视的，您会发现品牌营销的中心都在围绕着消费者价值思考的原点在开展工作。

消费者靠自己的概念选择

人如果肚子饿了，先想到吃东西，也可能想到喝粥、喝啤酒、吃肉、吃面食、吃水果。消费者本能的想到几十个品类。也有人肚子饿了，先想到忍，而不是吃东西。因为他想，我可以减肥了。如果是“三高”（高血压、高血脂、高血糖）消费者，还要考虑食物是低热量的还是有机的。

进一步讲，消费者首选基于首想的概念。

当厂家提出的概念与消费者大脑里的概念对接时，消费者往往会毫不犹豫地认同。消费者本能的借助概念来接受和购买产品、品牌。美的电饭煲与苏泊尔电饭煲哪个更好？同样的电脑控温和数码显示，价格也不相上下，喜欢美的这个品牌的可能会选美的，喜欢苏泊尔的就会选苏泊尔。但苏泊尔无中生有了一个“模拟柴火烧，米饭特别香”概念之后，情况就不一样了，苏泊尔的电饭煲在终端的销量很快就超越了美的！

真正直接导致购买的消费者概念其实是非常稀缺的。不妨看一下淘宝上的AD WORD竞价排名。一个“韩版女装”，每点击一次要收商家好几块钱。而随着商家的竞标竞价，可能每点击一次就要收更贵的价钱。在电子商务上，你就可以清晰地知道语言有多值钱，甚至超过在地面黄金路段的铺租。不是网站如何好，而是消费者大脑里储存了一个概念，“韩版女装”符合潮流。所以网民看到“韩版女装”，就与你的产品形成共振，进入点击购买状态。

中国的一些企业家、营销人还以为更好的产品、更高的质量、更好的技术就能够撬起地球。其实，不然。宝洁公司首席营销官 JioStengel 曾说过："成功的营销已不再是单纯的信息告知和售卖产品……而是带入一个和我们所做的一切有关联的概念的问题。"

特劳特在《什么是战略》一书中说：确立差异化概念和支持点，意味着战略成型。

战略是一个简单、焦点明确的价值定位，换句话说，战略是创造一个理由，买你的产品而不是你竞争对手的。

张瑞敏说："创造市场的前提就是创造概念。"海尔在设计产品时，首先找到一个概念。在海尔人眼里，概念是纲，有了纲，才能调整工艺，进行包装广告设计，策划公关，设计促销。

概念指的是传播的核心点，也就是说，你在传播什么核心内容给产品的购买人群？在销售和营销中，始终给购买人群一种理念，也就是说，购买你产品的理由是什么？老百姓为什么要购买你的产品？

美国西南航空公司之所以可以用总成本领先的战略持续成功，其关键概念是"尽可能最少地占用顾客的时间"。

概念战略，是跳开产品提升价值的一条捷径。很多产品淹没在信息的汪洋大海中，其中一条原因是没有概念。

马鲭鱼好还是金枪鱼好？在一位有魄力的分销商决定将马鲭鱼命名为金枪鱼（Tuna）之前，这种鱼根本就没人要。实际上，分销商月概念找到了消费者存在最短的决策路径。还有，位于加勒比海上巴哈马群岛的豪格岛（Hog，即猪岛），在改名为天堂岛（Paradise Island）之前一直默默无闻，但换了名字后却成为全球知名的旅游度假胜地，是海泳和冲浪的首选场所。

我们把找到消费者存在最短的决策路径的词叫做首选概念。首选概念在顾客心中树立鲜明的形象特征并赢得认同；经由沟通创造基于竞争的识别和溢价；指导企业组织各种品牌行为，保持品牌一致性。首选概念具有一剑封喉的神奇效果。

概念是品牌的支点

没有概念的品牌口号，不仅无用，甚至有害。

"让我们做得更好"，这是飞利浦在 1995 年引入的品牌口号。作为飞利浦自己努力的目标和鼓励别人的口号，被很多专家称赞为经典。令人奇怪的是，“让我们做得更好”沿用时间越长，负面影响越大，业绩越差，到2004年，飞利浦出现巨额亏损。

“让我们做得更好”这句话在许多消费者心目中，树立起的是低端形象，和飞利浦联系在一起的只有电动剃须刀、照明灯具，与高技术领域的领导地位相差越来越远。这个自负的公司宗旨，并不是消费者选择的基本参照点，缺乏撬动市场的“利益点”，因此，消费者并不会为“让我们做得更好”而选择飞利浦。

哪个词明确地指向一个品牌、一个消费价值、一个购买理由？2004年9月，飞利浦发布了新的品牌战略，确立“simplicity”（简易）的新品牌定位。飞利浦品牌定位可以概括为：为您设计、轻松体验、尖端科技。相伴而生的是全新的品牌口号：“sense and simplicity（精于心，简于形）。”“精于心，简于形”被用于阐述飞利浦在医疗保健、时尚生活以及高精尖技术领域的技术优势。可以说，“飞利浦”的品牌力量来源于“精、简”，“精、简”一词包含了消费价值和一个购买理由，所以，它像神奇的支点，全面撬动了市场。

“让我们做得更好”是口号，“精于心，简于形”，传达了一种概念。

飞利浦给我们的启示是，品牌活不活、火不火，看有没有像“精、简”这样具有支点能量的概念。

口号不等于概念

核心概念的提炼和设计的前提，是对该市场的竞争现状要有深入的研究，对目标消费人群要做深入洞察，这样，才能挖掘与理解消费者内心未被满足的需求，以此为提炼核心概念的基础。

耐克的“Just do it（尽管去做）”是口号，“耐克，世界最优秀运动员所穿”是概念；诺基亚“科技以人为本”是口号，“诺基亚，世界第一部蜂窝手机”是概念。当智能手机时代到来之际，诺基亚的概念就被人们认为是落伍的了。而苹果的概念是“世界超一流的智能手机”。

有力的市场概念的来源是产品创新、企业实力、服务差异、质量、价格、情感，等等。品牌传播主题或概念，要始于行业特性，基于产品功能，联系企业实际，终于消费者需求。

摩根的基本工作与业绩——

为世界知名公司政府和家庭服务的传统；

协助通用电气和AT&T起家时的组建和融资；

在两次世界大战期间为法国和英国贷款。

摩根的概念——创造财富150年。

在一般情况下，消费者的头脑中都会有一个固有的概念标尺，这个标尺在某种程度上左右着消费者的消费行为。这个标尺有的是自觉形成的，有时是靠广告宣传形成的消费理念。如果能在这个标尺上进行强化与延伸，不但可以满足消费者喜新厌旧的心理，也能让消费者顺理成章地接受新品牌。

概念营销就是企业将产品（服务）特点和消费者的需求紧密融合，通过推出一个特定概念，向消费大众传播商品所包含的时尚观念、文化情愫、科学技术知识及其对人们生活的影响，从而获得消费者认可，引起他们的共鸣进而萌发对产品需求。

一个好的产品概念不仅能够直接传达出利益点，而且能够用这个利益点直击消费者内心，把自己和其他替代品区隔开来。提炼一个好的核心传播概念，意味着产品已经成功了一半。

一个好的传播概念敌得过1000万元的广告费

赢得市场，需要调动消费者的概念资源。好丽友从韩国把“派”这个概念带给大陆消费者，率先占有了“派”这个品类，主推巧克力派。后来者达利食品，则在“派”的概念中为自己抢了一个分支——“蛋黄派”，达利从此走向全国。

在一个新的行业里，推广一个新产品，其风险性是非常大的，消费者接受一个概念要进行大量的教育工作。谁善于利用好概念谁就是赢家。

盘龙云海为旗下的产品设计了“排毒”概念，并把产品命名为排毒养颜胶囊。不仅紧紧掌控着排毒市场的第一把交椅，更让对手望尘莫及。

解构旧概念

俗话说，不破不立。在建立新概念霸权的过程中，对已有的旧概念必须进行有力的解构，也就是破除行业天花板，建立游戏新规则的能力。新概念战胜旧概念之日，就是新产品替代旧产品之时。

芦荟排毒胶囊发现，排毒养颜胶囊花费了多年时间在消费者心目中唤起他们“排毒”这一消费意识，如果跟“龙头老大”正面交锋，其实力微弱，不仅危险，而且无用。芦荟排毒胶囊借助“排毒”概念建立了有自己特色的概念体系——“深层排毒”，堂而皇之地站出来展示自己的独特个性。它把盘龙云海作为肠胃里的（浅层）排毒，把自己说成人体微循环系统的（深层）清毒，提出“一天一粒，深层排毒”的概念。这样，不仅避开了直面对击，超越所有竞争者的挑战和跟随，更以尖锐、精准的诉求直接对准了消费者，成功分享“排毒”市场的大蛋糕，紧邻老大盘龙云海，稳占销量第二！

从产品的功效出发，与消费者的文化心理结合，才能创造打动消费者的实效概念，达到品牌的认同和心智的占领。它可以是对旧原理的新阐释，也可以是新科技的通俗表达，或者根据文化传统、风俗习惯、社会心理提炼出产品的概念理论体系。而借用既有概念，相当于节省了概念教育费用。

提炼核心概念要有敌情观念，首先在吸引眼球的层面取得比较优势，既要照准竞品，又要符合产品客观存在的特点或特色，具有角力，而不是自说自话。

借助老大开创的概念，对后来者来说，是进行市场割据的有力武器。

畅销了15年的排毒养颜胶囊，曾经带起了一个上百亿元的排毒市场。多年成功之后，其主力消费人群已严重老化，对于“80后”人群来讲，“排毒”已经是一个几近陌生的词汇，不被接受和认同，这个时候找到一个新的理由吸引他们势在必行。在市场研究中发现，“80后”新一代未必要“排毒”却必定要“漂亮”，尤其是自然的、安全的、由内而外的漂亮，他们有需求。于是最大胆的创新概念被提炼出来：“减毒素，加漂亮！”一个新形象，一个绝妙“+ -”，重塑了年轻人的排毒观。广告宣传新概念和新形象一出来，市场反应奇好，业绩同比增长5倍以上！

在营销上，一个产品必然要有一个概念，否则你的产品就没人会买。有了清晰、独特、简洁、生动、实效的品牌概念，造成一种思维定式，以获得消费者的认同，使其产生购买欲望，就会事半功倍，否则将会事倍功半。

总之，品牌之争是概念、观念、理念之间的竞争，而非产品、口味、质量之间的竞争。

概念就是品牌的整合

营销是一种系统行为，概念是一个多方面的复合体，仅就产品概念而言，它既包含由技术层面确定的功能概念，也包含由市场销售层面确定的功能概念，前者以技术和实用为核心，后者则更倾向于文化、精神层次方面为产品带来品位与附加价值。

品牌概念的提炼，是品牌定位的重要内容，也是一个系统化创造性过程。

品牌概念提炼的核心是寻找区隔点、支持点、需求点

佳能在影像（读图）时代，提出了“影像文化尽在佳能”的大概念，可以说是整合性概念营销的一个典范。

佳能的影像产品，以数码相机为例，涵盖了从专业到民用市场各个层次。它在民用市场凸显时尚，在爱好者市场凸显专业与实用，在专业市场强调便捷与品质保证。尤其是佳能率先开发所谓“全画幅”顶级数码单反相机，一方面满足了有钱人的需要特别是购买顶级产品的虚荣心的满足，一方面也给低层次消费者对佳能的技术实力树立了信心。佳能还为这个概念提供了有效的传播支持。佳能通过自己的网站与各种媒体以及经常举行的活动，宣传力度之大同行业无与争锋。它在各种媒体、事件中的宣传一直围绕“影像”、“文化”这一对核心概念，它的品牌形象不但对消费者来说非常清晰，也基本上不可以模仿与复制。

从整合的意义上说，佳能做到了产品概念、品牌概念、市场概念与广告形象的基本合一。

能否合理地提炼和设计核心概念是品牌能否区别于竞争品牌，能否吸引目标消费人群，能否充分彰显品牌的文化内涵的关键所在。

概念沟通，就是针对消费者的攻心战。其实质在于把握消费者购买心理、社会文化认知、价值观和人类心理的一些共同取向，从这些心理特质入手进行攻心。只有注重与消费者的沟通，才能达到销售的目的。

施可丰复合肥与其他的肥料有何不同？消费者凭什么认可复合肥？即产品价值是什么？

翻阅调研报告，资料显示：农民最关心的是什么？——庄稼。农民买高塔复合肥是为什么？——高质量，高收成。农民在种植过程中最想解决的问题是什么？——土地板结。农户的潜在需求是什么？——让生土变熟土。

复合肥的差异化又在哪呢？

终于，我们在资料里发现到一个“金矿”：所有的知名品牌，如金沂蒙、中化、金大地、鄂中、红日阿康、开门子（白俄罗）等，在其产品宣传和介绍中，均不同程度地提到活化土壤、疏松土壤、防止板结这一概念和效果，这说明活化土壤这一功效对农民非常重要。

对比调查结果，农户最担心的就是土地结板，都希望把生土变成熟土，也就是要活化土壤，才可以提高土壤营养吸收。

于是我们为施可丰挖掘、提炼的概念就是：活土疏松型复合肥——一种可以活土的功能型肥料。“活土疏松”，这就是施可丰复合肥推向市场最重要的秘密武器。

品牌建设成功与否的首要环节：核心概念的提炼和设计

热卖产品的共性是，与消费者产生共鸣。

共鸣是人们愿意为之付费的待解决问题的最佳方案，符合他们内心真实的需求，顾客能很快理解你的公司和产品价值，很快被打动，并产生主动购买愿望。找到共鸣，你就摆脱了对客户的说服和教育，购买会自发实现（不需要广告，也不需要促销），奇迹由此产生。如果产品没有与消费者产生共鸣，即使产品做得漂亮，策划创意完美，促销力度大，消费者也不会买单。

好概念必须是品牌与消费者的共鸣点。首选概念就是最强共鸣点。首选概念，我们也可称之为打动点、触动点，也有人生动地称之为“消费者内心的那块痒痒肉”。

创造首选概念，才能将土豆卖出金子价。界定共鸣点，是最核心的战略。

成功品牌战略模型 = 品牌定位战略 + 产品共鸣战略！

在中国文化的坐标下，采用“六环消费心智模型”，从认知、需求、价格、差异、信任、喜好等六个角度，对消费者进行心理扫描，洞察消费者。把这几个关键因素传达给企业，通过品牌渠道等方式，让产品成为消费者的首选。

品牌战略的核心是定位，而产品战略的核心是能够与消费者产生共鸣。品牌定位强调的是较长时间以后消费者心智中的认知；产品共鸣强调的是即时与消费者的共鸣，快速达成购买。制造共鸣的前提是洞察消费者内心的真实想法。获得共鸣的最重要方法是洞察消费者内心深处的隐性需求，听到他们内心真实的想法，发现他们待解决或还没有被更好解决的问题。

营销的终极作用在于如何在心智中找到空隙，把差异化概念或品牌打入客户心智中。把那个差异化概念视为想钉入心智的钉子，那么无论采用何种形式的营销活动，就是用来把那个概念敲入心智的锤子。

界定明确的产品概念（卖点）优于新产品开发。很多产品的失败并不是因为产品不好，相当程度上是因为概念（卖点）没有界定好。这指目标市场界定不准确——找错人了，功能诉求不准确——没让顾客认识到产品的好。通过概念策划，使产品就像一把尖刀，能够迅速插入市场，打开一个突破口。

概念是新产品的主题，确定这个主题之后，围绕这个主题配置原料、配料，添加相应的功能，减少相应的功能等，并进行产品命名、提炼广告语、设计产品包装、策划市场进入策略等。

语言的基本单位就是词语，左脑是靠词语来实施记忆索引的。词语是具有权能的，是有魔力的，甚至就像咒语，指引和改变人的行为。

一个词语可以创造一个品类，可以改变消费者的行为，可以创造流行，就是人类的召唤令。

召唤是词语最大的权能。海德格尔说：“命名并不是分贴标签，运用词语，而是召唤入词语。命名在召唤，这种召唤把他所召唤的东西带动近旁，召唤当然有所唤来。”

召唤就是把事物、场景、心理状态号召到你面前，引起大家强烈的共鸣。“怕上火”这个词语就把已经上火的人、未上火担心自己上火的人召唤起来，形成了共鸣，让这个词语具有强大的能量。具有号召力的词语、往往是比较常用的词语，最通俗的词语。这种词语人人都知道，人人都不设防，直接指引和改变人们的行为。

“概念”就是产品

“一个企业首先不是制造产品，而是制造思想。”在新经济环境下，归纳和创造“概念”，用新的“概念”去打败旧的“概念”，是企业的一项极为重要的工作。

新消费时代的特征就是消费的碎片化和多元化，那么碎片化或多元化是如何发生的呢？事实上，以前大众化、标准化的生活方式犹如一条大河，正在逐渐分流成一条条个性化生活方式的小溪。其原因就是人们的生活观念发生了不同的变化，而不断变化的生活观念，通常可以用“概念（观念）”来表示。

因此，对于新经济而言，“概念”就是产品。“概念”将一片混沌的生活方式清晰地区分开来，并且引领着有相同或相近生活方式的消费者走进同一片消费的天空。

也就是说，相同或相近的顾客群体，并不是因他们的年龄相近或性别相同而走到了一起，而是因为他们有着共同的爱好或偏好。8 岁的孩童和 80 岁的爷爷之所以会喜欢同一个产品（例如玩具），就是相同的“概念”（例如好奇心）在其中发挥着作用。当然，你不必为你特立独行的生活方式而感到寂寞，因为在一个无国界的网络化的真实世界里，总能找到同道中人。“概念”的影响力越大，席卷进的顾客数量就越多；“概念”的影响力越是长久，所对应的生活方式流行时间越是久远。相应的，“概念”的商业价值也就越大。

因此，“概念”有着双重意义，一方面，它意味着企业必须准确地将有形产品镶嵌到无形的生活方式中；另一方面，它在拒绝或排斥不相干的生活方式。

“概念”引发“欲望式消费”

让“欲望”成为产品的驱动力，既能摆脱“同质化”恶性竞争的循环，也符合越来越个性化的消费潮流。而对于商业竞争来说，“满足需求、满足偏好、满足欲望”所对应的，就是“质量和效率的竞争、品牌的竞争、概念的竞争”三种不同的竞争策略。这其中，“概念”之间的竞争，无疑是最高等级的市场竞争。

“概念”是高度抽象的产物，一方面，它代表着产品或服务的本质特征，是对于产品或服务的高度概括；另一方面，它能引起或点燃顾客未知的消费欲望，使得尚未发生的消费成为可能。

“消费者根本不知道自己需要什么，现在不知道，将来也不会知道。”

一个个企业都绞尽脑汁考虑：如何以顾客愿意支付的价格、方便购买的渠道以及喜欢的时间提供商品。不要去服务需求，而要去创造需求；不要轻易满足顾客的需求，而是去吊他们的胃口。所谓“吊他们的胃口”，就是让“欲望”成为产品的驱动力。当顾客不知道自己的消费欲望走向何处时，它最大的可能就是被“概念”所引导。

得到顾客的方法或技巧，通常就是创造出新的“概念”——是新的“概念”引起了顾客购买的欲望。所以，发现并满足顾客的欲望，就成为其中的关键，因为欲望是尚未发生的消费，而只有新的“概念”才能够引发它。

核心概念反映的是目标消费者更深层次的心理需求，能够提供给目标消费者更多更深层次不可量化的满足。

一些概念，往往从历史、文化、情感等非具象信息提出。对应的条件不是真正的生理需求，而是心理需求。传统的口红卖法是卖涂抹，涂抹在嘴唇上。有个部队的战士，由于部队管理比较严，见女朋友比较难。如何将口红卖给这个战士呢？营销员说，你的女朋友每天都要抹口红，说你有一个口红，每天都可以跟你接吻。结果营销员很顺利地就把口红卖给他了。实际上这个营销员是靠设计了一个虚幻概念达到了推销目的。

利用一个虚幻概念必须要具备三个关键点：一是在消费者的逻辑思维中是可以成立的，而且也能具备一定的说服力；二是行业当中确实还未被企业运用过，提出来后确实有一定的新鲜感，或者至少能给顾客一点新鲜感；三是这个概念提出后，会引起社会的反响。

比如，藏秘香格里拉青稞干红的“藏文化”、国窖 1573 的“历史”、金六福的“福文化”……农夫山泉没有说自己添加了矿物质，而是说“有点甜”；农夫果园也没有生搬硬套地说自己是混合果汁，而是说“摇一摇”。它们妙在避开了功能性承诺，还拓宽了产品的使用条件。

概念要新颖，也要“陈旧”。

新鲜感是消费者的一种喜新厌旧的心理，它可能在品牌建设的所有环节都存在。它对重度消费、持续消费、承诺消费和推荐消费都有着不可忽视的稳定和促进作用。

从心理活动的角度看，消费者对某些事物感到很新鲜，至少由四种感受构成，即：赏心悦目、出乎意料、刺激过瘾、记忆刷新。别人用过的概念，大多失去了新意，我们不能拾人牙慧，但是，一个概念又不能彻底颠覆目标受众的用词习惯，否则，就会增加目标受众理解的难度，无形之中就加大了传播难度，增加了传播费用，落得个吃力不讨好，空欢喜一场。所以，概念必须同时做到“标新立异”和“随波逐流”，借助一些“陈旧”的词语，进行巧妙的“二次组合”，让概念快速焕发出新的生命力。

品牌核心词提炼误区

多数品牌之所以不成功，往往是品牌核心词提炼不成功，市场推广上存在认知障碍。

黄金单品品牌的塑造过程，就是对核心词的不断打造和维护的过程，就是因为企业没有将品牌核心词建立在一个正确的理念之下，或者说建立了正确的品牌核心词，而不能够一以贯之地支持下去，这样的企业是难以永续经营下去的。有的企业甚至压根儿就没有挖掘过品牌的核心词，公司经营了十几年，究竟在卖什么至今也说不清楚，反正是稀里糊涂地在卖产品，仅仅是维持企业活着而已。

品牌核心词提炼往往存在五大误区。

误区之一：浑然不知哪个品牌核心词重要。

当“法式小面包，还是盼盼好”开始唱响中国大地的时候，当达利、泡吧等争相进入的时候，我们不得不承认法式小面包火了。但是法式小面包的率先引进者三辉麦风却在夹缝中苟延残喘，这除了运营的高下之外，与三辉麦风改弦易辙去做日本面包有关。法式面包为何会火起来？是人们突然对面包情有独钟吗？当然不是，哪一个超市没有面包卖呢？那么，法式面包市场突然火爆的核心驱动力在哪里？既然不是面包，那自然是“法式”了。人们真的觉得法式小面包好吃吗？如果把“法式”去掉，看还有几个去购买的？在消费者“价值选择雷达”区域，显然“法式”浪漫生活方式的体验才是购买法式小面包的核心驱动要素。盼盼、达利、泡吧等都在紧紧围着“法式”这个核武器转，三辉麦风却转向去抓“脆弱”的面包。

误区之二：脱离消费者心智。

茶的品类早就在消费者心中固定为红茶、绿茶、花茶等几大类别上，可口可乐集团凭空造出来的“原叶茶”让人莫名其妙，就是因为消费者并没有感觉用茶粉做的茶饮料有什么不妥。

误区之三：太专业化。

在进行产品核心词提炼的时候，确定产品的功效诉求必须要首先考虑消费者和市场需求，而不是仅以产品的功效排序来决定我们该把产品说成什么，此时产品发明人和科技人员的看法往往不一定正确。产品发明人和科技人员主导下的企业往往原封不动地利用了物理概念。

误区之四：品牌核心词模糊。

一个模糊的品牌核心词意味着你永远无法用它对别人作出肯定的承诺。香约一直徘徊在“台湾奶茶”、“友情奶茶”、“袋装奶茶”三个品牌核心词之间，哪个也不舍得放弃。策略的不聚焦，导致香约的品牌竞争力偏弱。

误区之五：用广告内容完成传播。

很多公司存在一些问题，那就是：广告滥，创意水平低，形象模糊，表达过于复杂，还停留在说教式的层次上，不知道想传递什么样的核心词，诉求目标不明确。

品牌核心词要大雅，也要大俗。

“概念”深刻地影响着人们的观念，主导着人们的思想意识，概念既要清晰、独特、又要简单、生动和实效性。拥有一个好的产品，更要重视产品的核心概念的提炼，只有如此，才能得到消费者的认同，企业才能真正健康的发展。核心概念反映了品牌的精神，而且是与目标消费者取得共鸣的精神。

信息泛滥的今天，雅俗共赏已经成为对概念的基本要求。太雅了，阳春白雪，高处不胜寒，感兴趣的人就少了；太俗了，下里巴人，泥沙俱下，有的人又会嗤之以鼻。所以，概念必须做到大俗大雅，让接触到的人都有兴趣探个究竟。

总之，概念要通俗、易懂、易记、易念、易传播，要与众不同。

提炼差异化营销传播概念的途径

（1）产品的原材料。仲景提出“药材好，药才好”的传播概念，突出了产品的原材料优势，建立起消费者对其产品产生的信任感。柔婷洗发水宣称成分中有 70% 是用于化妆品的，让人不能不相信其对头发的营养护理功效。舒蕾现下推广的“小麦蛋白”洗发水也是在试图通过原料成分来加强产品的价值感。

（2）产品的重量。有的家具产品在推销中强调产品的分量重，因为在消费者的眼里，分量重就是结实的表现。

（3）产品的大小。世界著名的“甲壳虫”轿车怎一个“小”字了得，风靡世界几十年。

（4）产品的手感。TCL 电工通过李嘉欣告诉大家“手感真好”，因为手感好也是消费者自己判断开关质量的简单而又重要标准。

（5）产品的颜色。普通的牙膏一般都是白色的，然而，当出现一种透明颜色或绿色的牙膏时，大家觉得这牙膏肯定更好。高露洁有一种三重功效的牙膏，膏体由三种颜色构成，给消费者以直观感受：白色的在洁白我的牙齿，绿色的在清新我的口气，蓝色的在清除口腔细菌。消费者有时候就是这样傻得可爱。

（6）产品的味道。牙膏一般都是甜味的，可是 LG 牙膏反而是咸味的，大家觉得这牙膏一定好。这就是差异化的威力。

（7）产品的构造、造型设计。

（8）产品功能组合。海尔的氧吧空调在创意上就是普通空调与氧吧的组合，白加黑也是一种功能的分离组合，但简单的功能概念却造就了市场的奇迹。

（9）具体目标市场定位概念。直接针对某具体目标市场也可以成为优秀的营销传播概念，如百事可乐“新一代的选择”。最近清逸的广告后面加了句“年轻的选择”，反映出企业品牌运作水平的提高。功能性差的产品，较多走感性路线，其中对目标市场的具体定位概念可以直接获得目标消费者的认可。功能性产品也可以通过具体目标市场定位概念强化其品牌“领地”。

（10）典故。企业的一个典故也能成为良好的传播概念，尤其是一些历史悠久的品牌，挖掘典故进行传播是一种有效的方法，如王致和的故事等。多星电器集团是山东小家电的强势品牌，“多星”的名字来自天上多了一颗星——中国第一颗人造卫星上有一种电子元件就是该厂生产的。但可惜的是，企业并没有把这一绝好的典故传播给大众。

（11）价格概念。对于一个价格上有优势的品牌来讲，小心的应用，价格也可以成为好的营销传播概念。比如，在神舟电脑的成功当中，“四千八百八，奔四扛回家”的主题传播概念功不可没。价格的概念在直面冲突明显、价格敏感的行业如手机、电脑、汽车等比较多见，也是很有效的。但在操作价格概念中，要注意的是不要让价格优势影响到消费者对产品品质的怀疑。因此还需要传播副主题及其他营销传播方法提高产品的信任度。

（12）产品卖点（利益）的组合。产品功能（利益）的细分是提炼营销传播概念的重要来源，然而，逆向思维下的重新组合也能产生于市场有效的好概念。在美国的香皂市场，“象牙”是柔和型、“舒肤佳”是除菌型、“卡美”是保湿型、“依斯特”是清新型，各自都依靠清晰的功能定位概念牢牢占据一块市场。“李沃2000”却打出了既除菌又保湿的概念，用了短短6个月，就从各大巨头碗中抢走了8.4%市场份额。排毒养颜的“排毒加养颜”也是该方法的应用。

（13）技术概念。有的时候，一项新的技术应用在产品上后，需要用一个消费者感觉明显（但不一定懂）的概念来传达。有的时候，一个技术上的简单改进也可以成为营销者的概念利器。脑白金的“脑白金体”，大家都不知道是什么东西，但都会感觉“脑白金”里面含有一种“神奇”的成分，所以就觉得有效、买得值。因为对消费者来说，“神秘”的东西都是值钱的。相信大多数人说不清楚到底“变频”是什么概念，但大家都知道变频空调好。大家都有免烫衬衣，但因为雅戈尔免烫衬衣是“神秘”的“VI免烫”，所以觉得还是雅戈尔的好。这就是消费者经常表现出的可爱的傻气。

（14）广告传播创意概念。通过广告创意寻找概念也是常用的方法，优秀的广告人总能为产品找到绝妙的创意概念。广告总要表现利益或价值，但需要找到一个直观的往往也是很微妙的东西来表现。这种微妙能够直达消费者内心深处，要生动而形象。这个微妙的生动会给大家潜意识里的暗示，而恰当暗示的力量是大于直白的表述的。“农夫果园摇一摇”，“乐百氏27层净化”，“金龙鱼1∶1∶1”都属此类型。

（15）专业概念。专业感是信任的主要来源之一，制造专业概念也是提炼营销传播概念的有效方法。很多品牌在塑造专业感时经常直称专家：方太

——厨房专家；华龙——制面专家；中国移动——移动通信专家；李医生——皮肤护理专家；九牧王——西裤专家。消费者相信，喊专家的一定是专家，而且还相信，号称专家的一般都是行业第一或最好的。

（16）建立"老"概念。时间长会给人以信任感，因此，诉求时间的概念也是一种有效方法。而且，时间的概念感觉越老越好，如沙沟香油——香了2000年，青岛啤酒——始于1902年。老字号品牌一定要注意提炼自己的时间概念，而不是很老的品牌也可以提炼相对"较老的概念"。也有一些品牌制造老的概念，如某木梳店起了个古色古香的名字，把店面装修得古色古香，但对市场的确是很有效的。

（17）产地概念。总有许多产品具有强烈的产地特点，如山东的大花生、新疆的葡萄、川酒、云烟等。这些地域特色强烈的产品提炼地域概念显然是很有效的方法，如云峰酒业的"小糊涂仙"、"小糊涂神"、"小酒仙"等都在说"茅台镇传世佳酿"，"鲁花"花生油说"精选山东优质大花生"等。

（18）具体数字概念。越是具体的，信任感越强。因此，挖掘产品或品牌的具体数字也是常用的方法。如"总督牌香烟，有20000个滤嘴颗粒过滤"等都是该方法的应用。

（19）服务概念。一个好的概念则能加强品牌的美好印象。比如海尔提出的"五星级服务"也为其"真诚到永远"做出不少的贡献；另外还有"24小时服务"、"钻石服务"等都是不错的服务概念，在加强品牌美誉度方面起到不可忽视的作用。

（20）促销概念。同样的促销活动，如果冠以好的传播概念，则会带来截然不同的品牌感受，使促销活动增加了多许的"正义"色彩。如某笔记本电脑品牌的降价促销概念叫做"笔记本普及运动"，在大力推广家用锅炉的活动中，以"暖居工程"为推广概念，引来支持无数。

（21）节日概念。"每逢佳节数倍销售"，节日期间有了促销的理由，因此都是各品牌的销售旺日，大家都盼望节日的到来。可是聪明的商家懂得自造节日，如商场每年的"感恩节"总是人山人海，十天的"节日"期间，销量顶得上平时的几个月。

（22）上市概念。好的概念会给人以崭新感受：洗衣粉——洁净上市；饮料——清凉上市；服装——动感上市；家居用品——温馨上市；方便面——弹跳上市。

(23) 副品牌名称的概念。副品牌名称可以直观地实现单类产品的品牌概念化，而且，好的副品牌名称能集中体现出产品特点，成为概念的集中点。如海尔洗衣机中的“小小神童”，产品本身小巧方便的特性集中体现出来，比起常规的技术编号推广形象贴切得多，显然对市场是有效的。

(24) 核心（价值）概念。伴随主题概念的产生，还需要在营销传播的各个方面进行概念配合以强化核心（价值）概念。比如，我们在为某乳业品牌确立了“新鲜”的传播主题后，运输车辆起名叫“新鲜快车”，投递队伍则叫“新鲜快递”，DM 手册叫“新鲜营养手册”，等等，有效地强化“新鲜”的品牌形象。

集中简化概念，建立自己的首选之词

商业世界的信条是：简单才有力量。

大多数有力概念往往通过组织和顾客之间的沟通产生。当消费者提及到某品牌的时候，他能与某个特定的词汇联结在一起。

从消费者角度来看品牌的话，完全是一种低介入的状态，跟站在企业角度看问题的高介入状态完全是两回事。我们郑重其事的东西对消费者来说根本没那么重要，无论我们准备了多么深刻的品牌内涵，对于消费者来说他们能接受的只是一个概念而已。过多的东西根本想不到。这些概念只是消费者大脑中的某个触点，无论你的品牌有多么庞大，内涵有多么丰富，与消费者的心智接触起来，仅仅是一个触点，而这个触点用语言描绘起来仅仅是一个词而已。

因此，概念是具有实体性意义的聚集。对于一个社会来说，如果我们没有这样一些通用和被我们所共同接受的概念，也就没有了社会，同样，也就没有了人们进行社会行动或者实践的场域。正是在这个意义上，可以说一个社会并不是仅仅由经济、政治等实体性内容所构成，而是由一系列概念所组成，特别是社会活动的展开更是以概念为基础。

品牌的真谛是要拥有深深嵌入本市场中的人们头脑之中的一两个字词。因为任何人都会曲解你的意思，任何人转述你的话都会加上他们的目的。不要让别人来替你归纳，因为他们会从他的利益出发去归纳。所以，你要设计一个最小的传播单位，无法分解的，让他代表你的意志，让他承载你意志的力量，让人无法分拆。

概念设计不是文字游戏，而是选词的智慧

人是用语言思考，词语是触发器，词语可以改变行为和世界观。消费者接受我们的产品，其实是先接受一个词。

争夺消费者的核心武器是词汇。所以，营销就是用一个词给消费者设计一个选择的路经或线索。

不同的词汇含有不同的意义。

可乐与非可乐有什么区别？没有区别，只不过是在消费者心理认知中用“非”这个词虚拟了一个似乎不一样的产品。而对于生产商来说，现实市场中的利益格局却被颠覆了。这就是词汇的力量。这个世界本质往往是不变的，改变是形式和表达方式！

这个世界是靠词语来统治的。

概念是以词汇为基础，每一个概念一定是与某个词汇相联系，但并不能够说某一个词汇就是一个概念。当某个词汇成为概念时，必须是在一定的社会和政治语境中为了特定的目的而不断地被使用，具有一定的意义和指向功能，并被固定下来之后，于是便成为大家所接受与认可的“概念”。

宁波有家企业发明了一种夜间“发光开关”，产品三次冲击上海市场均无功而返，后改名为“夜视开关”，一下子打开上海市场，并迅速风行东南亚，25 元一只的开关在较短的时间里为企业创下 5 亿元的资产。同样一只开关，经营成绩却有天壤之别，原因不在质量而在于名称所折射的概念的不同。因为“发光开关”有含荧光物质之嫌，消费者恐怕它对人体有危害，对其敬而远之，拒于门外。而“夜视”是一种技术，在海湾战争中曾大出风头，“夜视开关”使人确认其是一种科技含量较高的装置，因此受到了市场的接纳。

核心词才有支力点

美国竞选时，品牌专家通过分析奥巴马与希拉里的竞选关键词，推断奥巴马必赢。在竞选时，奥巴马用的是“改变”这个核心词，而希拉里选用的词语是“经验”。显然“改变”这个词语比“经验”重要，谁获胜就一目了

然了。在奥巴马执政这几年中，也始终围绕这个词语在做工作。

每一个品牌必须挖掘消费者感兴趣的某一点，而一旦消费者产生这一方面的需求，首先就会立即想到它。这个点就是一个词。当品牌观点、品牌思想、品牌信仰集中聚焦浓缩为一个核心词时，这个核心词就具有支点的力量。品牌制高点就是要占领一个词语，一个能够创造流行的词语。“如果想要说服他人，就必须重复不断地表达你的核心信息。如果你不希望自己的信息从对方的左耳朵进、右耳朵出，那么就一定要这样去做。”

占领消费者心智的最好办法是极度简化你的信息，因此企业需要聚焦在一个强有力的核心词并把它推入心智。选择一个简单、独特的核心词，不断地重复宣传，将自己与这一词汇锁定起来，进而在消费者心中占据这一词汇，这是企业营销战略成功的关键。

要让消费者选择你的品牌，厂家就要为消费者提供一个基本参照点，用一个词来概括。这个词一定是消费者心中最有意义的概念，这个概念成为核心词。

每个较大的成功者，都有一个共同的特点：他们借助于一个核心词，成为说服消费者接受和购买产品、品牌的借口。这个词语是消费者的基本参照点，一个消费价值，一个购买理由，能够创造流行。产品的成功首先是拥有一个带有概念性质的核心词。品牌，就是你所拥有的在潜在消费者心目中的单一看法的核心词。蓝海战略、金钻战略都是按照以上原则设计出来的。

热卖品牌，借助消费者心智中的语言体系，设定核心词，进入催眠状态，让消费者完全按照商家的意图进行思考。

宝马（BMW）——运动和性能，梅塞德斯－奔驰（Mercedes－Benz）——豪华；英特尔（Intel）——给电脑一颗奔腾的心。在最早的办公自动化市场上，DEC以“个人操作系统”的口号来销售其微型计算机，苹果公司以“桌面印刷”取得了进展。后来，以“蓝色巨人”著称的IBM公司每隔几年都会通过营销的大手笔将新的市场推广的核心词推向市场，从“四海一家的解决之道”到“电子商务”，再到2003年的“按需应变的电子商务”、智慧城市、云计算，等等。

做品牌其实就像“王老虎抢亲”一样抢劫一个字或词，“郎”、“蓝”、“福”原来都是字典里的字，但是郎酒、洋河、金六福分别紧紧地把它们抱在怀里。品牌逐渐有了深度以后，消费者也就相信这个字是它们的。

中国字是方块字，一个字就是一个世界。抢到这个字以后，品牌也就具有裂变、内涵扩展的种种可能。除了字以外，慢慢开始抢劫词。海飞丝把“去头屑”三个字紧紧地抱在怀里，中国白酒在黄金十年则流行“大词赶集”，中国梦、中国荣耀、中国品位、中国风景、中国骄傲、中国性格……

转换一个核心词

市场存在于消费者的心智。改变用词，就是改变消费者对产品和品牌的认知。

经济学家凯恩斯曾说过：世上最难的事情不是让人们接受新思想，而是使他们忘记旧观念。既然人们难以忘记旧观念，改变人们的心智困难，我们不仿转过头来重申旧观念，借助旧观念的力量，在旧观念的基础上加以转换，让人们接受新思想就容易得多。商家须利用大脑不愿意改变这个特征为自己服务。

首先我们从企业的品牌角度，用“设计核心词”的策略，将一件普通的产品“换”的栩栩如生！暴利千万！

往往品牌使用的词汇的高度，代表了品牌在消费者心智里拥有的地位，决定了顾客对品牌的选择和购买。

欧米茄设计的核心词——完美与成就的代表；

宾利设计的核心词——速度与豪华的梦想极致；

劳力士设计的核心词——手表领域的霸主；

香奈儿设计的核心词——女性追求的向导和典范；

芝柏设计的核心词——华丽典雅的精灵；

范思哲设计的核心词——惊世骇俗的性感与华丽；

卡地亚设计的核心词——上流社会的宠物；

法拉利设计的核心词——会呼吸的艺术品；

轩尼诗设计的核心词——高贵的生命之水；

雅诗兰黛设计的核心词——最奢华的娇宠；

兰蔻设计的核心词——风华绝代的玫瑰传奇；

阿玛尼设计的核心词——在时空的轮回中将优雅进行到底；

迪奥设计的核心词——法国文化的最高精神；

奥迪设计的核心词——儒雅而霸气；

雪碧设计的核心词——雪碧透心凉!

今天的市场营销，是核心词的竞争，而不是产品的战斗。

一个核心词比一个产品更好。每个成功的品牌在品牌运作中，选择消费者认同的差异化核心词是创造价值的基石，你是否有一个核心词或观念来推动你的业务，是对一个有效战术的客观衡量。

不同的词汇，有不同的市场命运。拥有独特的核心词是产品热销的密码。

很多产品在功能上提出一些让消费者易于理解和认可的功能性词汇，例如“原浆核桃”、“高钙核桃”、“高钙牛奶”、“低脂牛奶”、“果粒水果”、“黑糖话梅”、“老酸奶”、“老桃酥” 等。这种词一般是行业通用的名称，不能注册，所以，要想取得成功，必须嫁接独有的产品词语，争做行业产品老大。

黄金海参粥被选为上海世博会专用海参产品，但产品在市场的销售很不理想。在不改变产品的情况下，它提炼了一个人们熟悉而又不同的词——“健参”，不直接说是黄金海参粥，因为市场上的海参粥质量参差不齐，已经搅乱了海参粥市场，所以，它卖的不仅是粥，更是一种健康的海参，因为每罐产品里面就有半支深海刺参，所以，要提升产品价值就必须让名字具有销售力。

品牌核心词具有强大的信息暗示，它究竟是一种什么样的产品？与其他的产品有什么不同？这个不同对我这个购买者有什么独特的好处？品牌核心词能够让消费者接受我们，快速认同我们，同时，规避与强大竞争对手的竞争，甚至将竞争对手逼向一侧，微妙地改变强弱之间的力量对比，从而实现以小搏大，以弱搏强。

人头马设计的核心词——将高贵演绎到极致，成就了人头马的王者地位；芝华士设计的核心词——苏格兰高地的天赐甘露，成就了他多年的统治；普拉达设计的核心词——简约到极致的优雅，赢得了无限的市场天空。

品牌运作中，最经济的路子是，找到消费者熟悉，引起共鸣，并激发他们对产品的关注和好感，直接带来购买的词。一个企业如果真的能把自己的智慧力量集中到区隔性核心词上，那么等于在没有发动战争以前就有了制胜的秘密武器，而且可以兵不血刃！

核心词的显著特点是消费者适合又熟悉

不同的词汇有不同意义的聚集，这种意义是历史过程中人们的认知、思想和观念的体现和凝聚，并在一定的语境中为了特定的目的而使用。

几乎所有中国成功的网站，都在美国资本市场上找得到对应物，仿佛唯有如此风险投资商才算得清它的未来和价值。

阿里巴巴从一开始就是个“中国式胚胎”，它诞生于中国专业市场最发达的浙江省。马云为了让知识不高的乡镇企业家和习惯于定势思维的媒体了解阿里巴巴到底有什么用处，曾经在很长时间里用了“全球最大的网上集贸市场”这个概念，描述为“它是一个市场，谁有东西都可以上来吆喝”。同时，阿里巴巴创造了很多中国式的产品和概念，如“中国供应商”、“诚信通”、“支付宝”，等等，这都是一些不熟悉中国经济和国情便很难被彻底了解的名词。

阿里巴巴与其他网站有什么不同？没有什么不同，只是马云找到了适合的核心词。马云用人们熟悉而又适合的词敲开了中国广袤的市场。

核心词的类别

我们发现，核心词主要是两类词语品牌：一类是“名词品牌”；一类是“形容词品牌”。产品品牌的核心主要是用名词构成，格力——空调；王老吉——凉茶；海飞丝——去屑洗发水（洗发水的细分品类）。“实词”可以从使用利益、工艺、配方、理论、产地、原料等具体的角度出发提炼和深入挖掘，比如风影洗发水的“去屑不伤发”、创维电视的“不闪烁”等。核心利益多用形容词：可口可乐——畅爽；德芙——丝滑；耐克——强势；飘柔——柔顺。

核心词的标准

1. 品牌核心词必定一句话能说清楚

在品牌传播的过程当中，所有的产品与消费者接触到的信息，只有一个最简单、最奇特、最易记、最易理解的信息。只有这样，才能给消费者以统一的信息刺激，才能在传播过程当中，使品牌脱颖而出。因此，核心词要简洁、清晰、独特、明确。

一个好品牌必定是一个一词能说清楚，有独特记忆点，让人一见钟情。

Lee 牌牛仔虽然比李维斯（Levi's）晚了近 40 年，但在激烈竞争的牛仔裤市场中迅速崛起并赢得广大女性消费者的青睐，即得益于品牌定位正确。Lee 对25～44 岁女性消费者研究分析，最终选定的核心词是“贴身”。Lee 牌牛仔作为女人们“最贴身的牛仔”，成为与她们的生活息息相关的日常用品。

此后，Lee 盲从于零售商的建议，放弃了最初“最贴身”，改变为了“领导潮流、高品位、最漂亮”的宣传说辞，使得 Lee 牌牛仔在两年后就陷入营销困境。

后来，Lee 的决策者们总结了经验与教训，使 Lee 重新回到原点“最贴身的牛仔”，持续不断地宣传“贴身”。直到今天，Lee 终于在强者林立的牛仔服市场中树立起“最贴身”的形象，并最终获得全球牛仔第二品牌的地位。

2. 能给人一种心理暗示和诱导想象

心理学家乔治·加德纳证明，有些基本词确实可以起到引导听者的作用，比如“wonder”、“imagine”、“story”等单词就会将人引入催眠状态。

被核心词暗示的人，实际上是被赋予了一种初级催眠，这是一种心理术。

热卖品牌的核心词深深嵌入市场中的人们头脑之中，建立在产品的成分功效及消费者的心理上的，向营销对象暗示你是“最好的”，并有一定的科技含量，并尽最大限度地防上后者跟进，留下你是“最好的”这么一个潜意识，这样你就赢过了竞争对手。对于果汁饮料来说，“鲜橙多”本身就是很多鲜橙的明示，“每日 C”是鲜橙中的核心和关键。

当一个人无形中接受初级催眠时，被催眠的人就会按照实施催眠者的意志进行思维和联想；当一个人被深度催眠时，那是非常可怕的，被催眠者就会完全丧失自己的意志，其思想和行为就会完全被实施催眠者所操纵和控制，怎么引导就会怎么想，让干什么就干什么。

热卖品牌的核心词就这样神奇。

3. 能让消费者更明白

一个功能特点再好的产品，如果完成不了从技术特点到消费利益的交换，不能方便消费者所感知，它就不是一个好产品。核心词一定要让消费者一听就懂，一看就明白。“参米”，就是一个鲜活的焦点概念，让人一目了然。

4. 能让消费者认为更重要

1997 年，美的进入空调行业时，最大的竞争对手是格力、海尔。美的通过匿名市场调查，发现有 25% 的消费者不装空调是因为害怕空气不对流而滋生各种空调病。洞察到了消费者最担心什么？对此美的的设计师把换气扇装到空调里，并美其名曰“换气空调”，提出“健康空调就是换气空调，换气空调最好的是美的”的口号。最终，这个“换气空调”赚了好几十个亿，由此，美的的行业地位推向前三名。“换气”这个词，让消费者感到比用同样的产品带给自己更多感受。

2003 年，中国空调行业遭遇“非典”、“凉夏”与原材料涨价，不少品牌空调成了一堆废铜烂铁，而海尔空调推出“氧吧空调”概念，针对空调房间缺氧的问题，通过空调增加房间氧气的含量，在那个“非典”、“凉夏”的季节依然获得高利润。

“胡姬花”和“鲁花”花生油在多年的营销传播中，都形成了比较高的知名度和美誉度，应该说在品牌的较量上旗鼓相当——因为大家除了建立了知名度和较强的属性定位外都没有形成什么参考点，没能给消费者带来更多感受。而在 2003 年，“胡姬花”与“鲁花”在品牌的较量上明显占了上风，因为它给自己找了一个明确的价值参考点——纯，并在营销传播中紧紧围绕“纯”做文章，还成功地通过隐喻物钻石加强了“纯”的核心词。

“纯”，让消费者认为质量更可靠。

5. 能让消费者感到更可爱

一个感性的产品可以创意为具有价值观或理性利益的表现形态。海飞丝将去除头皮屑与自信（理性利益）、社交场合的得体（规矩约束）进行连接，丝宝的风影用酷哥靓女（古天乐、林熙蕾）诉求本能的亲密感，霸王则用中药世家走理性利益的道路。同样是去屑，产品的驱动力却可以有如此的差异。

反之，一个理性的产品也可以创意为亲密或本能的表现形态。抽油烟机本是功能性产品，理性利益是产品的优先选择方向，于是有了帅康的“家有帅康，油烟扫光”、樱花的“永久免费送网的创导者”，但方太的“让家的感觉更好”、老板的“老板更懂生活”、欧派的“有家、有爱、有欧派”、美的“山寨”2005年伊莱克斯油烟机诉求的“没有油烟味、只有女人味”等，诉求感性、成功、性感等，反而塑造了比理性驱动更高端、更有趣味的产品形象。

6. 让消费者感到更高档

“抗菌玻”的高科技淋浴房、“智动波”太阳能热水器、“原植炼”的高级花生油、“锐智点”的幼儿能力教育、“智然光”的健康照明、“纯元萃”的营养食品、“防电墙”电热水器、“智能防爆”的电子锁等名称在顾客接触的一刹那就能在顾客的头脑中产生鲜明的辨别作用，让消费者感到更高档，使得顾客的购买决策瞬间产生波动。

7. 能让消费者感到更合理

核心词围绕产品的作用机理，区分于竞争对手，让消费者感到更合理。

我们在为一个“三七胶囊”做产品规划时，跳出将人们习惯将三七定位在止血这一卖点的旧框框，将“三七胶囊”卖点锁定在刚刚兴起的脑病市场，提出脑部疾病治疗之道在于“三分治七分养”的核心机理，利用数字上的吻合，巧妙将“三七胶囊”埋伏在机理背后，创造了三七的新卖点，同时全面提升了三七的价值感。在另一个番茄红素项目中，我们将获得2002年诺贝尔程序性细胞死亡理论与产品嫁接，完成了产品从灰姑娘到白雪公主的蜕变。

8. 让消费者感到有更丰富的意义

“浓稠”、“流动最慢”对番茄酱有丰富的意义，“流动最慢”意味着番茄酱质量更好、口味更佳、更加营养；“专注”意味着百度的搜索引擎是专门为中国人设计的，它最了解中国，而谷歌的搜索引擎是面向全球的；“阳刚”意味着抽万宝路香烟使消费者更显男子汉气概；俄罗斯产的伏特加，而不是美国、瑞典产的伏特加，意味着“正宗”。

生产新产品的企业，意味着“年轻、活泼、时代”。如百事可乐公司发现自己较短的生产历史竟是一种优势（即在消费者心中是一个生产新产品的企业），就将百事可乐的核心词锁定在“新一代可乐”。

品牌要获取新的基因，往往需要在原品牌名称中凸显一个“革命性的字或词”，比如洋河蓝色经典的“蓝”，高沟今世缘的“缘”，汤沟两相和的“和”，“孔府家酒”的“家”、“孔”字，沱牌舍得占了一个词“智慧”。丰谷特曲“让友情，更有情”，泸州老窖特曲“一生情，一杯酒”，枝江酒“知心知己，枝江酒”，都想占住“友情”这个词。“缘”、“和”、“家”、“智慧”、“友情”这些字或词都深深扎根在民族的心里，既然品牌只存活在消费者脑海里，那么这些字或词就是一个又一个天然的利基市场，占据了这些字或词就具备了成为一个深度品牌的潜质。

9. 能促成消费者首选

占领市场，首先是占领消费者心智，你的核心词首先进入消费者认知的第一阵营。当加钙成为主流时，我们在为山东一家乳制品公司新产品提炼核心词时，建议多增加一个品种——高钙奶，实际上也就是比一般的牛奶多加一点儿易于吸收的钙粉。从技术的角度看，牛奶本身就是自然界中最好的钙源，一个人一天喝一杯牛奶就足够补充人体所需的钙了，但普通消费者对牛奶实际含钙量并不清晰。我们同时推出了“纯牛奶”和“高钙奶”两个品种，后者的零售价格还比前者高出 1 毛/袋，结果一年下来，“高钙奶”的销量比“纯牛奶”整整高出 2 倍。我们还为金锣火腿肠设计了一个加钙概念，也开创了一个新市场。

10. 好的参考点将成为营销暴风眼

好的核心词能营造营销暴风眼，不需要花太大的传播费用，对于一些资金实力比较弱小的企业，特别适用。

11. 建立霸权

“一词定义品牌”。我们制造的核心词，必须是消费者内心深处具有重大意义的东西，是被他们视为非常神圣的东西，因此甚至能够控制其情感、态度和行为。

12. 品牌核心词设计必须有高度

首选营销，是把没有意义的产品用一个产生高度引发优势的核心词代替，也就是换词策略，超越产品本身，位置越高越主动，顶级位置的品牌几乎处于掌控状态。高度引发的力量超越了产品本身，高度所产生的张力往往令人震撼，因为品牌的高度就是品牌核心词在消费者心智中所处的位置。

笔者把自己的营销策略理论设计成核心词——首席营销；品牌设计的核心词——3 点 1 线（将缺点转化为特点、将特点转化为卖点）；黄金单品战略设计的核心词——7F 营销理念系统。

中国很多词汇具有先天优势，所以，核心词设计策略是市场营销的一个特殊话题。一个企业如果成功的设计核心词，可以一夜之间由乌鸡变成彩凤凰。失败的营销缺少设计核心词策略，能让一个有辉煌历史的企业在短时间内销声匿迹。

大部分企业家根本没有意识到它在营销的作用，能准确领会营销精髓的企业家更加凤毛麟角。面对风云变幻的全球化经济环境，光靠务实和勤奋是不够的，对于每一个有志于做百年品牌的企业家来说，设计核心词都是一门不得不补的课。

13. 是否尊重人与科学

中国营销环境已经发生了深刻变化，要想用品牌营销将自己送得更高、更远，还是应该本着尊重人性、尊重消费者权益的基本原则，制造健康、积极、人性、和谐的好词，让消费者体会到产品品牌诚意的态度，建立良好的亲和力、公信力、持续发展力。对核心词的整体把握不仅体现了营销人员的素质高低，更反映了创造者的心境、情趣和价值取向。

总之，产品的核心词直接来源于消费者的需要，要表达消费者的需求，使产品在消费者心智中占据一个新的位置，有个性、有文化、有情感，表现消费者的一种生活态度和生活方式。这就是“核心词创造卖点，卖点造就差异，差异成就了品牌”。

如何建立自己的核心词

消费者是迷途的羔羊，品牌是块指示牌。一个功能特点再好的产品，如果完成不了从技术特点到消费利益的交换，不能方便消费者所感知，它就不是一个好产品。那么，如何完成有效转换？最有效的方法就是创造一个鲜活的核心词，让消费者一听就懂，一看就明白。很多中小企业一方面叹息自己没有雄厚的经济实力进行大规模的广告传播，另一方面却对自己的产品不深加策划，在既缺乏产品的独特性又缺乏左右消费者购物行为的核心词前提下，就匆忙地把一个不完整的产品推上了市场。很多产品明明是很有前途，却由于缺乏让消费者清晰辨别的核心词而不幸夭折。

核心词提炼原则

1. 核心词必须紧紧锁住目标人群

所诉求的产品功效和卖点必须要有足够数量的受众——消费者或潜在消费者数量要足够庞大，否则你就很难有销量保证，盈利可能也就相对狭小。

如果有一种药品既能解决太空飞行员的头晕问题又能快速治疗感冒，那么企业应该把它诉求成哪一类药物呢？我想企业毫无疑问会选择后者。面向足够数量的人群，也就是有足够的需求者，产品才有开发推广的价值。为产品进行核心卖点的提炼必须使这一卖点面向足够数量的人，而不是向极少数人宣传。当然，这也绝不是说诉求产品卖点时一定要多多益善，相反你若指望自己的产品男女老少“皆宜”的话，往往会失去了自己的核心卖点与消费群。这是一个目标市场（消费群）定位问题，多和少要在权衡利弊之后才能正确判断。仅就以上所说的这个例子来讲，你总不能指望全世界有数的几个宇航员给你带来丰厚利润吧！（当然，如果世界或某一个国家的宇航组织会给你一大笔报酬的话就另当别论了）

核心词必须包含特定的商品利益，能够促进销售，没有商品利益创意就无从谈起。创意再好，如果不能给企业带来销售利益，也是徒劳无功的。

2. 核心词必须是消费者最关心的和首想

好的核心词不但能传达产品利益，更能引导人们形成一种健康快乐的观念和生活方式，使产品融入人们的日常生活中，是消费者最关心的和首想。面对众多层面的人群，喜之郎挖掘大众心中追求的价值标准，用感性的手法获取核心词——“亲情无价”。喜之郎的儿童是优秀的、健康快乐的、懂得分享的；喜之郎的青少年是充满青春活动力的、懂得友情分享的；喜之郎的情侣是永恒浪漫的；喜之郎的家庭是温馨亲切的、充满幸福的。“亲情无价”成为品牌与消费者在价值观上的联结点。喜之郎作为休闲食品第一品牌，最大的飞跃在于从观念上将售卖产品转换为售卖品牌，找到了品牌的核心词，并围绕着品牌核心词进行持续性、策略性的品牌运作。品牌的核心词要成为品牌的利益和价值认知的关键点。

3. 核心词必须有独特性、差异性和戏剧化

品牌的属性之一是差异化。

如何让消费者在第一时间认识你、选择你？

核心词要简洁、清晰、独特、明确，体现差异化。简洁是指内涵要简约；清晰是指概念要清晰，形象要突出；独特是指概念要具有创新性；明确是指核心词要精准，定位要聚焦；差异化是指要区别于竞品或竞争对手。

心灵喜欢变化。任何一个成功的品牌，都必须蕴含一个戏剧化刺激。在信息过剩和失信的情况下，需要对核心词进行戏剧化的包装，必须在简约的前提下达到新闻化、戏剧化、娱乐化。

新闻化就是要真实可信、新鲜；戏剧化就是要有故事、有情感；娱乐化就是既时尚又流行。具有三化特征的核心词像中子一样轰击铀核，引爆重核裂变般的媒体传播效果，从而快速提升品牌知名度和美誉度，高效创建强势品牌，能在信息的海洋里突围，所向披靡，使新闻传播犹如火烧赤壁般吞并所有的连环战船，新闻如排山倒海之势顷刻间占领人的大脑，使品牌知名度空前提升，扶摇直上九万里。

产品本身的功能是同质化的，而消费者的需求却是多样化、个性化的，这种情况下，差异化成了永恒的营销法宝。由于产品本身实质性的差异很难找到而且实现的难度较大（如涉及技术成本、模具成本等），在这种情况下，提炼核心词成了一种简洁有效的营销法宝，功能有限，技术突破有限，而消费者心理感受是无限的。

4. 核心词必须说普通消费者的话

核心词应该尽量避免使用拗口的学术用语，要让普通消费者听得清楚，容易记忆，任何烦琐、模糊的语言只会让企业花费大量的资金对产品做无谓的解释。同时，语言要生动，亲切，富于联想。

产品核心词的提炼，要直击人心。尽量增加核心词的传播价值，如能成为流行文化或是人们的口头语，则核心词的传播将水到渠成。

核心词必须从产品实际出发，与产品核心利益功能紧密相连，还应形成

一个具有产品认知、品牌价值、消费者认同等内涵及外延的概念体系，从而形成“人无我有，人有我优，人优我独”的竞争优势。

核心词的提出一定要基于消费者的需求，甚至是消费者还没有意识到的需求。

5. 核心词的可信度

产品的质量和品质是企业的生命所在，核心词必须依托产品的实际功效。假如一种化妆品的功能排序是减皱、去斑、防晒、美白，而市场需求排序是美白、防晒、去斑、减皱，那我们该怎样确定产品的发展方向？当然要以市场需求为准。

品牌成功塑造的关键在于诉求的真实性——诉求点引发共鸣。品牌核心词引发消费者共鸣程度的高低决定了品牌的影响力有多大！

对于消费者来说，接受或拒绝一个新的想法，不仅要看其实质内容，还要看这个核心词或口号是否与他们多年来对这个品牌所积累的认知相吻合。

核心词的准确与否以及是否具备可信度，将是衡量和检验品牌成功与失败的关键要素。品牌传播要达到两个目的：一是希望消费者相信什么？二是凭什么使他们相信？

当洁丽雅毛巾说，我们是毛巾第一品牌时，同样具备可信度因素。因为洁丽雅的企业规模、销售量以及在消费者的心智认知可以支撑这个核心词。不具备可信度是产品或者品牌推向市场失败的主要原因。换句话说，品牌的成功塑造，必须具备可信度因素，它能够消除消费者的顾虑，使产品免受顾客的质疑，为品牌的成功打造起到保驾护航的作用。同时需要强调的是，品牌塑造的关键在于诉求的可信度，可信度就是担保品牌品质的依据。当品牌缺乏可信度时，品牌就变成了无根之草、无水之鱼。

当七喜汽水取得非可乐类饮料成功后，宣传美国处处有七喜时，消费者却说，美国处处有可口可乐才对。于是七喜的销售量下降了 2 个百分点。娃哈哈推出非常可乐，同样不具备可信度因素，因为可乐是美国人发明的，因此美国的可乐才是正宗的。这就是非常可乐为什么销售不好的主要原因。另外一个原因在于可口可乐和百事可乐已经主导了可乐品类。

三九胃泰推出三九啤酒，同样不具备可信度因素，因为三九在消费者的心智中是胃药的认知。当格兰仕推出空调，一样不具备可信度因素。消费者认为，在制造空调方面格力、志高、奥的斯比格兰仕更加专业。这就是为什么格兰仕空调销售不好的重要原因。

而舒肤佳希望消费者相信它有杀菌和防止细菌再生的功能，通过宣传它是中华医学会推荐产品，用中华医学会的权威性使人不能不信其产品的这些功能。

品牌成功塑造的关键在于核心词的可信度，可信度就是撬起地球的那个支点。支点的远与近决定了撬起地球的效果与效率。

换句话说，离地球较近的那个支点可以理解为品牌的高级信任状；离地球较远的那个支点可以理解为品牌的初级信任状。信任指数的高低决定了打造品牌的效果与效率的高低。

核心词提炼方法

当今的市场营销不是产品本身之争，而是品牌和概念之争。在这方面如果品牌不能征服消费者的话，那么企业就很难做强做大做久。我们有不少质量过关的产品可惜缺少核心词提炼，没有为消费者提供一个基本参照点。这个基本参照点是建立在消费者的意识形态里的，是看不见的资源。

如何找到一个适合企业，并得到购买者拥护的词语呢？我们总结了四个字：占、抢、借、创。

1. 占——率先占领一个可以流传的词

在某一品类里，某个词语已经得到了广泛的认可，却没有企业使用这个词语，这时候就可以去率先占有它，率先发声。我们为豪门铝业服务，在调研中发现，它无论在技术、品牌影响力、销售额、企业整体实力等各个方面都是行业绝对的老大，可是企业比较低调，没有找相关的词语去诉求，于是，我们为豪门提炼了“领航者”这个词，作为品牌定位去推广，占领这个定位。当然，这种方式的前提是同行都没有发声，你抢先占领这个词语。也可以将别人放弃的词语或概念再拿起来，并牢牢地占有这个词语。

率先占领词语多数都是在未成熟的行业里，在集体沉默的竞争群体中才能实现。当企业处在这样的领域时，一定要积极地抢占一些资源。比如在传统地域名品品类资源，抢占历史资源，抢占工艺资源，抢占产地资源等。“东北大米”、“依云源自阿尔卑斯山融化的雪水”等都是对地域资源的占领。

2. 抢——从竞争者那里抢词语

当面对一个能够影响购买决策，能够创造流行的词语被竞争者率先占领时，依据竞争者的实力情况，可以从那里抢过来，使之成为自己的词语。一种方式是对手实力不如你，你可以利用自己在市场上的影响力，争夺这个词语，让竞争者成为跟随者，并逼迫竞争者改变词语。有些企业不屑于这样做，事实上这是成本最低的方式，让实力不如你的企业去开发产品，然后你利用你的实力、网络快速进入，然后超越它，这是最高超的策略。

豆浆机是九阳创造的，并在市场上培育多年。当豆浆机得到广泛认可的时候，美的就快速跟进，并在短时间内成为这个品类的第一。在词语的争夺战中也是同理，如果实力比已经占有的企业强，又看准了这个词语，就毫不犹豫、毫不客气地抢它没商量。

3. 借——饮料市场的核心词大战

汇源曾在鲜橙汁这个品类，处于市场上绝对领导地位。汇源花了很多的广告费，大概不下几千万，让消费者知道，喝汇源果汁，走健康之路。汇源的主要卖点是健康，那句广告词家喻户晓，汇源在果汁市场的第一把交椅做了许多年。

统一发现，中国的消费者感觉果汁是好东西，喝果汁是时髦的。于是，它大胆地推出鲜橙汁——鲜橙多。统一的精明之处就在于巧妙地把消费者熟知的与认可的资源，借为己用，提出了一个新的广告口号“多 C 多漂亮”。把鲜橙多摆在了“VC”与“漂亮”这两个消费者熟知的梯子上面，迅速取得了消费者的认同，品牌迅速走红，产品一度脱销。统一鲜橙多主要圈定的目标消费者是年轻时尚女性，满足了目标消费者追求健康与漂亮的心理。

康师傅想，鲜橙多不是“多喝多漂亮吗”？你凭什么漂亮？不就是因为你含有维生素 C 吗？于是它推出了新的果汁饮料“每日 C”，巧妙地“坐”上了统一鲜橙多的梯子。

当统一、康师傅把“鲜”做成了一个可以利用的梯子时，汇源真鲜橙跟着来了。

农夫果园则用心良苦，以三种水果的混合汁取悦消费者；娃哈哈以“四种水果还加钙”借梯登楼；健力宝推出“爆果汽”，想在成熟的果汁概念里，以“汽”领跑市场。

4. 创——无中生有的词，比真实存在的卖点更有效

所谓无中生有，就是按照产品现实来说是根本没有的，但按照逻辑或者用逆向思维进行创新是可以创造的。内衣市场竞争激烈，我们根据消费者的需求和中国文化进行创新，引进行业之外的词，改造后成为自己的核心词。从面料、工艺、包装等方面衍生更多的概念，婷美内衣在塑身这一大概念下找到了体现女性美的核心词——“挺”，直接针对女性的性感诉求，从而成为塑身内衣的霸主。面对女性内衣市场追求时尚的特点和女性喜欢苗条的心理，婷美推出“瘦素”主题塑身内衣，也取得了巨大的成功。

形成热卖的交易点

清晰的品牌概念主张

清晰的品牌概念主张对品牌建设而言尤为重要，因为很多品牌概念主张后来便成为品牌的代名词。我们提到弹面就想到今麦郎，提到去头屑就会想到海飞丝，这些概念都深深聚焦在消费者心中。所以品牌能否成功很大程度上取决于品牌概念主张能否聚焦，能否占据消费者心智模式。

那么，企业在品牌建设过程中应该怎样进行概念提炼和聚焦呢？

我们提出一些品牌概念主张和诉求时要遵守以下原则和问题。

（1）品牌概念主张要独一无二而且在行业内没有提出过。

（2）品牌概念主张要有足够吸引力而且符合品牌所提供的价值。如笔者有一次看到一个会唱歌的酒（广告词：你喝过会唱歌的酒吗?），很吸引人，但这种概念的提法并不符合产品根本价值，因为消费者喝的是酒，不是听唱歌。

（3）品牌概念主张要简洁、清晰、易记等。

（4）品牌概念主张要给人丰富的联想。

（5）品牌概念主张不能违背消费者的意愿和认知。品牌主张对消费者要一定有好处，并便于消费者认知和接受，反之将受到唾弃。

（6）品牌概念主张要有基础和支撑点。只有这样，消费者才会相信它，

才能对消费者具有吸引力。如白象大骨面说有营养在里面，因为它是“大骨熬汤，富含有骨原胶白”，所以消费者相信它。

（7）品牌概念主张不能受到限定或限制。

让支点与杠杆结合——把核心词转换成品牌承诺

在购买行为中，消费者的心智通常会感知到五种风险。

（1）金钱风险（我买这个东西，可能会浪费我的钱）；

（2）功能风险（也许这个商品不好用，或并不像期待中的那样好用）；

（3）生理风险（它看上去有点危险，用起来可能会有麻烦）；

（4）社会风险（我要是把它买回去，我的朋友会怎么想呢）；

（5）心理风险（我要买了这个东西可能会感到内疚或是不负责的）。

为了规避风险，心智开始寻找“社会证据”，来确定自己不会受到这些风险的威胁。“社会证明原则”是影响人们行为的潜在武器，我们只有知道别人认为什么是对的，自己才认为是对的。我们只有看到别人在某种情况下的正确行为时，才认为那种行为是正确的。简单地说，消费者在内心里问，商家能不能做到？做不到怎么办？作为品牌，解除消费者五种风险的最好办法是做出承诺。对企业组织而言，品牌承诺是把产品和服务的定位、利益、个性传达给消费者，是把自己置身于消费者和整个社会的监督之下，有利于企业未来的赢利能力及价值的持续实现。对消费者而言，品牌承诺是认可品牌宣传的重要参考，是实现自身消费目的的价值保障。有心理预期，消费者才做出购买决定。

品牌是对顾客的价值承诺，只有当品牌承诺是可信的、具有独特价值主张的时候，品牌才会成功。我们不承诺，消费者是不会买单的。

价值承诺是顾客认知品牌、理解品牌和评价品牌的关键，购物者会对他们所购买的品牌考虑很多，他们会去了解产品，了解什么样的人购买这些产品，他们会花时间去研究产品的使用和护理，他们会将所购品牌的产品与其他竞争品牌的产品和一般产品做比较。他们愿意为品牌支付更多的金钱，是因为品牌对于他们而言意味着更多，既是情感的、感性的和理性上的意义，也是品牌价值的充分说明。

品牌承诺的传递，取决于企业的诚信。消费者相信企业传递的是一个诚信的承诺。要做到被信任，品牌企业必须规模大而稳定，并长期接受大众的监督，从而获得大家的信任。这就意味着你的企业要为顾客满意而行动，持续改进顾客不满意的地方，使零售商愿意销售你的品牌，获得公众的尊重，最终随着时间的推移，成功地获得品牌法律资产保护。

传达一个可信的承诺，并不是靠说就能完成的，还要通过时间的考验、成功的宣传和赢得诉讼的事实。一个全球性的品牌，通常都有成千上万的人挑战它的价值承诺，往往在这些法律诉讼中，都是具备价值承诺的品牌获胜。

宝洁公司说，品牌是一整套承诺。宝马集团董事长赫穆特·庞克说，品牌是一种承诺。这种承诺，必须在任何时间、任何地点、任何产品上能够兑现。同仁堂创始就有一个口号：品位虽贵，必不能减物力；炮制虽烦，必不敢减人工。

品牌是企业所有承诺的集中：不成文合约，表明品牌在利益相关者生活中存在的意义；包含了品牌对利益相关者在物理上和情感上需求的满足。

品牌定位，通常是概括一个品牌精髓的品牌口号或标志语的基础。定位常常是概念性的，不是供与客户做直接沟通之用，它的落实还有赖于品牌管理具体营销实践。因此，品牌定位要转化为一整套承诺。

“承诺”一词，名词解释为“人与人之间，一个人对另一个人所说的具有一定憧憬的话，一般是可以实现的；对某项事务答应照办”。

品牌的差异，表现在品牌承诺的差异。最佳品牌常常是通过对其特有承诺的传播和实现，来与其他品牌完美区别。

产品需要怎么承诺呢？承诺与功能要相符，一定要有保证、果断、坚定，别的产品做不到的，你的产品肯定可以做到，找出数据来让消费者相信。承诺不光厂家要说，而且专家也要说，最好是让使用过的消费者站出来帮你说。

承诺切忌太过夸大，千万不要“包治百病”

购买人群和消费人群不一定是同一个人，承诺要注意的就是，承诺要专一，千万不要多方承诺。学习类的产品——买单大部分是家长，承诺的人群需要锁定在家长身上。收礼的人和送礼的人，承诺的对象要偏重在收礼的人群上。老人的产品会有自己买的和家人送的，承诺的对象要给老人。女人的产品要锁定在女人。针对不同的人，根据产品的功能来承诺，摸准买单人的心里去承诺。买单的人想要什么，我们就承诺什么。女人要什么？女人要漂亮。老人要什么？老人要健康；家长要什么？家长要分数。老板要什么？老板要业绩。

当顾客准备掏钱买单的时候，会问一个问题，你给我的承诺，什么时候可以兑现？没有兑现的时间，什么承诺都是假的。比如一款美白的面膜，保证有效果，绝对可以美白，几天可以达到什么样的效果呢？所以，产品还需要制定兑现的时间，但也不能随便乱定，一定要和产品的技术人员沟通。一款丰胸的喷剂产品，里面含有某种成分，一喷就会有感觉。制定承诺的时候可以说，一喷就有火辣辣的感觉，那是皮肤正在吸收产品成分，刺激乳腺细胞再生和发育。一喷有感觉就是承诺的时间。

不同类型的产品，承诺的时间也不一样，但要切忌不能太长的时间。买单的人是急需要解决问题的，都是急性格的，他们不会给你太长时间。

品牌承诺的表达特点

品牌承诺强调品牌内涵，是长期稳定的。承诺要能表达品牌与消费群之间的密切关系，反映他们的心声。一个品牌向消费者承诺什么，反映出一个企业的经营理念；一个品牌的终极追求，反映出决策者超越产品的品牌规划能力和企业经营者对企业未来的规划能力。

品牌承诺语的类别

品牌承诺语按承诺主体可分为：企业承诺语、品类承诺语、产品承诺语、服务承诺语四种主要类型。产品、企业、服务作为品牌实体，是有生命的，有性格的，导入市场的时间不一样，他们在不同的生命阶段就有不同的目标、任务，也就有不同的诉求重点及方向，故而承诺标语也就不一样。

（1）企业承诺语。以企业的目标、主张为诉求着眼点。有的企业广告语和品牌广告语是统一的，如海尔“真诚到永远”；有的仅仅是企业广告语，如“宝洁公司，优质产品”、西门子“杰出表现，如你所愿”等。企业组织品牌承诺语的诉求重点，也会因企业不同阶段的战略发展目标而不同。

（2）服务承诺语。是品牌或企业赋予产品的附加值，如创维“金牌服务，做好每一步”。

(3) 品类承诺语。主品牌延伸至多元化产品业务范围。诉求品类理念及带给消费者的利益点。如海尔洗衣机“专为你设计。海尔冰箱“为你着想”，海尔燃气灶“安全最重要”。

(4) 产品承诺语。创作重点是对该产品卖点的诉求——竞品忽略的、消费者受用的、本品能提供的利益点，多数和推广主题一致。品质诉求——玛氏“只容在手，不容在口”；功能诉求——农夫山泉“农夫山泉有点甜”，可口可乐“清凉一刻”；技术诉求——创维健康逐行电视“健康新标准，逐行大风暴”。

品牌承诺阐明客户从使用品牌和与品牌联系起来可得到的实际好处，可以是无形的或感情上的。它串联和维持概念与具体行动的中心思想，富有感染力地表达品牌在人们心中的位置，重鼓动性并受到词语篇幅限制。如吉利汽车高举民族品牌的大旗，高呼“做中国人买得起的汽车”的承诺，打动了众多的消费者。

品牌承诺语按其诉求性质则可分为：理念、科技、服务、品质、功能等五大类。

打造品牌是许诺与践诺的循环

不轻易承诺，但承诺了，就一定要努力去兑现。

海尔空调为了广东的一个客户需求，用飞机紧急运送一台空调的事件，虽然多少有些炒作的成分，但确实实现了“海尔，真诚服务到永远”的承诺。

美国凯特皮勒公司在广告中的承诺是：凡是买了我们产品的人，不管在世界哪一个地方，需要更换配件，我们都会短时间内把零件送到您手里。如果在美国本土，则保证48小时内送到你们手中，如果送不到，我们的产品就白送给你。为了履行这个承诺，凯特皮勒公司曾为了把一个价值50美元的零件送到边远山区，而不惜动用一架直升机。由于承诺履行的信誉，这家公司历经几十年依然生意兴旺。

品牌承诺在传播中经常表现为一句沟通性质的标语或口号——“这么做符合我们的品牌承诺吗?”品牌需要承诺，但承诺往往又很难百分之百的兑现，企业的承诺与消费者的期望本身就是一种博弈。企业领导人需要用更为全面的视角理解品牌，在完成品牌定位的书面论证后，将品牌超越传统的营销功能，成为整个组织赢得胜利的核心纲领。在开始许下承诺、对外营销传播前，必须让整个组织的人员、流程、产品（或服务）都能根据新的品牌承诺做出改变与协同，才能让消费者在外部的品牌接触界面上，真正感知到品牌在切实地兑现承诺。内部员工对于品牌的实际感觉，将强烈预示外部客户如何看待品牌。由内而外地启动品牌，通过激活组织内部员工对于品牌的理解认同、忠诚热爱，对于塑造差异化的外部品牌体验至关重要。任何一个品牌都是公司对客户的承诺，反之亦然，也就是客户对某公司提供的产品或服务承诺的体验价值。没有一个产品或商品和服务能够缺少这种承诺，否则它就很难打造成大众或用家喜爱的品牌。

第6章

优化产品印象　打造首想品质

品牌是顾客的认知、感受，而非企业的事实。

认知大于事实！

谁拥有了顾客的认知、认可，

谁就拥有了市场，

拥有了主导竞争和企业发展的优先权！

品牌是一种识别标志，是品质优异的核心体现。

实际品质不等于认知品质

品质是选择品牌的根本，消费者主要考虑的是我付的价钱是否能够物有所值，这个品牌的物理功能能否满足我在产品功能方面的需要。质量是企业生存的根基，质量是名牌产品的基石。产品竞争力来源于产品本身，但一个产品是由产品的三重属性构成的，而绝非是简简单单通过眼睛观察的产品。中国企业存在质量误区，误认为打造品牌就是打造质量，在竞争中质量更好的产品一定胜出，质量是评价品牌好坏的标准。追求更好的产品更高的质量没有错，错的是你不能从你自己的角度看待质量。事实上，顾客看待质量的方式可能和你完全相反。顾客迷信权威，喜欢跟随大众，如果专家说某某产品好或市场上有更多的人在买这个产品，顾客就有充足的理由相信这个产品好，很明显的，这个时候的质量在哪里？是在顾客的认知中。企业相信自己的产品比别人的产品好，可惜这个不管用，这只是企业内部自己的想法，如果你不能把它以顾客接受的方式传播出去也没有用。商业中没有事实，更没有更好的产品，只有对更好产品更高质量的认知，你要创造和建立让顾客认为你的产品质量更好的认知。比如，取一个专有名字，定一个较高的价格，只在专有渠道销售，等等。

消费者不检测具体指标，在乎的是品牌知觉质量

一般而言，消费者很难具备产品专家的全面知识，也很少有充裕的时间对产品所有性能作全面评估，所以，消费者最后往往用“感觉”来结束一切。三鹿“三聚氰胺事件”之前，所有的消费者，居然没有一个去检测具体指标。此事件首先从婴儿奶粉爆发出来，甘肃曝光不满周岁婴儿疑食用三鹿奶粉导致患有肾结石，揭出三鹿婴幼儿奶粉违法添加三聚氰胺事件。事件后，居然有 22 家企业 69 批次产品被检出了含量不同的三聚氰胺。乳业巨头伊利、蒙牛惨遭全国下架。此事件也说明，消费者是凭感觉而不是凭实际性能来判断产品优劣的。

产品的实际质量虽是知觉质量的基础，但二者有时不尽一致。这是因为消费者对质量的判断或要求，与品牌经营者的看法往往是有差距的。消费者衡量汽车品质主要是对关车门的感觉。早在20世纪末，克莱斯勒在公司内部成立了一个由10名工程师组成的全新的部门。这个部门的职能不是设计，不是制造，也不是营销，而是研究和制作开关车门的声音。他们的任务是分析和制作出完美的开关车门声。汽车制造商研究发现，汽车的外观设计及速度对销量并不起关键作用。汽车的内饰设计（包括开关门的感觉）在很大程度上决定了消费者的选择，特别是女性对感觉和内饰材质的关注，远远大于对汽车性能的关注，所以关车门的感觉成为消费者衡量汽车品质的重要因素。

一个品牌越是能恰当地满足消费者对质量的要求，其知觉质量越高。要提高消费者的品牌知觉质量，关键要找到消费者对品牌知觉质量的判断标准，或消费者对产品质量的要求，然后按消费者的标准进行改进。20世纪80年代，日本丰田公司进入美国市场，觉察到了开车人的需要，或者说是激发了开车人的需要，在美国推出带有咖啡杯架的汽车，凭着这么一个小小的茶杯座，一下子征服了美国购买者，使得日本车在美国市场长驱直入，销量上升非常明显。茶杯座让人感到日本车特别的品质。雷克萨斯之前的生产一直与凯美瑞、丰田皇冠共用生产线，这对雷克萨斯高档豪华车品质的公信力造成很大影响。人们的心智共识是：生产线决定品质，中档汽车生产线无法出产高档车必备的品质。后来丰田及时发现这一缺陷，转而巨资建立雷克萨斯专业生产线，并集中传播，雷克萨斯品牌形象因此得到强化。

去苏宁电器买抽油烟机，顾客判断质量好坏的方法不是看说明书，而是用手指敲敲铁板。如果声音厚重说明铁板厚，他们认为质量好；如果声音轻薄就会被认为质量差。这就是中国消费者的可爱之处。

有的企业问："为什么我也做了很多广告，但是就没什么效果呢？营业额为什么也上不去呢？"真正的原因在于，很多企业并不知道应该怎样引导消费者选购。

在美国，有研究人员做过这样一个实验。他们在电影院里免费赠送爆米花。这种爆米花并不是新鲜出炉的，而是五天前做好的，所以口感也不会太好。研究人员在免费派送前设计了两种包装，一半的观众拿到的是小桶装的爆米花，另外一半拿到的是大桶装，当然事先都没有告诉观众爆米花并不新鲜。电影结束的时候，研究人员观察观众对爆米花的食用情况。他们发现，尽管人们并不喜欢这种爆米花，但是平均来看，拿大桶的观众所食用的爆米花总量要比拿小桶的观众多53%。

研究人员用“无意识选择”来解释这一现象。简单地说，就是尽管观众并不喜欢这种爆米花，但是在影院里，爆米花并不是观众注意的焦点，在消费的过程中，观众并没有去积极有意识地去评价产品，因而给他们提供了大桶，他们就多吃一点，提供了小桶，他们就少吃一点。这也反映在消费者的购买过程中，最初的一些营销安排（如包装）对于他们的选择影响很大。

你如何选择一家陌生餐馆？你选择的标准是什么？显然不是饭菜的技术指标，而是就餐或准备就餐的顾客的多少。排队的人越多，人们越愿意往里凑。

人有喜欢直观的天性。我们不是弄清了方向，而是找到了直观的参照物。

客观事实是不存在的

顾客对品牌的可感知利益是十分广泛的，但总的来说包括两个方面，即品牌属性方面和品牌精神方面。品牌属性，是指消费者感知的与品牌的功能性相关联的特征。

品牌属性是消费者看待品牌的结果，令人满意的理性因素是产品进入顾客选择范围的先决条件。消费者一般都是从质量、价格、便利性三个要素角度看待品牌属性的。质量等品牌属性要素依赖于消费者的主观感觉，而不是枯燥、乏味的技术数据。

传统观点认为，消费者之所以喜欢某品牌的产品是因为与竞争品牌相比较，它能提供更大的利益。而真实情况是，消费者之所以喜欢某品牌是因为他相信与竞争品牌相比较，它能提供更大的利益。从消费者心理的角度来讲，在购买行为产生之前，消费者一般都会根据自己已经具备的经验和知识对准备购买的商品在心理上有一个基本的预设，例如质量、样式、功能、价格、服务等方面。如果产品或者服务的“实际情况”比消费者原来设想的要好，消费者就觉得有一种“物超所值”的意外惊喜，就会愿意购买。而“物超所值”的“差额”部分，才体现出真正的“顾客价值”。因此，你的策略，也就是要尽量使“产品表现”超过顾客的“心理预期”，从而使消费者感到意外的惊喜。“产品表现”高过“顾客预期”越多，消费者就越会以为“合算”，购买行为对他来讲也就越“愉快”，他也就自然越满意。

品牌知觉质量

与品牌塑造相关联的质量，应该是“顾客可感知的质量”。品牌知觉质量是指消费者对一个品牌产品质量的感知或知觉。

很多企业在产品质量、生产管理中投入大量的资源，以为这样就可以在竞争中获得优势，消费者就会因为它高品质的产品而选择、购买它。可是消费者并没有因为你在产品品质方面的不断投入而认可你选择你。虽然他们使用了最好的原料，不断革新工艺、创造不同花样的产品，可是消费者就是不买账，也不认可那些高品质的产品，使这些企业老板陷入了无尽的烦恼之中。由此可见，消费者对于品牌的品质方面的差异因素没有引起重视，给企业带来不少苦果。

产品质量达到一定水准的品牌，只是有资格参与市场竞争。品牌知觉质量是品牌的生命，如果一个品牌产品的知觉质量不能达到消费者的基本要求，就会被市场抛弃。

知觉质量越高，其品牌竞争力越强。品牌知觉质量不仅是一种持续竞争优势，而且直接影响市场地位。市场上的强势品牌不仅具有与众不同的产品，更有持之以恒的优良品质。知觉质量不仅是品牌存在的基础，还影响企业经营效果。因为品牌知觉质量越高，越能引起购买，市场占有率越高；知觉质量高的商品可通过高价位策略提高销售利润；知觉质量高的品牌不仅受消费者的青睐，经销商也愿意经销这些商品，从而降低了营销成本。在此基础上，通过制定合适的产品价格、设计有效的销售渠道和建立真诚的服务承诺等营销手段，进一步建立高质量的品牌形象。

我们已经无法单纯地用工厂的制造水平及产品的整体合格率来评判一件商品的拙劣与否了，品牌作为产品品质的延伸已经得到了绝对群次顾客的认同。在购买一件商品时，如果这个商品的品牌尚没有形成力量，不能对顾客快速作出购买决定起主导作用，我们可以视为此商品仍停留在较低层面的经营格局，将来的着重点是如何提高品牌认知及满意度，使商品由较低级的品质竞争过渡到品牌竞争层面。

品牌有代言品质的作用，这其实暗示了品牌对于商品消费价值体现的重要作用，品牌往往蕴涵顾客利益。品牌的品质认可度是品牌资产的一项重要指标。消费者对品牌品质的认可，在品牌创建中也非常重要。

缺少对产品品质方面高水平的宣传推广，不可能得到消费者对品质认可。品牌联想可以让消费者在接触到品牌产品或名称时能够自然地联想到品质理念、生产技术、工艺标准等内容，提升品质认可度。

品质认可的工作需要品牌其他资产烘托而成，其品牌整体形象，如品牌的个性气质体系、品牌的价值感等方面得到消费者的认可后，自然会形成消费者对品质的认可。

立体的品牌资产从整体上烘托出品牌整体的价值感和威望感后，品牌的品质认可度又自然而然地被拉动。同样，品质认可度也可以有效拉动其他品牌资产的提升。即使没有做品质方面的宣传，也会得到消费者对品质方面的信任，甚至会高于企业提供给消费者的实际品质。

认知科学研究表明，人的情绪可能影响自身头脑信息处理过程。苹果正是利用人的情绪标准，把此标准作为一种战略，以更丰富的创意和联想，设计让人产生某种愉快联想的界面，使人通过外表简洁而功能丰富的产品体会到一种良好的气氛。

首想品质的营销意义

什么是首想品质

如果你仔细观察，几乎所有行业或品类的领导品牌都先天地被消费者联想为“最好”的产品。如“箭牌口香糖，美国销量第一”让箭牌口香糖誉满全球。

什么是最好的产品？你自己认为你的产品是最好的产品，顾客可并不这样认为。在市场营销中，所谓的客观事实是不存在的，我们每个人，包括生产厂家、经销商、消费者及潜在消费者，都通过自己的一双眼睛来观察世界。只有存在于消费者或潜在消费者头脑中的观念，是实在的。

消费者头脑的观念中，有一个首想品质。在20世纪的某个年代，美国《读者文摘》杂志曾经做过这样的读者调查："请你给美国最好的大学地理系排名"。大概60%的应答者认为是哈佛大学地理系，但是哈佛大学根本没有地理系。从这个例子可以看出，对读者群或者大众来说，哈佛大学在某些方面所打造的专业优势，能够有效地辐射至别的领域——前提是这种优势效应不被无限制地稀释。

首想品质就是消费者认同的品质，在购买前认为的品质，联想到的品质。首想品质，天生不平等。

创造首想品质，是中小企业打造黄金单品的天赐良机，绝不可忽视。我们往往很难劝说消费者放弃他们惯用的品牌，原因就在于潜在的质量优势已经深深扎根于消费者的头脑中。

首想品质决定市场竞争力

什么决定了人们的购买行为，品牌吗？消费者忠于品牌吗？

可口可乐的忠实消费者愿意购买可口可乐白酒吗？五粮液的忠实消费者愿意购买五粮液皮鞋吗？当然，可口可乐或者五粮液并没有生产白酒和皮鞋，但茅台的例子可以说明这个问题。茅台生产茅台啤酒和茅台干红，结果是长期亏损。

五粮液白酒和皮鞋没有首想品质；茅台啤酒和茅台干红没有首想品质。

消费者是根据首想品质选择产品的。

首想品质影响消费者购买

有人说，品牌之间的竞争是基于产品之间的竞争；基于质量、口味、品位、产品款式类型之间的竞争；基于技术工艺、设计风格之间的竞争。从逻辑的角度上看，从市场需求的角度上看，从消费者的角度上看，这样的阐述应该说无懈可击，无疑是"正确"的。但这是一种典型的产品时代、市场需求时代、工厂时代的思维模方式。

消费者有消费者的判断标准，你的品质不一定是消费者要的品质，他要的是首想品质。工厂的实际品质与消费者认同的品质不一样。

20 世纪 50 年代，宝洁公司在日本推广帮宝适纸尿裤，一开始延续了其在美国市场非常成功的利益诉求——“让妈妈们照顾宝宝更方便”，进行了大规模的传播，但非常意外的是推广收效甚微，销量一直很低。后来宝洁的市场调研人员在深入日本妈妈群体进行调研的时候才发现：原来日本妈妈们认为带孩子辛苦是应该的，如果给孩子穿纸尿裤是为了自己方便，会导致她们的内疚感，甚至会被婆婆丈夫责骂。于是，宝洁公司重新调整利益诉求的方向——“宝宝用了纸尿裤，肌肤会更加干爽”，重点强调使用纸尿裤是为了让宝宝更舒服更健康，并配合一系列的营销推广活动，很快就打开了日本市场。

在纸尿裤这个案例里，产品本身没有发生变化，但纸尿裤给年轻妈妈们的价值却已经发生了根本性的变化。所以说，单纯用眼睛看自己的产品是要不得的，而是要学会用心去洞察消费者的真实需求；千万不要被产品太多的属性迷惑，消费者只会为自己的需求买单，这个需求才是产品真正的价值所在，才是核心产品。

实体产品是核心产品借以实现的形式，即向市场提供的实体和服务的形象，表现为产品的质量水平、外观特色、式样、品牌名称和包装等。我们在策划兰陵陈香时，就以“年份”概念体现价值，通过年份创造品质感知。

首想品质是消费者看得见摸得着的

在大城市女性市场呼风唤雨的太太口服液，曾经推出汉林清脂，但败走麦城。原因是什么？消费者感知不到品质。

营销的核心功能之一就是将科学深奥的东西用市场化的语言表达出来，实现与消费者的高效对接。让我们调动自己的回忆，回顾脑白金上市之初是怎样不厌其烦、不厌其细地把产品所针对的具体症状——显性功效一遍遍向消费者灌输的，又是怎样用诸如“一天不大便，等于抽三包烟”、“3 天不睡觉，人就会死”等骇人听闻的恐怖诉求展示产品的健康保障的，而最令人忍俊不耐却又叹为观止的是，为了体现产品显性功效明确可感，以证实自己承诺的健康保障绝非空穴来风，费尽心机的脑白金竟然唆使服用者去闻自己的“屁味是否浓重”，看自己的“大便是浮起来还是沉下去”。

飞利浦小家电作为小家电国际领导品牌，其完整产品线、时尚设计、高质量等特性满足了中高端消费者对时尚家居生活的追求。

飞利浦小家电的诸多厨房电器，在引进之初，即便对上海、北京等地的大都市消费者来说，也是前卫而陌生的。公司在一些 A 类专柜派驻演示员进行搅拌机产品演示，销量一直没有进展。无论是市场部还是销售部的同事大半的人认为要想提高销量，必须调整销售价格，因为他们听到很多促销员和演示员说消费者认为价格太贵。笔者到专柜观察，发现演示员的物料基本都是黄瓜、西红柿、黄豆等普通物料。因为销量上不去，部下们为控制物料成本，压低了演示物料的预算。但他们没有考虑过，这与有类似外形和功能产品的国产品牌的演示台前放的是同样的物料和盛器。笔者问他们，如果提供同样的解决方案即只是为了将黄瓜、西红柿等进行粉碎，为什么必须是飞利浦的产品而不是国产品牌呢？只是搅拌黄瓜、西红柿的消费者是不是我们的目标客户呢？我们的品牌传播的是健康、时尚的家居生活，即不仅是健康，还要时尚，那么在物料的选择上，我们是否应该改变？部下恍然大悟。

我们先在高端的商场做试验。周末在位于当时上海 CBD 的虹桥友谊商城，进行“时尚夏季、健康选择”的专题演示，现场用产品包装盒、演示台、主题易拉宝、应季高档水果等营造出诱人的气氛，演示员在洁净的演示台前用奇异果、火龙果、荔枝和牛奶、冰激凌、冰块等，为消费者现场制作各种名称时髦、味道可口的饮料，然后倒进漂亮的玻璃盛器中，再让消费者免费品尝，并且在现场分发公司印制精美的各种用搅拌机料理的美食与饮料，引起了消费者的极大兴趣，纷纷踊跃购买。活动下来发现，搅拌机销量同比增长了 45%，而物料费仅增加了数 10 元。

我们立即在各地专柜推行新的演示方式，搅拌机的销量得到了快速增长，销量上去了，市场份额领先了，价格又得到了维护。更为重要的，是向目标消费者进行了高效的沟通：这不是黄瓜向奇异果的转变那么简单，而是对消费者内在需求满足的区域变化了。

如果纯粹强调搅拌的功效，就根本没有触及公司产品的根本目的，它的目的不是为了帮助消费者把食物搅碎，它的目的是提供消费者健康、时尚家居生活的解决方案。黄瓜当然是健康的，但是如果飞利浦与其他品牌一样都演示黄瓜，就无法将飞利浦小家电对消费者情感需求满足的价值表达出来，也无法让消费者产生时尚的联想。

需要消费者产生价值和情感认同的销售决不是用低价沟通实现的。

雀巢公司曾经推出飘蓝矿泉水，但发现“飘蓝”这个新牌子投入巨大，收效并不显著。2001 年雀巢公司果断砍掉了“飘蓝”，仍用“雀巢”作为矿泉水的品牌，结果在未做很大的广告宣传投入的情况下，产品很快占领了市场。如果雀巢公司没有及时果断采取措施，那么，成千上万的费用就会白白流走。雀巢矿泉水的经验说明，创新本无错，但是一定要使对劲儿，要知道为了啥。

很多人热衷于市场调查，并将市场调查得出的数据资料得出的分析结论当作“客观事实”。殊不知，市场调查中得出的数据资料并不是“客观事实”，很多不过是被调查者头脑中的观念的反映而已，而调查者所得出来的分析结论更是调查者的一种主观上的认识而已。你以此为依据，然后信心百倍地投入到市场竞争中去，以为这样就一定能够获得成功，结果往往适得其反。

在市场营销中真正的“客观事实”并不存在，即使存在也不重要，因为一切都要通过在人们头脑中形成的观念才能得来。所以基于“观念”的市场竞争策略要比基于“事实”的市场竞争策略可靠得多，有用得多。

基于消费者头脑中的观念的法则才是正确的法则，而以所谓的以产品事实为依据的法则常常是错误的。

技术先行，更要最早占领消费者心智

万燕发明了中国第一台 VCD，但是，它没有通过新闻和公关将这个品牌原创者的信息进行广泛传播，也没有通过大规模的广告投放来广为告知，最终被爱多抢占了认知，成为心智中的第一。

这个现象曾经引发了国内企业界的讨论，被称为“万燕悖论”，人们认为先行者很容易变成了先烈，为他人作嫁衣。实际上，万燕的问题不在于创新品类，而在于没有掌握正确的战略思路。新品类的推出，需要耐心，更需要最早占领消费者心智的技巧。

最佳品质不等于首想品质

更好的产品，更高的质量，更好的技术，可以打造产品的最佳品质，但是在市场上最佳品质，并不能形成首想品质。最佳的品质不等于首想品质。

三元原本每年有数千万的盈利，只因为收购了破产后的三鹿奶粉，销售受到影响。三元的设想是，低价获得一些厂房设施。消费者内心世界的“认为”是，三鹿等同于三聚氰胺，收购了三鹿，三元就等于与三聚氰胺有了联系。宁愿信其有，不愿信其无。三元本想捡个皮夹子，谁知客户不买账，一年亏损过亿。三元决策者没有考虑到，三元与三鹿嫁接以后，消费者还认为那是纯粹的三元吗？三元收购三鹿，得了资产，毁了首想品质。

按照首选思维看来，三元的做法应是白送我也不要，通过一系列的宣传，在社会上形成不受利益诱惑坚守纯金品质的印象。

首想品质决定品牌战略架构

品牌战略架构往往与重组和融资相关联。

品牌的拆分设立，一定是围绕一类需求形成的。或者说，一个品牌是否有单独创立的必要，在于它是否瞄准了一个明确的需求。只要锁定了需求，品牌或产品的命名就了方向和标准，就可以着手追求出位、联想与卖点的三合一境界了。

很多企业家按照自己的意志在办公室里搞品牌战略架构。品牌战略架构是事关企业发展的大事，战略架构决策的正确与否会导致企业上亿资产的得失，甚至影响企业的命运。但实践证明，品牌战略架构不是可以由企业家在办公室里凭自己的意志就可以搞出来的，它是一项专业活。

果粒奶优虽然加了点果肉，仍然逃不出二流营养快线的阴影；仁和的“不怕火”凉茶，“篡改”王老吉“怕上火”诉求做产品名称，可谓最山寨王老吉；还有昆仑山水、爱迪生奶粉宣称的产品优势、创新点等其实都是行业中许多产品具有的，在竞品面前，没有优势可言。而何其正则是用“大瓶分享”，利用加多宝不能用大瓶经营的限制，从王老吉的市场中，撕开了口子。

市场号召力的首想品质基因

达芬奇家居的“产地造假”，将其置于风口浪尖之上；达芬奇家居“保税区一日游”式的假洋鬼子路线，被公众唾弃。摊上这么样的大事，达芬奇家居倒闭了吗？时隔一年，达芬奇家居高调重出江湖，并向外界宣布，北京首旅集团已正式入股。一夜间，达芬奇家居华丽变身拥有了国企血统。北京首旅集团为什么看好达芬奇？达芬奇经过了这样的大风大浪，不但没倒，居然还有人喜欢，是因为达芬奇这张牌子还是包含着一些市场号召力的首想品质基因。

当你面对施恩奶粉、阿诗丹顿热水器、欧典地板、乔丹（中国）运动品牌、卡姿兰化妆品等，你对它们的品质有何判断？质量上乘。这就是带有首想品质基因的魅力。

国内很多企业，重视了质量，虽没有摊上大事，市场表现并不好，其原因即在于不重视市场号召力的首想品牌基因的规划和设计。

首想品质是一场心理游戏

人不仅会思考，还靠感受

夸美纽斯认为："一切知识都是从感官知觉开始的。""在可能的范围内，一切事物都应该尽量地放在感官跟前，一切看得见的东西都应该放到视官的跟前，一切听得见的东西都应该放到听官的跟前……假如有一件东西能够同时在几个感官上面留下印象，它便应当和几个感官去接触。"

第斯多惠认为，"人类心智的发展是从对外在世界的感性知觉开始的。""直观"一词在字典的解释是用感官直接接受，那么这里又有两个问题了：什么是感官，什么又是直接呢？感官就是感觉器官的简称，我们身上的眼睛、鼻子、耳朵都是感觉器官；而不经过任何中间事物的就叫直接，把它们合二为一，就是我们用自己的感觉器官，不经过任何中间事物，面对面感受到的东西，就叫直观。

营销的关键就是要达成理性与感性的平衡，让品牌在占领消费者认知时对大脑的第一、第二系统采取双管齐下的策略。

最近心理学界提出了一种新的观点——"双重流程理论"。所谓"双重流程理论"，是指人们对于处理信息的方式，其实并不是泾渭分明地分成直觉与分析两部分，而是分成两个层次来处理同一信息。"双重流程理论"包含两大系统：第一系统的特征是，直觉的、联想的、迅速的、自动的、感情的、横向并列处理的、无须费力处理的。第二系统的特征则是，分析的、纵向直列处理的、规则支配的、须费力处理的。无论人类或动物，都拥有第一系统的信息处理能力，但第二系统的能力却只有人类才拥有。

以开车为例，刚学开车的人，以第二系统来处理信息。因此，他会牢记每一个动作（例如，转弯时方向盘该打几圈、油门该踩多重、路边停车时的角度），以分析的方式来开车。然而，慢慢熟练之后，开车的方式会从分析变成直觉，处理信息从第二系统转为第一系统。

人类许多通过学习而来的行为，就像学开车那样，一开始是通过第二系统，但后来都会慢慢转变为第一系统。因此，第一系统在人们作判断与决定时所担任的角色，愈来愈为心理科学与认知科学的学者所重视。

这正是企业应该注意的重点：让自己的品牌，从顾客大脑中的第二系统进入第一系统。

市面上充斥着五花八门的产品与品牌，企业通过广告与营销，释放大量相关信息。消费者一开始，是以脑中的第二系统，来接收并学习这些信息的。如果你的产品或品牌信息，能从消费者脑中的第二系统进入第一系统，将会发生令企业欣喜的情况。顾客要购买某一类产品时，他走进卖场，面对货架上琳琅满目的各种品牌，一旦看到你的品牌时，脑中会在1秒之内辨识并直觉地判断，“我就是要买这个”，然后毫不迟疑地直接拿起你的产品，放进购物篮里。因为，对于你的品牌信息，消费者已从先前通过学习、分析的第二系统，进入了凭直觉判断的第一系统。

首想品质战略就是如何去创建消费者的认知优势

俗话说，“不怕不识货，就怕货比货”。

在双汇和春都如日中天的时候，后来者金锣肉制品推出的火腿肠，打出了“比一比，尝一尝，金锣火腿肠”，暗示了让消费者放心的首想品质。实际上，在这种情况下顾客基本上没有比较就倾向了金锣火腿肠。

熟食质量竞争，表现在消费层面，就是地域风味、安全和营养的消费亮点争夺；而表现在企业层面，则是承载于产品品牌中的三大板块资源的较量，即人文区域板块、安全承诺板块和营养健康板块。

根据品牌的精神价值，确定品牌品质联想

品质联想只可以向正面定位，不可以向负面定位。没有任何一家企业将

自己的品牌品质联想导向低品质。为此，在确立品牌品质联想的时候，首先要挖掘出品牌的精神价值。把精神价值提炼出来，才能形成优秀的品质联想。

象牙香皂的精神价值是洁净（白色）、耐用、方便（能浮于水），“象牙”这个品牌名字高度吻合了它的精神价值。如果我们发现自己品牌的宣传语、促销方式等与精神价值相背离，一定要及时更改过来，否则就会伤害消费者信心。

品牌主要是以情感诉求为主，这是一种感性的表现方式，而“三年、五年”却可作为品牌的理性支撑点与感性相呼应，让消费者能够快速感知到产品的价值感。中国企业要在未来的市场竞争中占据竞争优势，必须要强化“四点一线”的核心竞争要素：资源优势、品质保证、文化内核力，以及市场推广力。

在深刻把握行业发展脉搏和自身优劣势的前提下，紧紧把握这“四点一线”的市场思维，强化巩固行业领导者的市场地位，并通过消费者可感知到的产品价值与品牌价值呼应，增强自身产品的优势资源，赋予产品极强的品质感认知。

名称带来的品质联想

实际品质不等于消费者的首想品质。

金士力蜕变为国台说明，品牌与知名度无关，与消费者的心智有关。首先，明确你的品牌在消费者心智中是什么的问题。卖酒，你的品牌名要像酒。其次，你的诉求要让消费者感到是好产品。再者，从销售到包装，都要让消费者相信。

品牌是一种代言着利益的符号，这个利益包括物质利益，也包括精神利益，甚至包括“灵魂利益”，与知名度无关，也与实际质量无关，只与首想品质有关。

“命名是战略的重要组成部分”。电影《让子弹飞》里有一句台词十分经典。当时张麻匪（姜文饰演）和汤师爷（葛优饰演）聊天，麻匪在说到自己的出身时有一段话：“人们不相信一个土匪的名字叫牧之，人们也不相信一个叫牧之的人会做土匪，人们更加相信麻匪就叫麻子，而且麻匪的脸上应该长着麻子！”

麻匪可算精通命名与品牌的关系，所以收起了“张牧之”这个文绉绉的真名，给自己这块品牌起名“张麻子”。汤师爷听罢说了一句：“这些人也真够操蛋的！”其实市场上的消费者也同样“够操蛋”。

“张麻子”的优点是有联想，尤其放在麻匪出没的鹅城地区，指向性很强。这种联想指向性，对于品牌传播的高效性是大有助益的。

苹果公司推出的两个革命性系列产品 iPhone、iPad 也有异曲同工之妙。小写的“i”体现了一种很自我、很个性的时尚气质，而 Phone（电话）和 Pad（行走，垫片，一小块）则是产品的联想和卖点。要不为什么乔布斯是复合型大师呢，他在任何一方面做的都可谓出类拔萃。

如果品牌或产品名字能够实现出位、有效联想和卖点的三合一，无疑是最高境界。但命名不是品牌建设的全部，有一些顾忌是不能忽视的。比如，如何处理上市新品和公司品牌的关系？如何处理单个产品命名与产品线品牌的关系？

在合肥卖得火的“肥西老母鸡”后来更名“老乡鸡”。为什么要改名？原因很简单，肥西老母鸡只在安徽省内有名，如果到了外地，肥西老母鸡的认知度和辨识度不高；“肥”字与“鸡”字结合，会被人误认为是肥腻的鸡；再者这个名字太长，不易记，也不简洁、不易传播。

产品本身的属性虽然能在一定程度上精准俘获目标消费人群，但未必能产生真正消费。只有站在战略的高度来定位产品、策划产品、运营产品才能使之与其他竞品形成鲜明的差异化，才能最终占领消费者的“芳心”。

原产地带来的品质联想

不同的产地，消费者认为品质不同。

在国产奶粉被质量问题带入寒冬之际，部分国内乳企正在想方设法穿着“洋马甲”取暖。一家海外商标注册公司称，6300 元人民币就可在澳大利亚注册一个商标。由于在澳大利亚注册时间比国内晚 4 年多，雅贝氏乳业因此而陷入一场“假洋品牌”的质疑漩涡。

在乳品行业，有这样案底的企业不在少数。有多家乳企被爆出仅在国外注册，而从原材料到生产销售都是在国内完成。那些看起来从名称到包装都十分洋气的乳粉，其实是地地道道的“国货”。

可怜天下父母心，当他们觉得让自己的孩子吃洋奶粉更放心的时候，甚至还背负着崇洋媚外的骂名，承担着比国产奶更高的价格，去购买洋奶粉，结果，买进来的却是那一罐罐装着“洋”心的各种国字号的货色。

消费者选择用脚来投票，这是市场的选择，也是必然的选择。即使消费者都很有觉悟地想要为那个扶不起的阿斗出点力，但是，一旦有可能需要搭上除了身家之外还包括性命的时候，谁还有这样的觉悟？

洋奶粉价格往往比国产品牌高出数倍，但在父母心中成为铁定的首选，因为其至今不断的质量话题，使国产奶粉的公共形象难以提升，销售业绩也难以提高。

每个国家都有自己被普遍认同的产品。如意大利的服装、美国的计算机产品与好莱坞电影、法国的葡萄酒和香水、德国的啤酒和汽车等，都容易让人产生信赖。

品牌是有国界的，这与它们实际上是在哪里设计和生产的无关，关键是品牌的名字保持了其国家身份。因此，如果你想创建一个全球化的服装品牌，最好去意大利，并且给它取个意大利的名字；如果你想创办一家全球化的高科技公司，最好把总部放在美国。如哈根达斯听起来像是来自斯堪的纳维亚，百威、施里茨、米勒、米狮龙、蓝带等啤酒牌子无不德国味十足，实际上它们都是地道的美国货。

中国许多精明的商人也因给自己的产品起了个洋名而赚得盆满钵满，这说明，即使你并没有全球化，但起一个全球化的名字，也会让你从全球化中获益。

消费者最大的问题是不信任，你想提升信任感，需要营造一个板块，找到消费者心中的特定观念所认知的大背景作为靠山。

海尔出口的第一个国家就是世界上最难进入的国家德国。海尔为了成功打入德国市场，请德国专家把海尔冰箱与德国冰箱放在一起打分，结果海尔冰箱的得分比世界一流的冰箱得分还要高 1 分，就此海尔冰箱获得了好评。海尔为什么要费这么大力先打入德国市场呢？就是为了造名，只有出口德国才能造名，因为它是世界上最挑剔的国家。在德国把名造出来，在全世界卖冰箱就有讲头了。海尔用“先难后易”的国际化战略，大肆张扬“产品畅销德国、成功登陆美国”，有效树立起国际级大品牌的形象，溢价能力超过了其他国内电器大品牌。

龙口粉丝具有三百多年的悠久历史，不但誉满九州而且在世界上都有很高的知名度。在许多消费者眼里，龙口粉丝是优质粉丝的代名词。龙大集团凭借“龙口粉丝，龙大造”，顺理成章地把龙口粉丝的知名度、美誉度和忠诚度转移到龙大粉丝身上。这一策略成就了龙大粉丝行业霸主的美梦。龙大粉丝的成功是借助的区域公有资产，而天堂伞业的成功是借助了城市的名气。

“上有天堂，下有苏杭”，杭州是全国闻名的美丽城市，与天堂相提并论。天堂伞业把杭州的美丽、天堂伞的美丽和女性消费者渴望美丽的心理巧妙地结合到了一起，赋予品牌很美的联想空间。天堂伞业的经典广告语是：“真想有把天堂伞，杭州天堂伞业。”

出身带来的品质联想

俗话说，龙生龙，凤生凤。不同的企业，消费者认为生产的品质不同。

新希望的刘永好，曾经打着灯笼火把寻找第二主业，在兼并了多个区域强势乳业品牌后，他来了个华丽转身——把乳业作为新希望的第二极。他推出了一个全国性乳业品牌，而且给了它一个响亮的名字——“新希望”。其初衷，大抵是希望借助已经在全国饲料界声名显赫的“新希望”这一名号，迅速赢得市场份额。尽管“新希望”这个名字妇孺皆知，但作为乳品名却不是一个好名字，因为它违背了营销的基本法则：取名是一场头脑争战！“新希望”作为饲料行业的泰斗级品牌，他们的营销太成功了，已经在消费者头脑中获得了第二语义——猪饲料！想一想，将“新希望”这个名字硬生生安到乳业头上，它能承担得起“猪饲料”这个词的负面含义吗？作为消费者，当你手中拿着一杯牛奶，却不由自主地联想到猪饲料，你会去喝，你敢去喝吗？

应该说，当刘永好把他的乳制品命名为“新希望”的时候，其实就已经输了——输在了起跑线上。尽管刘永好富可敌国，几乎什么都不缺，可是寄予厚望的第二主业，至今好像还是没有多大起色。

氛围暗示带来的品质联想

1984 年，按国际奥委会的要求，耐克投资上亿美元就可成为在洛杉矶举行的夏季奥运会的官方赞助商，但耐克放弃了。相反，耐克决定启用一种更依靠经验与感觉的方式——基层营销，就是将耐克赞助的许多运动员的画像装饰到洛杉矶城中心区的建筑上。尽管在这次营销中耐克对“奥林匹克”这个词从未提及，但它已被公认为1984年奥运会最惹人注目的赞助商。

理念带来的品质联想

张瑞敏怒砸劣质冰箱，是中国最经典的品牌故事之一。虽然海尔的产品不如其服务好，但这个故事所反映出来的对品质的苛求总不乏诱人的力量。

品牌的品质认可度是品牌资产的一项重要指标。因此，消费者对品牌品质的认可，在品牌创建中非常重要。很多企业在产品质量、生产管理中投入大量的资源，以为这样就可以在竞争中获得优势，消费者就会因为它高品质的产品而选择、购买它，可是消费者并没有因为你在产品品质方面的不断投入而认可你，选择你。

一般而言，消费者对品牌的品质认可主要通过两个方面的工作完成。

一是需要品质营销策划。缺少对产品品质方面高水平的宣传推广，不可能得到消费者对品质的认可。将企业对产品品质理念、管理标准等一系列有利于品牌品质认可的内容，通过故事、事件行销等方式传递给消费者，都有利于消费者对品牌的品质认可。

二是需要品牌其他资产烘托而成。品牌整体形象，如品牌的个性气质体系、品牌的价值感等方面得到消费者的认可后，自然会形成消费者对品质的认可。

譬如，品牌知名度为品牌带来熟悉感，有利于品质认可度的形成；品牌联想可以让消费者在接触到品牌产品或名称时能够自然地联想到品质理念、生产技术、工艺标准等内容，提升品质认可度，再加上品牌忠诚度可以加大对品牌某些因素的口碑宣传，有利于关于品质方面的宣传；立体的品牌资产从整体上烘托出品牌整体的价值感和威望感后，品牌的品质认可度就自然而然地提升了。

同样，品质认可度也可以有效拉动其他品牌资产的提升。即使没有做品质方面的宣传，也会得到消费者对品质方面的信任，甚至会高于企业提供给消费者的实际品质。

麦当劳的“Q（质量）\ S（服务）\ C（清洁）\ V（价值）”模式，就是一种品质管理的标准——营养丰富并且价格合理的食品 + 清洁的环境 + 快捷的服务，结合起来，就叫“物有所值”——这种品质认知无论在哪家麦当劳门店，无论何时，都具备一致性。

决定首想品质的几个关键元素

以首想品质建立品牌区隔

一个首想品质是某个人或某个事物的性格、特征或与众不同的特点。

人和事物是各种特性的混合体。每个人在性别、体型、智力、技巧和魅力方面都是不同的。每个产品也是一样，根据它所属品类，也具有一系列不同特性。比如说，每种牙膏在防止蛀牙、口味、洁白牙齿和保持口气清新方面都是不同于其他牙膏的，都可以利用其中之一来建立起独特的品牌。产能过剩和过度竞争，实际上发生在数量竞争的平台上。而跳到人文、安全、营养的全新平台看竞争，我们发现，即使最优秀的企业也只是刚刚起步，几乎是“无竞争”的领域。

拥有一个首想品质是建立品牌最重要的方法

要做到以一个首想品质广为人知，令一个人或产品独特。玛丽莲·梦露（Marilyn Monroe）以她的美貌闻名，她可能有高智商，但是这不重要。令她特别的是人见人爱的美貌。佳洁士牙膏以防止蛀牙为人知晓。它就是防止蛀牙，它的口味如何不重要。

拥有首想品质可能是区隔一个产品或一项服务的第一位方法。你不能拥有你的竞争对手已经占有的同一首想品质或地位。你必须找到另一个首想品质。

通常情况下，一个品类最大的首想品质往往是行业领导者所占有，此时你万万不可模仿领导者。银得菲根据大量市场调查发现，感冒药最大的特性就是“快”，于是以“治疗感冒快”来大肆推广。这是行不通的，因为品类的最重要特性属于行业领导者，无论你花多大的力也行不通。可惜的是大小企业试图模仿领导者的情况太多了，它们的理由是“他们肯定知道什么有用，所以让我们做类似的事”。这是不合理的想法。

更好的方法是去找一个相反的首想品质，并以此同领导者较劲。这里的重要词语是“相反”，雷同是无效的。

波旁酒行业被两个 J 打头的公司统治，杰姆 · 比姆（Jim Beam）和杰克 · 丹尼尔（Jack Daniel）。所以Maker’s Mark 着手寻找并拥有了一个让他们的产品更加有吸引力的特性：“我们的波旁酒手工酿造，口味顺爽。”由于佳洁士拥有防止蛀牙的特性，其他牙膏就避开了防止蛀牙的特性，转向其他特性如口味好、洁白牙齿、保持口气清新，还有最近出现的含碳酸氢钠。

如果你不是市场领导者，那么你的字眼必须有狭窄的聚焦。但是，你的字眼必须在你的品类中“可以获得”，这甚至更重要。比如说，虽然“防止蛀牙”的特性在美国是属于佳洁士所有，但在中国却没有一个品牌去抢占，这就是可以获得的机会。高露洁很聪明，它 1992 年就开始在中国建立“防止蛀牙”的特性，现在，它成功了。在后来的许多年中，宝洁虽然在佳洁士的品牌上用了大得多的预算试图抢回这个特性，却没能成功。

好产品，顾客定

卖点代表制造产品的供方，是整个价值链中价值创造过程的上游环节，创造产品的功能价值。

早期的营销模式，只要“酒香”，就不怕“巷子深”，于是，产品的功能价值是价值链的主体。卖点 = 买点，即消费者被动接受卖家的产品。一些产品设计往往围绕具体产品的物理指标，混淆了产品形态与消费本质，而忽视了消费者的第一选择。

好的产品其实不是各项指标都无可挑剔，而是几项元素或指标得到了消费者的认可。弄清消费者认可哪几项指标或元素才能复制成功。

消费者最关心的问题是产品的卖点。移动通信在特殊情况的信号，对紧急呼叫就非常重要；肥料对土质的影响是当下农民最关心的问题；食用油对人民健康的影响是当下消费者最关心的问题。

卖点要考虑的是认知、感知、观念、品类等方面的优势。

弄懂认知属性的产品质量，才是成功的关键

物理属性的产品质量和认知属性的产品质量是两个完全不同的概念。

物理层面的产品本身与消费者感知有区别，消费者感知的产品本身直观的物理层面是一切相关信息诉求的起点、原点和支撑点。

认知属性的产品质量不同于物理属性的产品质量。更好产品、更高质量、更好技术的认知存在于消费者的大脑中，存在于消费者对产品/品牌的认知、感知和观念中。

1. 消费者的痛苦点

明晰地找到问题关键所在，发掘产品优势，触动消费者的痛点，就能大获成功。

一家软件制作公司的老板与技术人员在探讨如何提高软件使用便捷性的问题，在大家绞尽脑汁却想不出更好的方法时，在旁边旁听的一位客服人员怯生生地说：有顾客觉得安装有些麻烦，这个可以改进吗？详细询问得知，原来，有一些顾客反映，安装软件时要安装在特定文件夹内，就要先在硬盘指定位置建立好文件夹，而后才能安装到这个文件夹内，但是如果安装时打算改变安装路径，那就要重新在硬盘上建立文件夹，非常麻烦。根据这个信息，软件公司增加了一个没有任何技术难度，也不会增加成本的功能——可以在安装时直接建立文件夹。就是这小小的改动大大地提高了用户的使用体验，非常成功，现在我们在安装软件时基本都有这样的功能。而这个技术人员都没有想到的改进，却是由一个电话接线员想到的。

2. 消费者的感觉点

一家有着70年传统的糁馆，一大早就会有很多人排队等待着吃饭，而它却并没有特别高档的装饰，没有漂亮女职员的亲切服务。它之所以能够取得成功，就是依靠所有人都认可的味道。但是，想如此依靠产品的品质得到顾客的认可，着实不是一件容易的事情。为了能得到最好的认可，品质是非常重要的，但仅用品质的优劣做衡量，也不能选出最好的产品，最重要的是要得到人们的认可。

3. 消费者的信任点

前些年鲁酒风风火火闯世界，后来为什么不行了？这都源于当年的一场勾兑风波。消费者认为，鲁酒就是勾兑酒，勾兑酒就是低档酒，甚至是假

酒。在这种情况下，鲁酒失去了消费者的最基本信任，也就是产品的品质不被认可，品牌的基础被架空了。在这样的背景下，谈什么文化、价值都是空谈，品牌附加值又如何能上去呢？孔府家在品牌推广及传播上费尽心机，耗费了大量财力，请来大牌策划公司、大腕演员传播其“家文化”，但结果可想而知，因为消费者已经不再认同山东酒的基础品质。

2000 年，美菱冰箱的一个业务员，为突破广东市场的一个超大经销商客户，专门埋头从冰箱产品中找到一个衡量冰箱质量好坏的细节标准，那就是冰箱的门。经过测试发现，在美菱冰箱的门缝内夹入一张 A4 的打印纸却无法抽动，而其他冰箱却能轻易抽出来。之后这个业务员就把这一发现当成顾客评判冰箱质量的标准，并说服客户合作。为此他设计了一个逻辑：冰箱的门如果不关好，就会漏冷气，冷气不均衡或者泄漏，就会影响冰箱内的食物，严重者就会影响压缩机的正常运作和使用寿命。所以要想冰箱质量好，冰箱门是否密封是关键，而美菱的冰箱是最密封的（因为夹入纸张无法抽动），其他的冰箱则不行。这一标准后来被这个客户用于终端产品推广大获成功。

4. 消费者的理解点

笔者服务的一家眼镜公司，看到眼镜零售市场无论验光，还是装配的质量都非常差。发现这一问题后，就本着围绕验光打造一家专业眼镜店的想法，所有的工作都在围绕眼镜店的专业性展开。虽然说在这家眼镜公司也不断地在宣传质量、装配等方面的内容，如“国家质量监督局暗访式抽检 100%合格”等方面，而专业就像是一只无形的手，在控制着其中的行为。这家公司开始时并未有意识地确定品牌核心价值，但无意中遵循了品牌运作的基本规律，与我们合作后，才正式确定了“专业”的品牌核心价值。

5. 消费者的操作点

好孩子儿童自行车，美国商人的采购成本每件只有 6 美元，销售价格每件却高达 100 美元。在好孩子的设计团队看来，欧美品牌在设计上没什么技术含量，创新不足。就拿美国第一品牌格莱来说，就凭一个车架打天下，只是换换造型、外观，就以高价位占领美国高端市场。可是，欧美市场所看重的外观设计一点都不简单，是由西方美学和文化决定的，正是蕴涵在其中的文化品位决定了产品的档次。好孩子虽然在结构设计上高出一筹，可是在欧美合作伙伴那里，还是要再加个工序：美国人会对色彩、外形、面料等做一下改动，而欧洲则干脆只要车架，其他的全部自己设计。现在好孩子也认识到这一点："其实所谓的高端，就是软性价值高。"沃尔玛曾经希望好孩子集团为其生产浴帘架。本来，好孩子集团还没有将这个小小的产品放在眼里，可是检索专利资料后才发现，一根简单的浴帘架上竟然已经被申请了600多项专利。

企业的任务是整合富有感染力和价值吸引力的元素成为消费者的首选优势。

6. 消费者使用后的实效点

市场实践是发现产品卖点的有效途径，它胜过任何一个专家。

1928年，切斯特卡尔森发明了普通纸复印技术，并将之称为"静电复印术"。这一词汇是从希腊语"干"和"书写"两个词衍生出来的。当时的复印技术是采用3M发明的热敏法，需要在一种薄薄的透明涂膜纸上复制，既不清楚，又轻易褪色，不能保存多久，但是复印的价格很便宜。这足以让卡尔森花了整整10年去为他的发明找买主。他徘徊在一家又一家公司门前，柯达和3M这两家在涂膜纸复印机上领先的公司都曾拒绝了他，谁会花这么贵的钱去复印啊？

直到1947年，位于纽约的一家卖影印纸的小公司哈罗伊德碰到卡尔森并买下了他的专利，随后将之发展成复印机。1958年，该公司改名为哈罗伊德施乐，为推出他们的第一台自动普通纸复印机做预备。1959年，施乐914推出。在此之前，施乐曾迫于资金压力，想把这个专利产品卖给IBM。IBM雇请ADL咨询公司做了市场调研。结论是：即使热敏纸复印的市场全部被这种新复印机夺得，总销量也不超过5000台，这还不抵为制造新机器所费的投资。因此，IBM拒绝了施乐的这项专利，这可谓是IBM历史上最重大的失误之一。

施乐公司完全置调研结果于不顾，坚信人们会发现它的价值。仅仅几个月后，杂志就称赞施乐914为"美国有史以来销售最成功的产品"。人们争相购买这种神奇的机器，很快，它就成为办公室的必备品。它不是依靠现有的市场生存，而是创造了原先不存在的需求。公司也于1961年重新命名为施乐公司，而把创立于1906年的"哈罗伊德"这个名字彻底抛弃。

7. 复合黄金点

财富的新根源不是物质，而是能够用来创造价值的黄金点。

世界上不缺技术，缺连接式的黄金点。乔布斯以远见卓识和领导能力，挑战根深蒂固的企业或行业的传统观念，从全新的角度重新考虑企业或行业的业务活动，从而获取了创造价值的黄金点。苹果公司大约花15%~20%的工业设计时间在黄金点上，其余的则是执行部分，这个数字远远超过其他计算机公司。

在硅谷，黄金点是开发新应用、产品或服务的推动性技术。百度、搜狐、谷歌和雅虎的创新黄金点是网络搜索引擎；戴尔的创新黄金点是快速上门服务。

如果没有发现"更方便地享受音乐"的黄金点，就没有日本索尼公司"随身听"的发明，就不会非常成功地创造出一个巨大的个人袖珍式录放机市场；没有"集成电脑服务商"的黄金点，蓝色巨人难免被肢解，不可能唤起市场的超级热情，重拾昔日的辉煌，实现大象跳舞的神奇复兴；有了"家庭制作豆浆全自动化"的黄金点，"九阳"牌全自动家用豆浆机就成功了。

新技术、新关系、新制造流程或新商业模式，都离不开黄金点。颠覆性的技术突破，首先来自黄金点的发现。

在科学上提出问题比解决问题更本质。当一个问题大家都没提出来的时候，你怎么去鉴定问题？创新同样如此。一个让人诧异的例子是，Color仅仅因为提出了一个看上去挺好的概念就拿到了4100万美元的风险投资。Facebook创始人马克·扎克伯格，就曾因为在创业前听取过同学建立哈佛校园联系网络的想法，涉嫌剽窃，被判付给同学6500万美元。

先看看微软的研发投入，2006年，微软在研发方面的投资为60亿美元，2007年又提高到75亿美元。苹果公司在研发上的投资比微软少得可怜，但是获得的收益并不少。乔布斯曾讽刺微软说，"这就表明并不是什么东西都可以用钱买得到的。"创新不仅贴近和满足消费者的需求，切忌为创新而创新，而且要为消费者创造新的价值。

在华为，注重黄金点已成为一条戒律，把它称为"做毕加索不做凡·高"。

选择黄金点，是策略也应是战略。不仅需要逻辑思维，也需要直觉。乔布斯发现大街上很多人的耳机是白色的，感到这是流行趋势，就把耳机挂绳换成白色的。一下子对准了消费者潜意识。

沃顿商学院市场营销学教授大卫·鲁宾斯坦曾经分析过 iPod 的产品设计："iPod 营销中一个重要的制胜因素就是这条白色的挂绳。也许你能拥有一个存储容量更大的 MP3 播放器，但是如果缺少这么一条白色挂绳的话，那么也许你就不会拥有很酷的使用体验。"

从"技术创新"驱动到"应用创新"，这就是苹果创新的黄金点，让产品火起来的神器。从 iPod 的诞生来看，爆发点来自于行业之外的大胆的创意。乔布斯深度"入侵"五个行业：电影、音乐、零售、手机及电脑，用他兼具建筑师、工程师、艺术家和人类学家的素质，在众多领域纵横驰骋、推陈出新。

乔布斯的创新，在纵向上是不听从消费者的彻底创新，在横向上是没有边界的跨界创新，从而达到无人能比，与众不同。

8. 消费者产生品质联想的关键事件

2002 年，中国移动受到中国联通压迫的时候，24 小时的会议就讨论联通的这种低价策略，讨论联通新的广告，怎么应对。24 小时都在关注竞争对手，并没有使中国移动找到一个更高明的战略。直到 2002 年底，中国移动推出了一条广告。大家可能记得那条广告，它用一个写真的手法说，一个海船出事了，幸好有一个乘客带着全球通。它说打通一个电话，能够提供的最高价值是生命。中国移动把广告的聚焦点，从联通身上移开，移到了消费者身上。那则广告最后落脚点是网络好，它告诉消费者，打通一个电话，其实比省一点钱更重要。这是电信行业做的比较直白的一个广告之一，也是最有效提升全球通品牌的广告。

首想品质打造策略

品牌的根本是品牌所包括的消费者价值。消费者购买某个品牌的产品主要是购买这个品牌包含的对消费者的价值、利益、承诺。这种价值与利益包括物质价值、概念功能价值和感觉价值三个系统。感觉价值有时甚至可以成为品牌价值的最主要构成部分。

品质定位

所谓品质定位，是指产品通过自身良好的品质进行定位，在产品诉求突出产品的具体品质，运用各种表现手段让消费者体验产品的优势所在，给消费者留下明确、清晰的印象，以维护自己的产品地位和形象。

品质定位就是以产品优良的或独特的品质作为诉求内容，如“好品质”、“天然出品”等，以面向那些主要注重产品品质的消费者。适合这种定位的产品往往实用性很强，必须经得起市场考验，能赢得消费者的信赖。

通过品质定位而取得成功的范例很多。比如，提到三星，我们很容易想到“时尚”；提到索尼，很容易想到“精致和创新”；而奔驰这个品牌在人们的心目中则常与“尊贵”联系在一起。这些都反映了一个品牌的品质形象定位。

改善工业设计

再好的技术也需要工业设计为其锦上添花，使之变成有价值的产品，而工业设计也从以产品为中心转变到以人为中心。工业设计所倡导的科技进步、文化内涵、人文关怀和对环境的关注，恰好是消费者和市场营销的终极追求。

韩国三星电子斥资数亿美元以改善电冰箱、洗衣机、手机等产品的外观、触感、功能，借助市场调查引导产品设计，并由此获得了巨大的回报。

对于电子产品而言，由于技术方面的原因，产品设计比较复杂，显示复杂，结构复杂，因此消费者很不容易掌握使用方法，要学习好久才能掌握产品的技术内容。而苹果电脑反其道而行之，走所谓“使用者友好”（Users Friendly）路线，对产品进行设计，因此无论多么复杂的电子产品，消费者很容易就掌握了使用方法。“企业提供的产品，不一定是性能最强大的，但应该是用户最需要的；不一定是功能最全面的，但应该是功能最完美的；不一定是材料最昂贵的，但应该是造型最富有美感的；不一定是价格最便宜的，但性价比是最好的；不一定是功率最强大的，但应该是最舒适安全的。”

设计感知点

那些动辄以百万销量计的流行产品无一不是在工业设计上极其出色的产品，它们实用、时尚，分外惹人喜爱，甚至连一些细枝末节都能触及消费者的感受。

LV 同样是溢价得惊人，LV 的皮包还大多不是真皮的，但轻松卖到天价，换季随便推个新款就万人空巷。这不就一块布裁剪下缝了下吗？

一件商品在流通市场中的实际价值，与其成本间不为等号，绝大多数情况下，售价都高于其制造成本，这是人近皆知的事实。

LV 作为奢侈品牌的领先者，从 LV 专卖店终端展示的质感，到店内的整体设计风格，无不让人感觉到一种高贵的气质。LV 为了强化自己高贵的品牌气质，在店内的人员培训上投入了巨大的财力、物力，每个店员至少要掌握两门以上外语，从走路到客户接洽都必须优雅自信。LV 等奢侈品的手法是捆绑一线明星、捆绑大牌设计师、捆绑艺术界翘楚、限量版制造稀缺感、高端精英式的传播、不断重复和强调品牌起源，等等。最后消费者为什么会心甘情愿地刷卡买单？因为最终购买的已经不再是一只包，或是一只箱子，而是贩卖其品牌内涵，贩卖其独一无二的、排他性的品牌联想，是一种身份的认证，甚至近乎于一种荣誉。

LV 何时否认过自己卖的不是真皮？

LV 何时否认自己卖的不贵？

自创产地优势

蒙牛的特仑苏到底好在哪里呢？广告告诉你产自乳都核心区——和林格尔。这是优质产区概念，和林格尔一下子成为消费者心目中的乳品天堂。

中国最大的马铃薯淀粉企业天泰投资控股集团在策划创意“薯与我”薯片和方便粉丝产品时，挖掘出产品的核心资源优势：原料产自东北寒地黑土，薯片当然干脆，粉丝晶莹劲道！

产地特色食品企业要站在地域名品资源的肩膀上创造新品牌，让品牌代表品类中的正宗！人们信任原产地，人们仰视原产地。标志性的原产地，具有市场号召力的制高点。

消费者的精神世界是五彩斑斓的，每个消费者心中都有“圣地”。

自创品质标志

茅台是年份酒的领导者，现在基本上所有的高端白酒都推出年份酒。酒鬼的洞藏年份酒、浏阳河的年份酒、水井坊的公元十三、国窖1573一直在打年份牌，泸州老窖也出了封坛年份酒，沱牌也出了年份酒，还有衡水老白干年份酒以及坚持做了很多年的口子窖的五年十年……基本上只要够年头的白酒企业，都在直接或间接做年份的概念。但第一个抢先占领的是2000年就开发年份酒的茅台！所以，营销的第一重要工作是做第一！谁第一谁就可以让消费者仰望！价格已经不是最重要的，因为此时消费者仰望你去抢购你，消费者内心给予第一品牌的价值都是超值的，再高价消费者感觉就是值！

高水准标志

昆仑润滑油没有说自己是最好的润滑油，只是说自己的润滑油是神舟五号用过的；蒙牛也没有明说自己的牛奶是最好的牛奶，只是说自己的牛奶是航天员专用牛奶；佳通轮胎没有说自己的轮胎是最好的轮胎，只是说它能造飞机轮胎，就让人感到佳通轮胎特别的品质。

事件和故事演绎

东方人最擅长形象思维，用情景或形象来描绘思想。《老子》《庄子》等诸子百家全都是把最高深的智慧用故事或比喻完美地表达出来。

将企业对产品品质理念、管理标准等一系列有利于品牌品质认可的内容，通过故事、事件行销等方式传递给消费者，都有利于消费者对品牌的品质认可。

在智利大矿难中，三一重工一举成名。一个小伙子由此连升六级。这个小伙子多卖出设备了吗？没有，那他为企业作出什么贡献？品牌影响力和价值。他让世界知道，全世界只有三一重工的设备最好。

从三一的案例中不难发现，中小工业品牌欲实现快速超越，并不是提炼一个漂亮的口号，或一些精美的词汇，而是在确立一个理念之后，务实地执行它，演绎它。三一重工开通免费服务电话，并针对大客户配置特殊服务小组，创造性地引入整车展示、客户培训概念，形成了集销售、服务、配件、维修、展示、培训为一体的6S店。启动了“品质天下行·三一重工66米泵车全球巡展”活动，向全世界展示世界最长臂架泵车的风采，展示三一的自主创新成果。通过这些技术、营销等各方面的持续进攻，将“高品质”演绎出精彩、演绎出差异。“品质改变世界”的品牌核心价值也不断在客户心智中演绎，在行业中不断巩固领导品牌的地位，并赢得在世界范围内与跨国巨头们的竞争优势。

用直观证明选择我没有错

西门·海尔说，你说什么客户不会记住多少，但你带给他们的感受，他们却永远忘不了。房地产的样板房策略对准了顾客喜欢直观的天性，迎合客户的个性化、直观化的消费观念。曾有一家涂料企业，前有跨国公司堵截，后有本土杂牌围追，不上不下的品牌定位让其在两头夹击之下十分尴尬。后来在一次终端陈列的研究中，企业发现除了环保、气味、防霉抗菌等因素外，油漆涂刷之后的装饰效果如何，对顾客有强烈的影响。这是所有涂料厂家都没有注意到的环节。于是企业立刻改变在货架上陈列油漆桶的传统终端表现方式，将涂料的质感直接用墙体及展板展示出来，并改变“质感漆”的边缘品类角色，重新制定了“以质感漆为细分带动传统涂料”的进攻性战略。

再好的商品和品牌也需要不断增加证明的砝码，不断的良性积累更能坚定族群的消费心理，并且在承诺的过程中不断完善商品和服务的信息，使商业承诺落到消费群体可以看见，可以感知，可以通过使用商品体会到的实处，进一步强化商业品牌的理性认同程度。

选择感知点

品牌，从根本上讲是一种营销环境，它能够让消费者条件反射式地产生某种思维定式！创造感受是企业与消费者之间的心理游戏，不能操控思维，就将处处被动！

顾客购买是基于信任，而不是理性的思考和推断。信任的作用占70%。顾客是根据自己有限的信息来作出判断。

顾客头脑中存在不用现场证实的结论。顾客对客户口碑不用现场证实；对权威机构不用现场证实；信任点偏爱；错觉；熟悉程度不用现场证实。具体、直观、氛围构成了外拉力。

质量等品牌属性要素依赖于消费者的主观感觉，而不是枯燥、乏味的技术数据。传统观点认为，消费者之所以喜欢某品牌的产品是因为与竞争品牌相比较，它能提供更大的利益。而真实情况是，消费者之所以喜欢某品牌是因为他相信与竞争品牌相比较，它能提供更大的利益。许多成功品牌的成就证明，一种品牌打开市场销路越来越少地取决于它的事实上的质量，而是更多地取决于消费者感知的“潜在的”质量。“潜在的”质量是指消费者对一种品牌的主观评价。在消费者头脑中，潜在的产品价值跟事实上经过检验的产品价值一样，也是实实在在和令人满意的。不仅短期如此，长期也是如此。我们往往很难劝说消费者放弃他们惯用的品牌，原因就在于潜在的质量优势已经深深扎根于消费者的头脑中。

选择支撑点

为什么亨氏（Heinz）汤料在英国是第一品牌，在美国却一败涂地？亨氏在美国是番茄酱的代表，到了中国，是奶粉的代表。按理说产品完全一样，对手也一样，应该享有同样的市场地位才对。但是，营销是认知的战场，而非产品的战场。在营销世界里没有客观的现实，也没有最好的产品，只有一样东西——消费者心智中的认知。认知即是现实，其他皆为虚幻。大多数营销的错误都源于这样一个假设：营销战是一场从现实出发的产品质量战。

亨氏在中国，首先生产的是儿童奶粉。看到了奶粉这一证据，就认为是生产奶粉的厂家。这就是证据的力量。一个人说自己是好人，得列举一些事例，企业也是如此，没有支撑的品牌定位属于空中楼阁。定位的支撑点可以从企业内部和外部两方面来寻找。企业内部：专利、技术团队、实验室、企业文化，等等；企业外部：政府、协会领导、专家、研究机构的认同、媒体，等等。

只让他看到该看到的

华为从成立到今天在机场到市区的高速公路上连一块广告路牌都未竖立过，这不能说明是华为的小气，而是华为认为这些做法对品牌的建设不起作用。华为深谙品牌建设之道——根据适合自身产品特性的方式塑造品牌。华为员工出发，住最好的饭店。1996 年 3 月，为了和南斯拉夫洽谈合资项目，老板亲自率领了一个十几人的团队，入住在贝尔格莱德的一家五星级酒店——香格里拉。为了体面，办事处为老板开了一间总统套房，每天将近2000美元。但是，他们还是精打细算，把总统套房的几个房间都充分利用起来，每天晚上打地铺。每天早上早早起来让服务员打扫卫生，以便白天会见客人。这时的华为首席谈判代表，刚刚加盟华为公司不到一年，亲眼目睹了老板什么时候应该花钱花到手软而不心软，什么时候应该厉行节约。

体验

国际品牌的品牌优势我们可以简单地描述为主要是一种空中优势。本土企业家在看清楚整个的形势以后，就把所有的主要注意力，转向地面优势，并且取得绝对的掌控权以后，市场的销售和分销等领域，就会得到预期的市场目标。当然这里面做了很多的事情，包括深度分销分析，精细营销的主张，和学习跨国公司的终端生动化，使自己的终端做的更有吸引力；从控制终端到自己掌控终端，到自己建分销店、直销店，到更加直接的手段，我们叫终端拦截。从终端思想出发，掌握零售，使自己变成零售之王，成为一个主导型的一个趋势和战略。在推出 iPhone 之际，苹果重新设置公司的实体销售渠道，创办公司直接掌管的零售商店，打造以用户体验为主的购物环境。在美国，苹果零售商店可谓遍及各个城市，在店里人们能够自由地网上冲浪，体验苹果科技带来的新鲜体验。

意见领袖

意见领袖在人际传播网络中经常为他人提供信息施加影响，他们在大众传播效果的形成过程中起着重要的中介或过滤的作用，由他们将信息扩散给受众，形成信息传递的两级传播。对于品牌来说，在特定的区域和范围，意见领袖的作用和效果较之广告、推荐、介绍等一般传播方法更为迅速和明显，意见领袖可以左右、推动或是损害品牌的传播。高档卷烟品牌既重视和强化意见领袖的发现和维护，也有意识地培养品牌自己的意见领袖，根据品牌自身的定位和目标市场来有针对性地选择意见领袖，以个性化的方式灵活地同意见领袖建立关联，潜移默化地影响其他受众。

偷梁换柱是建立品牌例证优势的又一法则，可巧妙地使品牌成为品类的代名词。在宣传策略上要强化品牌名称，弱化通用名称，在消费者心理上以品牌名称替换通用名称，最终使品牌成为品类的代名词。以品牌名称替换通用名称的当数商务通。“商务通”以醒目标题频频出现，而表明商务通行业背景的“掌上电脑”等概念只作一般性宣传。商务通凭借一句“手机、呼机、商务通一个都不能少”首先确立了其在掌上电脑市场上的老大地位。

对于全新的产品，必须同时具有产品名和品牌名，但宣传重心应放在品牌名称上，淡化产品名称的宣传；对于已经确定了行业通用名词的产品，可以集中火力只宣传品牌名称，这对于还没有主导品牌的新兴行业尤为重要。

|第7章|

打造首领形象　创造品牌附加值

企业以产品和服务为载体，
通过理念、行为、视觉、听觉等识别系统，
把这种印象物化出来，
形成全方位的识别体系，
就形成了品牌。
品牌把自己的产品和竞争产品区别开来，
更利于顾客认知、选择和购买。

市场进入首领形象竞争时代

在塑造品牌形象的过程中，只要引用一个能够让消费者本能地认出某个可被辨认的基本真理的故事或概念，产品的意义就能够迅速地传达出去。

李存勖的父亲在临死前，留下三支箭给李存勖，并留下遗言说："梁王朱温，我们的仇人；燕王刘守光，是我所立，却自称帝；契丹，与我约为兄弟，而都背我而归梁。这三个人，是我的遗恨。我给你三支箭，你不要忘记了我的仇恨。"

李存勖收下这三支箭，藏到太庙中。其后每次用兵，都派一个从事到太庙祭箭，把箭请出来，盛以锦囊，负而前趋，到了凯旋而把箭收起来。

最后，在三支箭的激励下，李存勖把燕王、梁王都打败了，把他们杀了。然后，他就把三支箭放进太庙，向先王报告，自己完成了他的遗命，而告以成功。

三支箭，实际上是将父亲的教导转换成视觉记忆。如果仅凭语言记忆，会很快就忘掉。有了三支箭，就让李存勖永远记住了父亲的教导。

李存勖的父亲也懂得人类的记忆特点。

坚持保留品牌与研发的投入，获得溢价的产生

中国企业面临的外部环境大致相同，企业综合规模也差异不大，一个品牌欲想在市场上胜出，品牌和具有先进技术与卓越设计的产品至关重要。

目前中国大量的产品都采用社会化的OEM生产方式，"公模制造"现象十分明显。为省钱，很多产品共用一个工厂的模具，产品除了商标不同外，其他同质化现象严重。

中国企业要超越对手，就必须有对产品研发、外观设计的费用预留。

超级销售识别体系（SIS）

没有令消费者自明性的品牌符号系统，就没有巨大的传播力和销售力。与消费者接触层面的SIS（销售识别体系），能够改变消费者的品牌偏好，拉近与消费者的亲切感，是真正导致销售的力量。

很多企业做推广、打广告最终浪费资金，又没有实现销量的突破，也没有为品牌的构建提供太大的帮助，其原因就是缺乏品牌符号系统和销售识别体系。

具有销售力的品牌符号，一定是大众符号或通用符号，别人一看就知道是什么，不用解释它的来源，这不仅仅可以节省传播费用，更是让你的品牌快速崛起的有效手段。

品牌符号，除了视觉符号，还有声音、味觉、触觉等多个角度和层面。强势的品牌和时尚的产品，别具一格的传播使品牌比其他品牌具有更高的威信和“符号价值”。

设计一个能够体现产品卖点的大众化记忆符号，肩负起连接品牌信息的重任，消费者一眼就可以识别，并与该品类产生关联，可极大地降低传播成本，提升销售。

包装设计，1 秒定成败

消费者扫过货架，并进行产品比较选择。要让产品在消费者的比较选择中取胜，从货架放入消费者的购物篮，关键取决于能否让消费者在接触产品的第 1 秒就感知到产品内在的强大技术优势和品质优势，可谓 1 秒定成败。包装是传播产品品质的一条低成本传播途径，是产品自动畅销系统的一部分。包装往往比品牌名称更能吸引人，好包装可以提高 20% 的售价。

包装的内容元素要足够清晰地传达利益，比如产品名称、产品品牌符号、产品卖点符号等。围绕这关键第 1 秒，我们一直遵循利益传达“三看见原则”，让消费者更加直观生动地感知利益！卖点看得见，利益看得见，技术支持看得见。

人类有没有永恒的感知系统

心理学家坎特（Cantor）等人指出，人们在分类的时候往往以他人或事物与原型（Prototype）的相似性来分类。也就是将被分类的物体与该类物体的一个典型或理想的范例相比较，这个范例就是原型。简单地说，即是人类的存在可以划分为一些固定模式，如英雄和失败者、艺术家、思想家、战士、狂躁者和抑郁者等各种角色模式，并且正是因为这种众所周知的原型的存在，每个人才得以在社会生活里扮演自己的角色。

美国女学者玛格丽特·马克和卡罗·皮尔森认为，有生命力的长寿品牌是具有人格原型的。一个品牌，要想获得长久的生命力，就得与消费者建立起深层次的联系，找到一个能让消费者认可的原型。女人在没有原型影响的情况下使用香奈儿香水，可能就不会太多兴奋；但当她与可可·香奈尔本人的气质和人生故事产生共鸣的时候，便唤醒了情人原型，也让她的世界顿时变得精彩动人。玛格丽特·马克和卡罗·皮尔森提出的"品牌原型"理论，将品牌原型分为四类 12 种，如下所示。

第一类：向往天堂（天真者、探险家和智者）。

天真者：自在做自己；探险家：不要把我困住；智者：真理将使你获得解脱。

第二类：刻下存在的痕迹（英雄、亡命之徒和魔法师）。

英雄：有志者事竟成；亡命之徒：规则是立来破的；魔法师：梦想成真。

第三类：没有人是孤独的（凡夫俗子、情人和弄臣）。

凡夫俗子：人生而平等；情人：我的心中只有你；弄臣：如果不能跳舞，我就不要和你革命。

第四类：立下秩序（照顾者、创造者和统治者）。

照顾者：照顾他人；创造者：创造出新的东西，拒绝常规；统治者：发挥控制力。

耐克属于英雄原型，IBM 属于统治者原型，可口可乐、麦当劳属于天真者原型，百事可乐属于弄臣原型，哈雷机车是叛逆者的象征，香奈儿属于情人原型，而维京则是坏孩子式的反面英雄。

心理学家荣格认为，个人的潜意识里均包含有"从祖先遗传下来的生命和行为的全部模式"。也就是说，每个人有自己的行为和思维模式，而这些都可以在原初的、典型的固定模式里找到自己的归类。这些模式被称为原型。

原型是人类的心理基因，印刻在每个人的内心深处，深深植根于人类的潜意识，并通过遗传以一种近乎本能的形态代代相传，所以几千年来人类的这些模式并没有太大变化，无关乎民族和血缘。柏拉图称这些印记为"基本形式”，并将之视为构成物质现实之基模的概念结构。

原型具有集体本质，是人类身上源自潜意识的产物，它不仅是基本的意念，而且是基本的感受、基本的幻想、基本的影像，是放之四海而皆准的人性和终极意义。

每个人的心里都有一套感知原型概念的系统，这些原型意象具有共通的本质，它们以神话元素在世界各地的形式或形象中体现。就连从今生的一切中解脱的那一瞬间，原型也在纠缠和制约着我们的意识和行动，它隐秘地起作用，我们在任何瞬间都无法摆脱它的约束。

每个成功品牌后面都是围绕原型展开的工作，并有一个稳定的原型。“品牌原型”是亘古以来存在于人类心理的一种现象，有点类似于反复出现在世界各地传说和神话故事中的人物与事件。这些品牌原型并不会随着时间流逝而褪色，它们来自于人类深层次无意识的原始记忆，就如同伟大的意识作品一样，伟大品牌牢牢把握住人类共同的某种原始意象。

“一个原型的影响力，不论是采取直接体验的形式还是通过叙述语言表达出来，之所以激动我们，是因为它发出了比我们自己的声音强烈得多的声音。”

为它安上原型这颗长寿的心，打造出属于自己的品牌形象，并将该形象以巧妙的方式进行传播，让这个形象成为满足消费者内心渴望的解药。

如今，在全球消费者心目中，“万宝路”早已成为了男子汉英雄气概的“代名词”之一。万宝路让同质化的香烟与众不同，秘诀就在于为品牌注入了开阔西部的丰富形象——生机勃勃的牛仔、马群、篝火，超越了单纯的产品关系，将品牌与强大、恒久的情感联系起来，赋予万宝路品牌阳刚、粗犷、成熟、豪迈的品牌个性，与开拓进取、勇于冒险的美国文化相关联，给顾客带来一种附加于实体商品之外的精神价值。

哈雷摩托车曲折的发展历程造就了其在美国社会中反叛、热情、爱国、喜爱冒险的鲜明形象，驾驶者通过摩托车张扬的外观、强劲的动力及巨大的轰鸣声表达自己的叛逆与个性。

如何开启人类潜意识里的欲望，并满足人们对这些原型意义的渴望，便是以神话原型打造深植人心品牌，并进而以科学化系统管理品牌的基本概念。“达芙妮”取名自希腊神话中美丽女神，自20世纪90年代初推出，便赢得广大时尚女性的青睐，产品风靡全国，在鞋业界首屈一指。

心理分析学家克罗泰尔拉派尔（Procter Gamble）曾经把在美国销售不畅的吉普牧马人（Jeep Wrangler）的头灯由方形变成了圆形，结果大获成功。这是因为美国人会从吉普中联想到西进时期在荒野上纵横驰骋的马。

每一类原型都有自己固化的社会角色，这种社会角色有其成型的故事，因此便于演绎并为大众所接受。雅诗兰黛的美丽牌香水广告一直以新娘为主角，因为它所诉求的正是生命中最美丽的香水。对于女人来说，一生中最美好最动人的时刻便是成为新娘的那一刻，那令人感动的誓言伴随着浪漫的情愫一起涌现，多么幸福美丽。

好莱坞高票房价值在于反复演绎大众久看不厌的故事——无所不能的超人、爱情悲喜剧中的超级情人、反抗权威的叛逆者。其原理是：心向往之而生活中难以达到的人和事，最为大众津津乐道。

给商品赋予原型的意义，使得这些物品在我们的生命中具备了象征的力量。例如男用晚礼服，代表了这是很重要的场合；香槟则告诉别人，我们正在庆祝；在过去，金戒指代表婚姻。

苹果开启了人类潜意识里的欲望，并满足人们对这些原型意义的渴望，以神话原型打造深植人心品牌，并进而以科学化系统管理品牌的基本概念。

iPhone 的设计成功充分表明，当今世界在经营学的大框架内，利用心理学上的分析和方法论进行的设计会成为热销商品。

原型的品牌形象

原型的品牌形象，能够直接对消费者内心深处的“印记”说话，并唤起人们对品牌的认同，深化品牌对消费者的意义。要塑造品牌形象，最保险的方式是把品牌形象塑造成某种人性的原型。原型意象可以是故事中的人物，以及与人物有关的联想，如劳斯莱斯车的徽标飞翔女神雕像；可以是故事中有特别功能或意义的物体，如圣经故事中的苹果；也可以是故事发生的时间、地点，以及事件本身的重大意义，如奥迪“四环”的标志所指的是四大公司合并成立汽车联盟的事件。

星巴克咖啡的名字源于文学作品《白鲸记》中，那位喜喝咖啡、爱好沉思、不断思索生命意义、勇敢的船上大副史塔巴克（Starbuck）。品牌的美人鱼标志源自希腊神话中的女妖。这个女妖要寻找过去失去的爱人，若有路过的水手，女妖就会用他美妙的歌声去吸引他下海。所以，去星巴克消费的消费者就喻为一个爱冒险的人，想去尝试冒险的滋味。用荣格的原型理论解释，这就是属于冒险家原型。星巴克品牌的个性是追求时尚与体验，正好符合冒险家希望独立于主流、寻找自我的本性。

原型意象的体现必须依靠高超的艺术创作，从艺术设计的角度来考察，原型意象可以通过品牌标志设计、产品及包装设计和广告设计等来体现。

品牌标志是品牌的“脸”，可以直接利用品牌名称来体现原型意象，如耐克品牌就源于飞翔女神NIKE的名字。在原型的品牌标志设计中，标志同时还是品牌故事的“评书员”。也可以利用图形来体现原型意象，比如麦当劳的标志金黄色的“M”让人联想到一幅著名的插图：写上了十戒的写字板（它暗示只要我们愿意遵守规则，就可以重返伊甸园）。

包装设计可以体现原型意象，使消费者产生原型体验；同时，原型还能够开发产品概念，从而进行新产品开发。

大众甲壳虫汽车车头，正面看起来就像一个娃娃的脸——一双大眼，又高又平的前额。这类娃娃的脸部特色完全是天真者的特质，代表着没有威胁，这个玩意需要照顾。甲壳虫挑战的是美国一贯的“美即是大”的观点，因此，以天真者的原型传达自己“想想还是小的好”的设计理念是再恰当不过的了。

万宝路的原型是“英雄”，它的视觉形象就采用了“牛仔”，只需让人看一眼，就明白了万宝路所代表的意义。所以，找到品牌原型，要用讲故事的方法去演绎它。

找到了自己品牌的原型以后，就要为原型塑造一个视觉符号，能够让原型意义视觉化，视觉符号化，从而简化认知，把复杂的事情简单化。有时候特别的内容、情境或人生的转折点，会凸显某个原型的特别威力。

瑞星杀毒软件用狮子来代表品牌，以显示其强大“杀力”；胡姬花通过隐喻概念——“钻石般的纯度”来强化其产品价值；白沙烟用鹤来表现飞翔、心旷神怡、自由的品牌感受。

品牌基本上都具有自己的形象载体，通过形象载体来提升品牌知名度和美誉度。

十二原型分别归为自我探索的三个时期：准备期、探索期、返回期，它们分别对应着：自我、灵魂、本我。

具体是：

预备期——本我，主要发展原型有天真者、孤儿、战士、照顾者；

探索期——灵魂，主要发展原型有探寻者、破坏者、创造者、爱人者；

回归期——自我，主要发展原型有统治者、魔法师、智者、愚者。

原型定位

如果仅有漂亮的外表，则无法得到理想的效果，产品必须要满足消费者内在的心理需求才行。如果恰当地运用人格原型，就可以与消费者内心深处的需求相碰撞。若要满足消费者的内在需求，产品就必须包含人格原型。

品牌原型涵盖品牌的定位，阶段性地指引企业发展方向或产品销售等的方向型描述。

如何进行品牌原型定位？

首先就是要寻找品牌的灵魂人物。在品牌创立和发展的历程里，谁是品牌的精神领袖？比如微软的精神领袖比尔盖茨，海尔的精神领袖张瑞敏，他们的精神气质深深地烙印在品牌的个性里，我们提到这些品牌自然想到这些人物。

其次是寻找品牌内涵，确保原型的定位能具备与品牌有关的事实基础。品牌本身的成长历程，品牌的灵魂人物的人生经历，都可以作为品牌故事来传播。当这些现实事件与原型故事相关联时，便会激发消费者对人性的关注，生命顿时将变得高贵。

同样是英雄原型，英特尔广告“我的电脑应该要多快？反正比我朋友鲍伯的电脑快就行”，就明显处于低层次的逞匹夫之勇；而沃尔沃汽车“第一枚真正让世界安全的飞弹”，便是更高层次的要以一己之力维护和平的英雄原型。

首领形象是品牌最强的号召力

有多少人知道海尔小家电产品比别的品牌到底好在哪里？

有多少人知道戴上 Zeiss 太阳镜后到底舒适在何处？

青岛是中国销售量最大的啤酒，但你敢断定它就一定比燕京啤酒好喝？

可口可乐是世界第一品牌，但它的品质一定胜于百事可乐吗？

……

或许不是，然而这可能并不重要。重要的他们具有首领形象，具有首领形象就有了市场号召力。如今的消费者购买的不是产品提供的便利功能，而是产品所传达的形象。

为了在同类中脱颖而出，品牌就必须在消费者头脑里留下鲜明的品牌形象。当品牌有了一定的知名度，通过品牌推广让目标消费者能够形成品牌印象并记忆这个品牌。品牌整体的形象表现将决定消费者是否更快更容易的记忆。

热卖品牌都对应着一个首领形象

在奢侈品行业，譬如高级定制时装、T台展示时装，为品牌确立了形象，它们就像是一棵圣诞树上最闪耀的明星。但是，它们也是几乎没有人会买的产品。总体上讲，它们都是一些赔钱的产品。但是，营销者必须问自己这样一个关于产品线的问题：“创作这些产品的真正原因是什么？因为有一些产品是为了获得利润，而有一些产品是为了打造品牌。”

这些招牌产品让品牌更强大。

形象是在拥有众多顾客后的一种光环效应。宝洁公司是世界上最重视品牌形象的公司之一，这也是宝洁最值得尊敬的竞争优势。

所以，打造首领形象是一种战略。

首领形象打造策略

围绕原型打造首领形象

印象非常重要，有的人第一次与别人见面，便能给人留下深刻的印象，而有的人恰恰相反。印象对于品牌同样重要，有的品牌一出现，就会让人过目难忘，而有的品牌，就像过眼云烟，一闪而过。

早在20个世纪90年代后期，乔布斯要求乔纳森·艾维（Jonathan Ive）开发出一款色彩绚丽的阴极射线管电脑——即后来的iMac。艾维马上跑到一家糖果工厂去观察了数个小时，以寻找灵感。他想通过创意告诉世界，这台机器不仅仅是用来工作的，同时也充满了乐趣。

当年，苹果设计总监艾维为了设计出世界上最轻薄的笔记本电脑，甚至不辞辛劳地乘了 14 个小时的飞机，专程到日本去拜访一位铸剑大师，从中来寻找灵感。乔纳森·艾维把铸剑看成是制作苹果的原型。

品牌形象力的打造包含很多内容，如可以通过主题促销活动、事件行销、赞助与品牌相关的活动等方式树立鲜明的品牌形象。

消费者是凭外在形象选择商品。俗话说，人要衣裳，佛要金装。消费者“买的是商品、选择的是印象。”

某种程度上，品牌是对商品具有象征意义的图式记忆。它是消费者对于某商品产生的主观印象，并使得消费者在选择该商品时产生购买偏好。

大卫·奥格威提出了品牌形象理论，他认为，消费者的需求一分为二，包括功能性利益需求和感性利益需求，倡导通过多方位的宣传来增加品牌形象的感性利益。

品牌形象是品牌在顾客心中（脑海中）的综合印象。它包括了人们对品牌各种构成要素及关联要素的接触、认知而形成的记忆和联想。

品牌形象包括了外在形象和内在形象。

外在形象绝不仅仅是单纯的视觉标志和颜色系统，它对应的是人的五感——视觉、听觉、触觉、味觉和嗅觉。当然，每一个不同类型的产品及服务品牌会在外部形象方面有所侧重。以某一种感为核心，会辐射出相关的外在形象系统。比如，作用于视觉感的外在形象，还应该包括产品造型、包装、销售终端专柜和店铺、销售人员的着装、品牌代言人、品牌活动的各种物料设计和制作，等等。

内在形象主要指品牌作用于人的理性和感性的认知，从而引起的情感和联想，并对消费决策产生实质的影响。当然，这种内在形象主要通过外在形象所引发和强化的。内在形象主要包括：产品功能、价格、档次、产品使用者身份感、产品的象征意义、品牌个性、品牌社会责任形象，等等。

品牌形象主要由六大要素构成，即属性、利益、价值、文化、个性和使用者。

塑造外在的品牌形象相对容易，但如何通过外在形象的塑造，最终达成品牌内在形象的目标，才是真正的核心，也是品牌形象塑造的难点所在。

这里重点是保持两者的一致，否则，只重视外在，难免品牌空洞化，徒有其表，不具备感染力；只重视内在，缺少外在的协调一致，就会形象混乱和不清。

国内品牌目前还多停留在“外在品牌”阶段，对品牌本质的认识和品牌情感价值的塑造还有待提升。品牌形象的清晰，基于策略品牌规划和执行的统一，也基于品牌战略的统一。

对于一个品牌而言，应该积极传播自己领先形象的信息，而不仅仅是塑造产品的品质。品牌领先的形象比宣传产品具体细节优势更能赢得消费者的好感和信任，使消费者产生许多正面积极的联想。

暗示产品更高的档次

品牌的核心作用并非来自购买，恰恰相反，来自于购买前的向往。如果能够成为全社会的向往，那自然是足够强大。而如果能够成为多数人无法实现的向往，那么，其品牌价值会更加无与伦比。

品牌在制造着唯我独尊的社会阶层，创造唯我独尊的梦境。消费者通过品牌消费在梦中如痴如醉，无法自拔；消费者通过品牌消费进行社会层次的自我归属和自我标榜。

一个成功的品牌营销，是打造品牌的社会阶层标志性，是提升品牌附加价值的一个重要方式。品牌在人们心目中代表了使用者具有的那一类身份、地位和个性，更重要的是品牌可以给消费者一种文化附加值，给社会传播一种观念。消费者购买和消费优质可靠的品牌商品，可使其感受到相应的身份、地位、荣誉和自信，从而获得心理上的某种满足与体验，提升消费者的效用。

对于高档产品，尤其是讲究消费者档次、身份、气派的奢侈品，如名表、时装、轿车等，鲜明的档次识别是一个标签，让大家都知道自己选用了非常有面子或者体现了自身的价值观和审美情趣的品牌，增加了品牌的附加值，是驱动消费者认同、购买、喜爱的最主要力量，甚至可以成为品牌的核心价值。

“罂粟”给大家的传统认识是“毒品”。在人们的心智中，罂粟籽是一种违禁品。北京一家公司推出罂粟籽油。长期困扰罂粟籽油的“悬疑”问题关键在于一点：产品定位。

厂家将罂粟籽油的传播调性定为：高贵、神秘、稀缺。这完全符合了高档奢侈品的定调要求。正是这样端正大气的传播调性，保证了公众日后对罂粟籽油的关注是由好奇引发向往，而不是非议。

有了奢侈品的定调，高档奢侈品的定位似乎顺理成章。这样的定位是否符合精准的要求？这需要解决一个问题，什么样的人需要罂粟籽油？什么样的人愿意为罂粟籽油高贵、神秘、稀缺去埋单？

中国是礼仪文化之邦，处在社会任何角色的人都避免不了送礼。中国送礼市场金额达到 1000 亿元，其中北京就不止百亿元！尤其是商务送礼，人们关注的礼物无非是高档、珍贵、有话题，这与罂粟籽油高贵、稀缺、神秘的调性不谋而合。商务送礼的人群，几乎就是为罂粟籽油量身定做的！而且，这部分人大多具有强购买力以及较高的知识层次，相比较摆在超市货架上教育大众，不如夺取高端市场，自然带动公众认可。至此，罂粟籽油有了真正符合自己特质的定位：“中国顶级商务礼品。”

与“高手”站在一起，创造认知错觉

当我们还比较弱小的时候，要善于与“高手”站在一起，站到强大竞争对手的身边，或者站在强大对手的对立面，创造一个错觉，让客户感觉你和行业领导品牌一样“强大”，从而提升品牌的整体价值感。

1984 年，按国际奥委会的要求，耐克投资上亿美元就可成为在洛杉矶举行的夏季奥运会的官方赞助商，但耐克放弃了。在耐克看来，消费者的第一选择是我的店面、赛场明星，而不是公司。所以，夏季奥运会的官方赞助商有何用？

相反，耐克决定启用一种更依靠经验与感觉的方式——将耐克赞助的许多运动员的画像装饰到洛杉矶城中心区的建筑上。尽管在这次营销中耐克对“奥林匹克”这个词从未提及，但它已被公认为 1984 年奥运会最惹人注目的赞助商。

为品牌注入高一级的能量

品牌的深层次价值就是，它可以拔高消费者的层次，或者让消费者产生

一种品牌价值联想——如果他消费了某某品牌，他就置身这个圈子了。

既然消费者心中的理想品牌是高一级的品牌，那么，打造消费者心中的理想品牌，就需要为品牌注入高一级的能量，在普通中创造不普通。

万宝龙赞助包括文化、艺术及音乐等多项文艺项目，利用文化名人的效应扩大其产品在广大受众中的影响力。万宝龙在1992年成立了“万宝龙文化基金会”，每年颁发“万宝龙国际艺术赞助大奖”，授予那些对于文化艺术有杰出贡献的人士，获奖人还可获赠当年由万宝龙特别为得奖者定制的“艺术赞助人系列”纯金限量版墨水笔。万宝龙的赞助活动，使这些得奖者变成自己品牌的使者，人们看见的不再是单薄的品牌，而是更为生动、有血有肉的形象。

创造一种消费壁垒

热卖品之所以被追捧，在于创造了一种消费壁垒，产生拥有者“居高临下”效应。

国产“小宝马”卖40多万元，宝马的品牌价值在消费者心中严重缩水。总是降价永远成为不了顶级品牌。世界顶级品牌几乎永远都不直接降价。要么产品更新换代；要么将过时、过季、断码产品转移到类似FOX TOWN之类的品牌打折店去卖，至少也是将部分降价产品淘汰出货架，用一种特殊的形式来集中出售。

第一形象战略要求我们在品牌认同体系、企业战略能力体系、用户价值等三个方面建立独特的遥遥领先的形象。

设计高级身份

一瓶二锅头和一瓶茅台的成本不差多少，但两者的身份不同。一个是高级领导人喝的酒，一个是普通人喝的酒。自然，一瓶茅台酒能卖几千块钱甚至上万，一瓶二锅头只卖十几块钱。后来，精明的厂家注意到这个问题，为二锅头换了身份——“最符合京城人口味的酒”，加上居高临下的广告宣传，身价倍增。

也就是说，要想卖高价，先要在消费者心智中提高身价。高端品牌是通过“身份营销”来帮助顾客实现“身份区隔”的消费诉求。

我们为一家生产衣架产品的企业作策划。企业如果只喊要打造中国衣架第一品牌的口号，显然，喊得再响也是徒劳，因为衣架是一个低关注度产品，谁也不会因为品牌而去买，除非你的产品从本质上已经与其他产品有了差异或者技术上的新亮点！

针对这一情况，我们放弃了传统的策划思路，采用了交叉置换法进行创意。我们把普通衣架与高级时尚品进行置换，找到了国内一家在国际上得过外观设计大奖的著名工业设计公司，终于看到了可以进入时尚领域的新产品。当企业客户第一次看到这个产品设计图的时候，他们震惊了：自己做了20 年的衣架，没想到还可以做成这么漂亮的衣架出来！当然，我们也否定了这套系列产品的衣架名称，我们叫它“高级时装伴侣衣架”！

消费者的需求是一种社会文化和科学发展相互作用产生的，并非一定要与科学发展的轨迹相一致。而营销人员在科研中充当的职责，则是为科研的市场化提供方向。

对于女性来说，虽然每天会接触衣架，但非常理性，因为她们一看就知道衣架值不值钱，也不会花大价钱去买什么品牌的衣架。而现在我们通过产品更新设计，并转换概念，让顾客看到的完全不是其原来认为的衣架，这一下顾客的消费心理就感性了。面对这么美丽时尚的精巧玩意，他们恨不得立刻想拥有。

汇聚超级顾客

消费者现在不是考虑“买什么样的商品”，而是开始考虑“成为谁的朋友”。

品牌，不仅是知名度、美誉度，还有稀缺度，只有控制着消费者制高点，才能换取稀缺度。对别的品牌来说，是消费者选择品牌，对百达翡丽来说，是品牌挑选消费者。

购买百达翡丽表，要填长长的申请表，对购买者进行资格审查。合格之后，购买者还要由传道者传道。在它的客户名单中，共有 100 名国王，54 名王后，更不乏如爱因斯坦、居里夫人、夏洛蒂、布朗特、柴可夫斯基等显赫人士。

作为一种商品，表的功能简单，仅仅是看个掌握时间的工具，能走时准确，且不易损坏、防水和防震即可，这几个方面几十元的表也都可以做到。

论悠久，建于1837年的百达翡丽完全逊于Blancpain（1735）；论销量，百达翡丽输于时尚的宠儿Timex与Seiko；论张扬，百达翡丽更是亚于rolex，它的品牌标志很少出现在表盘之上。然而尊贵的百达翡丽却一路独步钟表世界，傲然屹立于王者之位，百年而不败。

构建稀缺个性，体现王者风范

高端品牌本身的排他性特质为这一群体关注与选择具有“稀缺性”资源特征的产品或者服务消费行为提供了最佳的注脚。因此，高端品牌的成功市场定位，需要遵循“稀缺的资源给稀缺的你”的品牌营销路线，让目标消费群体产生“距离感”、“优越感”、“奢华感”的品牌联想，最终满足其有效区隔“身份识别”的购买诉求。

人们看待事物不太关注事物本身，而是首先从事物与背景或其他事物的联系着什么，继而得出结论。大品牌不仅仅是品质与信赖的象征，与此同时，大品牌往往能够为消费者带来其他品牌所无法实现的社会价值、精神价值以及某种心理感受。因此，为品牌赋予独一无二、能体现消费者价值观的元素，往往能增强消费者内心追求的欲望以及对大品牌的崇敬之感。

LV等奢侈品的营销手法：捆绑一线明星、捆绑大牌设计师、捆绑艺术界翘楚、限量版制造稀缺感、高端精英式的传播、不断重复和强调品牌起源，等等。最后消费者为什么会心甘情愿地刷卡买单？诸多明星、名人购买和拥有LV，你还用计较它用什么材料做成吗？

LV作为奢侈品牌的领先者，从LV专卖店终端展示的质感，到店内的整体设计风格，无不让人感觉到一种高贵的气质。

消费者制高点

红旗车，曾作为领袖用车，尊贵无比，后来沦为科级干部用车，失去了消费者制高点。早在为张裕做咨询诊断时，我们就提出，相当一部分本土品牌不缺少品质，缺的是高端消费者。

回顾北京老字号，哪个不是与皇家御用相关。世界名牌，不是因为高端而成为名牌，而是因为有高端消费者，才成了名牌。世界上，奢侈品大品牌几乎都与皇家联系在一起。在人们心智中，皇家使用的就是最好的。

皇家御用，成了奢侈品牌区隔普通品牌的杀手锏。爱马仕的手袋因为摩纳哥王妃格雷斯凯莉的钟爱而得名，售价奇高，一只二手手袋也要3000美元左右。手袋搭扣上的小锁和摩纳哥王妃的芳名（凯莉）给了它一种特有的女性的神秘感。

卡地亚被称为“皇帝的珠宝商，珠宝商的皇帝”，是国际顶级奢侈品品牌。如果有人认为，其近160年来是在经营珠宝、钟表等奢侈品，那就错了，因为除了这些外，更重要的是，卡地亚还一直在经营自己与皇家联系的传奇。自1847年创建以来，卡地亚一直与各国的皇室贵族和社会名流保持着息息相关的联系和紧密的交往。对于普通人来说，皇室与名流们的生活本就神秘，令人向往。于是，卡地亚的每一位客户都成了它的免费代言人，这也是卡地亚品牌故事的一个重要源泉。

无论你从什么渠道认识了卡地亚，都会听到这样一个故事。1936年12月，继位不到一年的英国国王爱德华八世为了和离异两次的美国平民女子辛普森夫人结婚，毅然宣布退位。爱德华八世的弟弟乔治六世继位后，授予他温莎公爵的头衔。为了表达爱意，温莎公爵授意卡地亚公司为温莎公爵夫人设计了四款首饰，分别是“猎豹”胸针、“BIB”项链、“老虎”长柄眼镜和“鸭子头”胸针。由于其背后美丽、动人的传奇，和“卡地亚第一款动物造型珠宝”的地位，“猎豹”胸针几乎已经成为卡地亚标志性的产品，也由此让卡地亚的“猎豹”系列产品备受众多后来者钟爱。这些与皇室、名流们的故事，不但给卡地亚带来了业务上的发展，还让卡地亚的品牌价值大大提升，溢价能力不断增强。

纯粹站在企业角度的单边营销推动力已经很难撬动市场，而采取多维度的互动则会产生多维营销合力，常常会达到事半功倍的效果。

使用者元素是能成为奢侈品品牌的元素。一些有历史的高端品牌也确实拥有非凡的故事。在这些故事中，最重要的是与人们心中的“皇家”攀亲。你要敢于与人们心中的“皇家”攀亲，到人们心中的“首都”经营，更要注重这种特殊消费者的积累。品牌还体现在购买或使用这种产品的是哪一类消费者。

大品牌会为特殊广告位置的争夺不惜一掷千金，重要的是这代表着品牌的江湖地位和爱用者的尊严，制造景仰和追捧。

营销从某种程度上来讲，就是在某个阶段聚集所有能量于一点：寻找一个“金字塔制高点”。“金字塔制高点”的作用，在于有效地、微妙地改变强弱之间、大小之间、轻重之间的力量对比，从而达成看似不可能的事情，实现以弱击强，以小搏大，以轻举重。高端品牌创造权威，让普通品牌高不可攀。

“皇家消费”是茅台、拉菲等顶级品牌的“金字塔制高点”。北京二锅头，虽然论历史比不上兰陵等历史名酒，但是逐步强调“首都人士喝的酒”，形成了自己的品牌优势。如果张裕等国产品牌，要想上一个台阶，成为中国的“拉菲”，今后不论是编故事，还是做公关，都应与皇家联系在一起。商家除了讲品质外，还要讲政治。

环境树立形象

渠道形象是品牌形象的重要组成部分，有效的渠道策略不但能够细分消费群体，还能在消费者心目中建立良好的品牌形象。薇姿那句“只在药房有售”的广告语一举树立了它“专业药妆”的形象。婴幼儿食品行业中的惠氏、雅培也是医务渠道推广方面的高手，这一举动对于树立它们“母婴专家”的形象极其重要。

同样是乳制品行业，卡士的成功绝对是通路选择的成功。卡士作为一个中小型的乳品企业，从香港到深圳来投资。在竞争激烈的乳品行业中，卡士如何跟国内的伊利、蒙牛、光明以及国外的品牌达能、雀巢等展开竞争？如果是短兵相接，谁胜谁负一目了然。液态奶基本都是大众市场低端产品，卡士是一种酸奶，市场价格一般都在10元钱以下，如果进入这个市场无疑是直接与国内外大品牌混战，但卡士独辟蹊径，在渠道上选择进入三星级以上的酒店、酒楼，以及酒吧里，这一渠道策略一举让卡士的价格可以卖到10元、20元甚至30元。这一策略的优势在于可以腾出足够的利润空间，激励渠道经销商和所有的促销人员，从而为销量的提升注入极大的驱动力。

为了配合这一策略，卡士将产品命名为class kiss（意为“格调之吻”、“经典之吻”），颇有几分舶来品的意思，包装设计上采用纯白底色搭配英式马车图案，更为产品增添了几分洋气。独特的通路选择和良好的产品形象使卡士迅速打开了餐饮、酒店等渠道，卡士高端品牌的形象也逐渐形成。在餐饮渠道已成熟的情况下，卡士也完成了往传统渠道的回归，如今在广东地区的大卖场，卡士品牌已成为高端酸奶的代名词。

企业在推出产品或者品牌时，需要向消费者说清楚的是：为什么要购买你的产品，如何知道你说的是真的？（如何证明、谁来证明）

重修庙宇，再塑金身

早期的可采，紧紧把握了上海女士的喜“洋”心理，将“养眼法”风暴从上海说开去，将首尔、东京的明星演艺圈“可采热”尽情渲染一番，如日本、韩国女明星选择可采的十大理由，将“美眼闪亮世界”的理念阐释得淋漓尽致，意在传达品牌的时尚潮流性，还借林忆莲上海演唱会过足明星瘾，紧紧搭乘明星快车，与十大奥斯卡美女沾上边，引发“十大奥斯卡美女谁的眼睛最美”的热点话题。

顾客消费心理分为理性和感性两种，通常理性消费时，顾客对价格非常敏感；一旦顾客处于感性消费时，其价格就不敏感了。

要想成为首选品牌，也就需要让品牌显示他希望的身份和地位。消费者选择一个品牌，除了产品利益外，还有心理，象征意义上的利益。

视觉符号戏剧化

品牌包装被称为“品牌的衣服”，品牌包装的可视性（Visual）、情感性（Emotional）和合理性（Rational）影响消费者做出购买决策时的取与舍。

我们服务的一些客户，相当多是因为一些品牌包装因素导致业务失败的。

包装是品牌营销在媒体上运用最持久的，它必须保持竞争力，在设计的品牌包装上，以最少的文字传递最关键的信息，创造良好的视觉速记效应。消费者每周的购物时间或许只有17分钟，你不能指望他们认真阅读货架上每种商品的文字。

创建一个令人耳目一新的品牌产品包装，这将让你和消费者建立起情感联系，他们将很乐意为产品买单。最大可能引起他们注意的是品牌产品的颜色、形状和符号，这些内容共同传递的信息，最终由消费者决定“要不要它”。

排在第一位的是色彩（譬如牛奶的包装色彩是红色和白色，而电池用的是铜色和黑色）；然后是形状（譬如可以用手握住的形状或是信笺的平铺形状）；之后是品牌符号；最后是产品的描述文字。

品牌视觉形象也是品牌识别与价值输出系统，视觉形象可促进并提升市场营销的功能，品牌视觉形象对价值表达的越充分，那么市场营销和传播就越轻松。

在视觉元素高度密集传播的今天，我们的视觉感官有些应接不暇，所以要成就一个高价值品牌，首先对品牌视觉形象的打造和输出提出了更高更多的要求，对品牌形象与品牌价值的输出与表达，仅仅通过文字与文案是不够的，视觉形象也同样具有“价值传达”的功能与职责，包括 Logo、标准字、标准组合、视觉形象的品位、视觉文化等基因性的符号化元素。品牌视觉形象的传达过程是从视觉到心灵感悟，到美的升华，再到品质与品位的联想传达过程。事实上，同样的内容，文字的有言表达更容易招来质疑，而视觉的无言表达则更能令人信服。

人们的判断是依靠戏剧性的而不是定性的

三尺“撒尿的小于连”胜过 2400 吨的庞然大物。

欧盟总部所在地——比利时首都布鲁塞尔有两处著名的景点：102 米高的原子球塔和 110 米长的布鲁塞尔大广场，这两处地方都在不遗余力地想要博得每一位游人的欢心。

原子球塔是为 1958 年布鲁塞尔世界博览会而建的金属结构建筑物。这座历时 18 个月建成、总重量 2400 吨的庞然大物拥有 9 个直径为 18 米的球体，并与连接球体的钢管构成了一个相当于放大了 1650 亿倍的铁原子晶体结构。布鲁塞尔大广场的建造过程则延续了几个世纪之久，从 1402 年建筑师雅各布·范蒂宁着手在广场建造市政厅开始，直到 19 世纪，经历了时代变革和血雨腥风的大广场周围仍在大兴土木。

无论是原子塔，还是布鲁塞尔大广场都是它们所属时代的建筑巨作，两者也都享有世界声誉，举世无双。然而，它们却没有一个能够在讨好人们欢心的竞赛中拔得头筹，因为真正的赢家正静静地站在距离大广场几步之遥的角落撒尿——这个仅61厘米高的小雕像早已扬名世界，它就是人们口中的“撒尿的小于连”。

一个仅61厘米的小雕像在视觉与情感认知上又缘何能击败百余米的巨型建筑呢？它的武器我们称之为“动能”。布鲁塞尔大广场景色虽美，原子球塔规模虽大，但这两点都不足以令人回味。相反，在一处公共场所建立一座喷水池，上面站着一个不断向水里撒尿的调皮孩童，这样的景致却是绝无仅有，这也要比传统审美意义上的巨型建筑更有“观赏性”。但是，假如水是从孩童的嘴里或者耳朵里喷出来，恐怕也没有人会注意到这条灰褐色的大街上还有这么个不起眼的“小人儿”。撒尿的小于连铜像体现出的不仅仅是创意的力量，还有对于广告传播中动能的诠释。

被媒介宠坏的人们已经不会对那些没有意外惊喜的传播方式和内容作出反应，他们只是不加处理、不带情感地将这些“平庸”的信息进行储存。再遇到类似信息时，只会感觉似曾相识，产生所谓的“即视感”现象。为了引起人们的注意，我们必须制造一些认知上的冲突，以唤醒他们麻木的思维。简而言之，就是要出其不意。

此外，围绕小于连铜像的多种传说也向我们展示了好的策划在大众情感上的渲染力量。有人说，这个孩子曾急中生智地保住了布鲁塞尔城；又有人说，小于连在女巫门上撒尿，结果女巫一气之下施魔法把他变成了一座雕像。而这种情感的力量也体现在人们总喜欢给小于连着上不同的装扮：时而是吸血鬼，时而是“猫王”，有时他又变成了冰球明星或者圣诞老人。至今，他各种款式的服装已有六百余套。所以，要创造出一件能在全世界不同人群中触发动能的作品，需要的已不再是如何高大或美艳，而是一种情感刺激，一种让人觉得难以置信的感觉。

视觉符号戏剧性

任何一个成功的品牌，都必须蕴含一个戏剧化刺激。任何一个营销活动，你可能费尽“九牛二虎之力”去做了大量的工作，但最后真正出彩的，很可能是那些被你视为一钱不值的、“九牛一毛”的地方。这种“九牛一毛”的地方，就成为人们传播和记忆的“戏剧点”。

戏剧化的核心是让产品呈现出某种“神奇”的表现或效果，以强化消费者的记忆度。戏剧化是创意无限的世界，需要注意的是要使这种大胆的创意，让消费者有出乎意料、情理之中、会心领悟的“三合一”体验。

我们在进行设计时，特意安上一个戏剧化的特征。概念好比是钉子，视觉符号好比是锤子，而预期客户便是木板。如果想让预期客户与品牌关系牢固，那么就需要一把锤子，将钉子打入木板中。视觉符号能够将概念有效地储存在大脑之中。建立起来的视觉符号，让人一看，就知道表达什么意思，联想起概念，就知道该品牌在销售什么。视觉符号，无形中增强了品牌竞争力。如果视觉符号还让人有兴趣，那么，这个视觉符号便是杰作。

有些企业甚至不知道视觉符号有什么样的效果与作用。大多数中小企业都没有视觉符号，完全放弃了视觉符号。缺少视觉符号，建品牌就像一条腿走路。虽然，有的中小企业知道视觉符号重要，也比较重视，可是视觉符号太多了，让预期客户无法将品牌与视觉符号联系起来。

视觉符号是建品牌的主要组成部分，正确使用一个视觉符号，能使品牌长期地发展下去。中小企业在建品牌之初就应该确立好视觉符号，这是正确使用视觉符号的最佳时机。找出最符合中小企业的视觉符号，确立好视觉符号，以便在建品牌的过程中持续地使用与执行。大凡成功的品牌，都持续使用单一的颜色，形成一致的、强有力的视觉符号，有利于完成品牌价值与品牌资产的积累。

包装设计戏剧性

一流的包装设计要具备三个条件：一是要有品牌策略的指导；二是要有创意策略的指导；三是要有好的创意设计。这三个条件缺一不可。有些企业包装做得很美，也很精致，但是到了市场上不是不伦不类，就是没有销售力。有人可能会产生疑问：“包装能够产生销售力？”

没错，包装就是不会说话的推销员，尤其是对于中小工业品牌而言，包装显得尤为重要，因为这些企业往往没有太多传播预算，当消费者面对一个新产品时，包装的作用就会凸显出来。在一些企业的运作中，并没有对包装引起足够的重视，尤其是实力不够强大的工业品品牌，它们在设计包装的时候，总是喜欢跟随自己崇拜的品牌，或按照老板喜好进行决策。

在包装设计过程中，要做到以下几点。

（1）包装要与品牌气质相符。一个打造高档、尊贵的品牌形象的产品，如果包装做得低俗不堪，那么消费者就不会认同品牌所要塑造的个性，也不会接受这个产品，甚者会产生负面影响；如果这个品牌要打造专业化、技术感强的品牌，那么你的包装做得华贵、肤浅，消费者也同样不会买账，不会认为这个品牌是专业的，倒是容易产生浮躁、不稳重的品牌联想。

（2）包装主要色彩和内容要与品牌核心差异力要素相符。有些时候，色彩对于品牌个性的影响是比较大的。

（3）具有视觉冲击力。

（4）突出产品卖点。在产品包装上，要突出产品概念，准确而不啰嗦地表达产品卖点，使产品包装成为一个立体广告，即正面是简明的、突出产品核心概念或卖点的广告，背面则是能够进一步促进消费者决策的软文广告。

尽管视觉符号如此重要，绝大多数的企业却并没有想到要去拥有它。它们总是喜欢为旗下的众多产品分别设计包装，而每款包装之间除了品牌名称之外，几乎没有共同之处，看上去就像是由不同的厂家所生产的。虽然它们的本意是想通过更多的选择来增加消费者的购买几率，但是，它们却忽视了消费者的感受。如果没有一个统一的视觉符号的话，那些选择只会导致消费者的视觉记忆无法聚焦，从而不能让品牌在他们的记忆之中占有一席之地。

丧失焦点的包装为企业所带来的另一个后果就是他们开始频繁地更换包装，甚至有的时候，同一种产品会有两款不同的包装同时出现在终端货架上，这使得消费者的头脑不仅丧失焦点，更增加了混乱甚至怀疑。当人们不知道该如何选择时，最有可能的结果就是放弃选择，这无疑加剧了产品的滞销。所以，当有企业抱怨自己的产品卖不出去的时候，最实际的做法就是反思一下，自己的包装是否为消费者提供了一个简单、清晰的视觉符号——你得让他们看到焦点。

包装就像一块块立在终端的路牌，向消费者传递着不同的信息。于是，包装的正确与否，将直接关系到未来的竞争成本。

包装不是美女。仅仅好看的包装只适合拿来当墙纸，包装的真正目的并不仅仅是为了销售产品本身，而是为了销售品牌规则。

如何让包装为你赚钱？

一个伟大的包装会有效传递有利于你的品牌规则，它可以使你创造价值、解决竞争，以最低的成本赢得最大的利润。

终端推广的重点，毫无疑问就是产品包装。包装是品牌与消费者之间沟通的最重环节，也是决定性的环节。导致一件商品畅销的原因非常多，但对于一件长期畅销的商品来说，包装从中产生的作用无疑是至关重要的。消费者是否会购买某种产品，包装的作用占60%以上。消费者往往能够将畅销商品的包装准确无误地描述出来，而对于非畅销产品包装的描述则大多模糊不清，甚至会出现张冠李戴的现象。

不是由于产品的畅销人们才记住了它的包装，事情恰好相反，是由于人们能够准确地记住包装才导致了该产品的畅销。当面对众多选择时，只有能够吸引消费者注意力的包装，才能使其印象深刻并产生记忆，而在下次进超市时，人们往往会选择自己有过消费体验的品牌。长此以往，就形成对该品牌的信任甚至依赖。若想让你的包装抢先占据消费者的记忆，视觉符号是其中的关键。包装的本质是品牌与消费者之间的视觉沟通。

究竟什么样的包装能促进产品的畅销？必须为记忆找到焦点。

在面对一个品牌时，消费者往往只能记住一些简单、清晰的东西，如果你的包装无法为消费者提供一个简单、清晰的视觉符号，它就无法吸引消费者的注意力，最终只能被淹没在浩如烟海的终端货架上。

当一条完整的控脑信息链由若干个不同传播形态的子信息链组成时，每个子信息链都必须向着同一个目标——营造“消费者首选”而发生作用。同时与其他的子信息链遥相呼应、相互推动，最终保证整条信息链精确地实现预设的目标——客户价值。

代言人戏剧性

明星代言是最常采用的方式。超级品牌通常利用明星代言对竞争品牌进行压制，这是明星代言门槛不断提高的原因。明星代言是一个手段，核心是要搞清楚产品代言人的核心精神是什么。品牌人格化形象诉求，也是品牌代言人的一种表现。品牌形象代言人是消费者购买决策的影响者，在很大程度上决定着品牌的整体形象，忽略对品牌形象代言人的有效管理，很容易因为品牌形象代言人的某些行为而影响部分消费者对品牌的忠诚。

企业在品牌形象代言的管理中该如何操作呢？

首先，为品牌找到一个与品牌个性气质特征相吻合的代言人。这个代言人可以是明星，也可以是非明星，其关键在于代言人本身的气质要与品牌个性气质一致。譬如，蒋雯丽在消费者心中是一个“贤妻良母”的形象，因此像婴幼儿配方奶粉品牌或者其他目标群体相同的品牌，就可以用她作为品牌形象代言人。而对于非名人的品牌形象代言人，他们必须是目标消费者的舆论领袖，在与品牌个性气质特征相吻合的同时，能够影响消费者对品牌的认知和购买。

其次，要关注品牌形象代言人的细节因素。成功品牌在品牌形象代言人管理中，都非常注重细节管理，力争做到代言人形象与品牌形象的统一。

可口可乐要求其品牌形象代言人在公共场合，或者出席一些场所时，必须饮用或摆放可口可乐。耐克对于品牌形象代言人的细节管理更为精准，它们会从与代言人签约的那一刻起，立即组织服务小组为代言人提供贴身服务，不但关注与品牌相关的活动，还会负责代言人的整体形象。

事实上，企业员工也是品牌的代言人，他们的许多行为也会影响消费者对品牌的认知。

半个世纪以前，美国有一位刚出道却异常精明的推销员，他致力于推销名牌皮鞋。久而久之，他在商场上把自己也推销成了抢手的“名牌”。有商家想要找到名牌产品的供货源，首先就想到了这位名牌推销员。后来，这位推销员也渐渐明白其推销产品为什么总是热销的个中奥妙：他提供给商家的虽然是质量上乘的、款式新颖的皮鞋产品，但都不是名牌产品，商家向顾客不厌其烦地宣传“这是谁谁名牌推销员推荐的最新潮流的产品”，是因为他的“名牌形象”在起主导作用。加之顾客们对这位推销员十分信任，便纷纷购买他推销的产品。这位推销员的名字叫耐克，他迅速以自己的名字注册了商标，他所创建的公司就是享誉世界的耐克皮鞋公司。

商标戏剧性

企业单有一个好名字，好标志还不够，还要给它遮上一把“保护伞”。企业要把自己精心选取、设计的名字、标志拿到政府相关部门注册登记，获取它们的专用权。在注册时，还应注册防御性商标。好产品品牌名称的标准需要符合以下几个方面的要求：①能够体现产品的品类特点；②目标购买者喜欢；③消费者读的顺口；④容易记住这个品牌；⑤能区隔同类竞争对手的产品品牌；⑥方便产品品牌的传播和延展，等等。

Logo 精致化

标志虽不能用语言称呼，却可以表现产品、品牌的丰富内涵。

（1）有自己独特的个性，能展示企业形象。

（2）能把企业的主要信息传递给消费者。

（3）易懂易记，能给人美好的联想。

你仔细观察，那些跨国企业品牌标志的精致化程度均高于国内企业，而且它们都能与时代的潮流趋势相吻合。1911 年劳斯莱斯公司聘请了著名雕塑家赛克斯为劳斯莱斯汽车设计了立体车标，这就是狂喜之灵女神，也称飞翔女神。这是个历史性的时刻，自从这个徽标启用之后，劳斯莱斯更加兴旺，一直稳居世界豪华轿车之冠。劳斯莱斯的标志除了双 R 之外，还有著名的飞人标志。这个标志的创意取自巴黎卢浮宫艺术品走廊的一尊有两千年历史的胜利女神雕像，她庄重高贵的身姿是艺术家们产生激情的源泉。一个两臂伸开、身带披纱的美丽女神轻盈的形象出现在大量的欧洲传说中，所以这是个很欧洲化的标志。

目前，国内的许多品牌 Logo 大多是汉语拼音加图案的组合，只是自己满意，并不能为品牌增加价值。如果不是特意解释，谁能记得住，更别说产生美好联想了。

市场在变，客户的审美也在提高，过去的 Logo 很难与品牌个性、身份定位，乃至品牌气质相匹配，必然影响品牌传播的效果。

企业创意好的品牌名称和标志设计的方法主要有：①了解新产品的特点、属性，品牌名称和标志设计要反映新产品的特点；②尽可能多的掌握竞争产品的品牌名称和标志设计，避免出现品牌名称和标志设计雷同现象；③准确界定新产品的核心消费群体，新产品的品牌名称和标志设计首先要让核心消费群体接受；④产品的品牌名称和标志设计要简洁、容易产生品牌记忆和正面联想；⑤要想成为本品类的领先品牌，新产品的品牌名称和标志设计首先必须超越竞争对手。

品牌角色戏剧性

（1）吉祥物。吉祥物即产品借用或自己创造的一种卡通形象，如迪斯尼的动漫形象米老鼠、唐老鸭等，奥运福娃、世博海宝、喜羊羊与灰太狼、蓝猫咕噜、变形金刚、麦当劳的小丑、米其林先生、威猛先生等。吉祥物策略是产品借势、造势的有效手段。

（2）关联物。金龙鱼，一条闪着金光的鲤鱼；劲量，充满能量的兔子；金霸王，不停敲鼓的小熊。这些产品关联物，都成为产品的一部分，顾客会将对这些动物的喜爱，自然转移到对产品的关注与喜爱之上。

颜色戏剧性

IBM 一直被人誉为“蓝色巨人”，视觉符号一直是蓝色的，传递企业稳健发展，寻找高科技的突破，提供集成电脑的优质服务的信息。

可乐是一种红棕色的液体，所以，可口可乐的视觉符号是红色的，这就是可口可乐坚持使用红色长达上百年的原因。

可口可乐占据了红色，百事可乐想以红色和蓝色来区别可口可乐，但是，混合的视觉符号让百事可乐一直落后于可口可乐。现在，百事可乐抛弃红色选择了蓝色，并且把租用的喷气式飞机涂成蓝色，把自己的视觉符号信息传递给全世界。

英格索兰主要使用红色，以热情、奔放、快乐的方式，传递企业锐意创新与进取的精神。

视觉符号的颜色除了五个主色：红色、橙色、黄色、绿色、蓝色之外，还有黑色、白色、灰色三个中性色。成功的品牌都喜欢使用单一的颜色，都遵循着颜色中使用主色的原则。因为，长期一致地使用单一的颜色，更容易让品牌占据预期客户的心理，使品牌迅速发展。虽然，混合颜色有时候可能更有视觉冲击力，但在预期客户心目中不容易分类归纳，会影响到品牌在预期客户心目中的植入与巩固。

色彩（Colour）是一种可以产生直接刺激的有意味的形式（符号），不仅在美感、设计及情感等浅层面的色彩元素，而是有内容的、精神层面、历史记忆的（集体无意识）、思想性的色彩元素。从营销实践看，所有成功的品牌都“占有”一种颜色，并且有意识地将品牌的核心理念及气质通过颜色的运用表达出来，而使用混杂色的品牌往往变得缺乏个性。色彩过去是作为一种辅助元素，今天的设计理念正在将单一色彩升格到品牌核心的高度，以吸引眼球。

副品牌戏剧性

副品牌名称的提炼也是建立品牌印象的重要方法，可以直观地实现单类产品的品牌概念化，而且，好的副品牌名称能集中体现出产品特点，成为概念的集中点。我们为四款家用锅炉冠之以“丽能”、“洁能”、“超能”、“雅能”，形象贴切的副品牌名称概念丰富了产品卖点，有力地促进了销售推广。

终端戏剧性

宝洁公司首席执行官兼董事长雷富礼说：“最好的品牌总能在两个关键时刻恰到好处地脱颖而出。第一个时刻是在商店的货架上，这正是消费者要决定购买甲品牌还是乙品牌的时候；第二个时刻是在家里，这时，他使用这个品牌，并对此感到满意或者不满意。在这些时刻，胜出的品牌一次又一次地在消费者的心目中赢得特殊地位，最终，最强的那些品牌便与消费者终生捆绑在一起。”

终端生动化建设要演绎和体现品牌差异要素。通常情况，终端分为软终端和硬终端两个部分，软终端主要是指终端促销员的管理，而硬终端主要是指终端宣传、陈列等。其实，在硬终端的建设上比较容易，只要把相应的标准制定出来，认真执行就可以做到，同时找到一个出色的设计师就可以把硬终端做得非常到位，让消费者一进入某个品类区就被美轮美奂的终端生动化建设所吸引。但是比较难于控制的就是软终端，这里边主要是由人构成，要么是执行不到位，要么是自身的能力存在问题，不能完成演绎品牌差异体系的重任。

促销戏剧性

这里所讲的促销是广义的促销，即包括广告、销售促进、事件行销、公关活动、赞助等宣传方式。它就相当于一个人在说话，我们称之为品牌的“言”。既然称之为品牌的“言”，那它就一定要体现和演绎品牌差异体系。而营销活动则可以称之为品牌的“行”。

每个人都喜欢言行一致的人，而不喜欢言行不一的人。因此，这里就有了一个隐藏的主线，就是都围绕品牌战略来展开。在促销工作中，由于事件行销、公关活动等方面已经有人出版了专著，也有不少精彩的论述，在此不再赘述。

样板市场戏剧性

一个区域性品牌若要走出本区域，进军全国市场，绝不能盲目冒进，而是需要有选择性地推进，特别是以建立“样板市场”的方式，有战略、有目的、有步骤地推进，这将非常有利于区域性品牌的全国市场扩张之路，让区域性品牌一步步从本区域走向全国市场，并成长为全国性品牌。

打造高人一等的格调

人们注重了定位，却忽视了格调

有不少品牌的产品品质优秀，广告诉求点十分准确，广告创意也极其高超，广告投放量大，价格合理，通路顺畅，终端铺货率高，终端布置十分生动，按常识判断品牌应很畅销，但消费者就是不买这个品牌。

野力干红巨资请出国际巨星巩俐，但收效甚微。虽然不少人知道巩俐拍了野力广告，但消费者就是不买，销售业绩与预期效果相差甚远。红酒品牌往往要演绎浪漫气质，野力干红的电视广告情节是这样的：“巩俐款款走来，众嘉宾沸腾了，纷纷让道欢迎并频频举杯，一男模特被巩俐的美色晕倒并有些失态地盯着巩俐，巩俐回眸一笑。”该广告场面热烈、隆重、辉煌、动感很强，一点都没有浪漫味，特别是盯着巩俐看的男模特的表情和眼神没有一丝高雅与浪漫，那种失态的眼神充满着占有与火辣，有一种要向巩俐扑上去的感觉，大煞风景。巩俐的回眸一笑也许是某些艺术家心目中最美的笑容，但笑得有些牵强、呆滞，虽然穿着时尚高贵晚礼服，但还是像个村姑。

相形之下，张裕干红“百年张裕传奇品质”的广告片中，一袭红绸长裙的女士在背景幽雅的殿堂漫步，眼神与表情“宁静、清新、高雅”，把红酒的浪漫文化渲染得淋漓尽致，与轩尼诗XO的广告片相比亦毫不逊色。

两者的区别在哪里？在格调。

任何成功的产品都必定有其吸引人的独特价值，同时，还有高人一等的格调。因为有高人一等的格调，我们才会选择它。品牌的格调，这种看不见摸不着甚至难以言传的东西，往往会对品牌的销售产生决定性的影响，乃至左右一个品牌的生死。

同样的价格，我们选择一辆奔驰汽车而不是一辆奥迪，那是因为我们相信奔驰让我们看上去更显高贵；同样的护肤品，我们选择SKII而不是丁家宜，那是因为我们相信SKII能令我们更加美白；同样的香烟我们选择万宝路而不是红双喜，那是因为我们相信万宝路让人更有男人味。

同样的包包，为什么LV的可以卖到几千甚至上万块？而一个普通的包却只能卖几十、上百块？这是因为LV打造出高人一等的形象，为消费者带来乐趣、体现身份、品味文化，等等。

联邦快递的诉求是"隔夜送达"，敦豪快运（DHL）提出"全球送达"的概念。谁更像是大公司呢？你更信赖谁呢？敦豪像个大家闺秀，而联邦快递却像个小跑堂的。

这就是格调。联邦快运公司意识到了这个问题，"隔夜送达信件"的文字曾被印制在联邦快运公司的信封上，但现在你在信封上看到的是"联邦快运信件"的文字。

品牌气质

品牌气质是消费者对品牌产生的一种心理感觉与审美体验，与我们对一个人的评价相类似，有时也称品牌的拟人化。比如觉得佳乐牛奶有一种温馨感；奔驰有一种庄重、威严感；宝马有一种潇洒、悠闲感；百事可乐给人以年轻、活泼与刺激的感觉；惠普则给人以称职、有教养的感觉。

气质能为消费者轻易所感知，是一把"软刀子"，"杀"消费者于无形；其蕴含于广告中各个细节，是广告的灵魂。

品牌的气质一般由产品包装、VI系统、海报、杂志等平面广告的设计风格、影视广告的画面等所决定的。企业进行品牌建设时往往忽视品牌气质。

产品的档次与产品的使用者因素都要在品牌个性气质特征的统帅下进

行，因为这两个产品力塑造要素能够直接体现品牌整体个性特征的某些因素。比如，品牌欲打造成为一个气质优雅、个性张扬的品牌个性特征，就需要产品在档次上和在界定产品的使用者形象上设计相应的支撑点。如果不能有效地协调起来，必然会冲击品牌个性气质特征。

当一个品牌完成了功能价值向情感价值的转换，消费者能够产生超出生理需求的感觉，形成了情感、身份、地位的心智空间，产生了幸福的感觉，对品牌产生了“爱”的感觉，从而使之成为消费者心目中的第一选择品牌。定高价、针对高端人群，在宣传的时候却没有高档次的感觉，要么就是今天的质感非常好、档次感很强的影视广告，明天就换成了低俗的三维动画广告，缺少稳定的宣传风格和广告质感，就难以形成品牌气质，无法形成消费者对品牌的忠诚。

广告的气质要与品牌形象相符

除了直接的功效诉求，这种气质可能是广告设计给消费者直观上的“大气”、“整洁”，也可能是一种“典雅”、“另类”、“刺激”，还可能是鲜明的品牌信息和品牌价值主张（主元素），透射出品牌的独有个性，或兼而有之，总之能够打动人。

通览目前市场上的房地产广告、汽车广告，我们可以发现，它们大多都在诉求一种高品质的社会，诉求一种高层次的享受，强调构建一个唯我独尊的社会阶层……

美国麦格黑啤酒（michelob）的 tvcf 表现手法，以高雅的夜间酒吧为场景，配以知名歌手的磁性音调，轻柔地唱出品牌口号“这就是麦格的夜晚”，传达着一种放松的、罗曼蒂克的、诱人的情感。

比创意更重要的是广告的气质！气质先于卖点，先于品牌，先于创意，先于策略。品牌的核心是质量，品牌表面是形象，品牌前面是创新，品牌背后是文化，品牌上面是气质，品牌底下是服务，品牌持久靠管理。

|第8章|

打造品牌首席地位　成就热卖品牌

领导地位是最大的品牌差异。

竞争战略的核心是地位的对抗，

行业领导者地位是“进退有据”的最佳地位。

做品牌就是打造首席地位

如果一种产品能够让人产生社会优越感，它的价值就难以估计。事实上名车、名表、名包等，正是能够做到这一点。当然，社会优越感仅仅依靠产品显然不够，它是产品、价格和品牌共同的产物。

在消费者心目中建立行业领导者地位的认知是现代商业竞争的决胜局。

美国历史上销量第一的啤酒“喜立兹”，广告大师霍普金斯曾以“蒸气消毒酒瓶”为独特的销售主张（Unique Selling Proposition，USP）令它大获成功，但随着时代的变迁，终因其 USP 不能承载起一个独特的定位（就像“27 层净化”一样），品牌已经随着商业的浪潮而陨落了。

相反，布施啤酒厂以“最高级的啤酒”为定位而推出的“米克劳”啤酒（相当于彩电业的索尼），因其准确有力的定位，一举击败了强势品牌喜力啤酒。

不少人认为，打造品牌就是要追求顾客满意维护顾客忠诚。其实，这是一种典型的顾客导向思维。营销不是企业和顾客两个人玩的游戏，而是至少有企业、竞争者、顾客三方参加的游戏。当只有你的时候，顾客可能会对你保持忠诚，当面临更多选择的时候，顾客自己都保不准会选择哪个。顾客忠诚的是他认知上的满足其需求的效用最大化。

导致顾客忠诚更多的其实是企业和竞争者博弈的结果，企业追求的顾客满意在里面起的作用只有一点点（因为所有企业都在追求顾客满意，这个企业做的，那个企业明天就会做，最终导致营销战略趋同、战术相似而在竞争中不起作用）。

因此，我们需要从顾客导向转向竞争导向。以竞争的角度思考如何进入、占据顾客心智，让你的产品成为同类首选。

品牌的深层次价值就是，它可以拔高消费者的层次。无疑，居于首席地位的品牌更容易拔高消费者的层次，带来的力量可以超越产品力量本身，让消费者仰视，让消费者追逐，让消费者心甘情愿地多付钱。

品牌价值位置越往上，品牌溢价效应越明显，消费者越愿意支付更高的价格。一个具有高市场份额的品牌，既可以进行品牌延伸，又具备了应对市场的良好的价格弹性，其产品在价格上涨时顾客并不敏感。比如对宝马汽车的价格上涨，我们并不会感到太难以忍受，其顾客大多不会因为价格的上涨而选择别的品牌汽车；但是其价格在下调的时候，顾客就是很敏感的，往往会蜂拥而至进行抢购。当海南开设了免税店，对那些国际名牌产品进行价格折扣时，店里面便挤满了抢购的人群。卖得贵、卖得快、卖得好的高市场份额品牌，又具备价格弹性和品牌延伸能力，其控制成本的能力就快速加强了，品牌就获得了强大的盈利能力。

消费者按地位选择

体育比赛中大家都记住了冠军，谁拿了金牌，却忘记了谁拿了银牌，谁是亚军、季军；提起世界第一高峰，我们马上会想到珠穆朗玛峰，可是有多少人知道世界第二高峰呢?

天下第一关是哪一关？山海关。

第一个登上月球的人是谁？阿姆斯特朗。

谁先发现了新大陆？哥伦布。

………

那么第二位的呢？世界第二峰？天下第二关？登月第二人？第二个抵达新大陆的人?

大多数人都回答不上来。原因不全是人们记忆力不好，而是对于第二没有兴趣，只对第一感兴趣。

茅台集团使用“国酒茅台”这一广告语多年，近来，费九牛二虎之力申请“国酒茅台”商标，却引来很大的质疑。山西汾酒和五粮液等不少白酒企业站出来反对。诸多酒企均沾了“国”字的边。目前，五粮液有“国五液”，山西汾酒一直宣称自己是“国酒之源”，陕西西凤酒有“国典凤香西凤酒”，泸州老窖有“国窖 1573”，山东扳倒井旗下有“国井”，天士力集团旗下有“贵州国台酒”，傍“国”字已经成为一种营销上的捷径。白酒业是一个极为传统的行业，缺少其他行业的营销概念创新，这样一来，历史沉淀就非常之重要，实际上最终能走向全国市场的主要还是老十七大名酒，傍“国”可以大大降低企业扩张过程中的品牌传播成本，且对帮助白酒企业实现自身产品定位有好处，即使不成功对企业的影响也不大。在中国目前的国情下，打着“国”字旗号，产品就能够卖出高价。

消费者往往认为，冠军品牌意味着正宗和货真价实，其他追随品牌都是“模仿秀”。要知道，即使“模仿秀”的领悟力很强，付出的艰辛努力再多，最终还是为第一品牌作出了辅助贡献。

哈佛大学乔治·米勒教授的研究发现也佐证了这一现象，消费者购物时大脑出现的候选品牌不会超过 7 个。7 个品牌其实还只是在市场竞争的初始阶段，随着市场的日趋成熟，大多数人购物时往往只记住 2 个品牌，并二选其一就行了。

消费者往往对行业或品类第一品牌记忆最牢固，对于第二就会有些模糊。行业第一品牌的市场占有率往往是第二名的两倍，第二名是第三名的两倍，后面的份额再用“倍数”来说就没有意义了。

处于首席地位的品牌拥有巨大的优势。品牌一旦成为某一领域的“第一”，只要科学管理，与时俱进，其他品牌则很难撼动其霸主的地位。行业第一品牌市场占有率往往接近 50%，或者是超过 50%，或者是不低于 40%。总之，50% 是一个行业领导品牌的标尺。美国的十大品牌可口可乐、高露洁、吉列、固特异、好时、家乐氏、柯达、立顿、纳贝斯克、麦哈顿，从 1923 年至今，除了麦哈顿以外，其余 9 个一直保持着“第一”的地位。

处于首席地位的品牌导致资源的快速汇聚，使品牌在产业链中更容易获取有利地位，能够在消费者心目中屏蔽对手，甚至可以把自己的首席地位变成行业的标准。品牌首席地位有神秘感，产生的张力大，仰望的人也多，凝望的眼神就越专注。处于首席地位的品牌引发强烈关注，创造无比感召力，导致消费者的仰望，引发消费者的心理震撼。

品牌首席地位是品牌世界争夺的真正目标

处于首席地位的品牌选择顾客。顾客是被品牌反定义的，或被处于首席地位的品牌反定义。

巴黎、米兰、好莱坞，是时尚奢侈品牌的朝圣地，获得价值认可，以至“加冕”贵族身份的必经之门。奢侈品专卖店，就是为了传递这种感受的经营系统。其他的等级品牌的销售，与此原理大致相同。

打造首席地位的品牌，有自己的产业链与生态链，单个企业要通过品牌突破包围，确实困难重重。有了首席地位的优势，就能以低成本在消费者心目中快速地建立起被关注，不仅占据了行业相关的较多资源，而且凝聚行业公有的较多优势。

据一份品牌服装调查数据称，53.3%的中国消费者比较倾向于购买国外的服装品牌，只有18.7%的人倾向于国内品牌。尽管国内服装行业的品牌经营意识已非常普遍，把做中高档品牌定位为自己发展的目标，而实际情况是国内服装品牌在国外品牌的夹击中从来没有获得优势，一直在市场的夹缝中生存，认同者甚微。在中国市场，出现了“洋牌子”、“假洋鬼子”挤走中国品牌的现象。

中国的很多真正的自主品牌，在大商场为什么没有展示的机会？就是因为缺乏品牌首席地位。

大部分“洋牌子”品牌在国外也没有什么知名度，其中还有不少是“假洋鬼子”——中国人在外国注册的外文商标。这些品牌的绝大部分服装都是在国内找三流企业加工制造的，牌子不是真正的国际名牌，产品制造水平又不高，只是利用了中国消费者不明真相和片面迷信外国品牌的心理，卖高价钱，赚取高额利润。

强调市场领导者地位，是最大的认知差异化，因为你是领导者，就和其他众多被领导者不一样。商业竞争的领导地位如同政治领域的执政党地位。商业竞争的目的是取得行业领导地位。

从战略角度来讲，领导地位就是一切。如果成为行业的领导者，就掌握了行业的话语权，获得最大的市场份额，赢得了远远超过平均利润的超额利润，获得人才、渠道、投资机构、媒体、政府等优先支持。如果你没有成为行业的领导者，人微言轻说话没人听，辛苦为他人作嫁衣，被覆盖、被压迫，产品或服务价格低、利润薄，获取渠道、媒体研发、政府支持的成本高，很难吸引最优秀的人才。

在任何品类中，领先者地位是最有利的位置。领先者获得利润比竞争对手更为丰厚，而且也不易被竞争对手超越。领先者总是比第二或第三品牌拥有更高的净利润率。为什么？因为顾客更优先购买领先品牌。投资领先品牌，哪怕需要克服更多投资困难，支付更高的溢价，都是值得的。

对于企业来说，领先地位本身最具有说服力。领先说明质量最好。哪一种空调最好？格力，名列第一的品牌；哪一种白酒最好？茅台，名列第一的品牌；哪一种烤鸭最好？全聚德，名列第一的品牌。

领先地位不仅是优质的证明，也是它本身得以维持的保证。独占鳌头的品牌会一年一年将领先优势保持下去。是质量使企业领先，还是领先地位造就了企业的质量认知？历史似乎更偏爱后一种解释。

如果你问顾客为什么他们会购买第一名的品牌，他们几乎不会回答说："因为它是第一。"他们的回答常常是："因为它更好。"企业也好，顾客也好，他们都对质量定律深信不疑，即胜人一筹的商品就会赢。因此，假如你拥有第一的品牌，你肯定拥有更好的产品质量。要在人们心目中塑造良好的质量认知，占据领先是最佳方法之一。这正是许多公司已获成功并且保持成功的首要原因。

领导者最有力的武器，就是诉求自己为该领域的领导品牌。消费者通常都有一个根深蒂固的观念，那就是坚信品质最好的产品，最终将会胜出。诉求领导品牌地位，就是顺应和利用消费者这一心智认知模式，反弹琵琶的结果——消费者会想，既然你能够做到领导地位，那你的品质一定是最好的，这样一来就会自然建立起比竞争对手更强的认知优势。这就是所谓的"谋势用势巧胜敌"。

当你和竞争对手胜负未决时，务必要不惜一切代价争取领导地位。一旦让对手抢去并站稳领导地位，其结果将是"长期的灾难"。你将不得不活在对方的阴影之中，吃人家施舍的残羹冷炙。例如，春都火腿肠失去领导地位之后只能活在双汇的"阴影"下，春兰空调失去领导地位之后只能活在格力的"阴影"下。

美国通用汽车衰落的教训值得中国企业关注。通用汽车曾长期雄踞全球企业500强，如今破产重组，主要原因并不是通用汽车产品的品质下降，或者生产成本过高，或者未能开发出新能源汽车，而是由于在竞争战略"地位的对抗"中输给丰田，失去了领导地位。通用汽车旗下有八个品牌：土星、雪佛兰、庞蒂亚克、别克、凯迪拉克、悍马、萨博、GMC，但是没有一个在各自的品类中处于领导地位。反之，丰田汽车超越通用成为全球最大汽车企业的原因，在于丰田汽车旗下拥有佳美、雷克萨斯等在各自品类中处于主导地位的品牌。

告知消费者你的品牌首席地位

一旦取得领先地位后，需要做的就是在每一个营销传播点上，整合这一强有力的信息，不断长期反复提醒，不厌其烦地告知消费者你是领导者。

不少企业家认为，只要公司拥有第一的位置，就再没有必要去做广告高呼——我们是第一。这种观点从竞争战略来看，在理论上就是错误的，在实践上会吃大亏。

告知消费者你是领先者、领导者这一战略将巩固你的领导地位，给竞争对手以最有力的打击，尤其是消费者很难具备专家般的好坏辨别知识，也没有更多的消费经验可供依循时，“领导品牌”将是他们的选择标志。

对传统的普通商品而言，最有力的信任状就是市场地位。如果品牌原本有较好的基础，而其他竞争对手与自己的差距不大，那么企业应该大力宣传自己在行业内的领先地位。这种大面积的宣传要一直持续到与竞争对手明显拉开距离，最终在消费者心目中使得该品牌牢牢占据品类代言人或领导者地位才可以稍微松口气。

人们对于领导地位的认知心理是人类倾向于将“大”等同于成功和社会地位。人们对规模、体量比较大的企业或品牌心怀尊敬和赞美之意。当企业以领导地位为支点建立品牌，顾客可能会相信品牌的任何诉求，并以为正是这一切造就了品牌的领导地位。我们要在商业竞争中充分利用人类倾向于把“大”等同于成功、人们尊敬并且羡慕最大的企业、相信其宣传的认知规律，从而建立认知优势。

领导地位是建立品牌信任状最直接的方式。信任状是用以保证产品性能的担保。在生活中，到处都可看到信誉在发挥作用。当你在不熟悉的地方准备就餐，有多少次你曾离开一家餐馆，原因是里面几乎没有客人？人们宁愿在一家拥挤的餐馆中排队等候，也不愿到隔壁那家空空的餐馆就餐。如果这么多人都选择这个地方，那它一定真的好（大家都这样想）。这就是信誉的力量。

信誉是任何品牌成功的关键因素。当你拥有良好的信誉时，你就能使人们几乎相信你所说的关于你的品牌的任何事情。领先地位是建立品牌信誉的最直接的方法。千万不要忽略领先地位，无论多么小的市场，都要记得宣传你的领先地位，不要把重点只放在产品的利益上。

联想电脑在这方面做得比较好。联想电脑打入香港市场迅速占领市场后，就开始在香港大范围宣扬其领导地位，以此来体现卓越领先。美国戴尔是世界销量第一的电脑品牌，进入中国市场后直接宣扬在全球电脑市场中的领导地位，用全球销量的领先优势为品牌建立优势认知。

我国最大的酱油厂商海天在多次蝉联国内产销量第一后，一直把宣扬领导地位作为头等大事，宣传海报在终端卖场随处可见，用自己的领导地位直接压制竞争对手。

中国人寿在和对手竞争中直接诉求在保险业中的领导地位，以体现超强的经济实力，建立比竞争对手更强的认知优势，用自己的领导地位直接压制竞争对手。

旗袍定制百年老店瑞蚨祥，在和对手竞争中直接诉求百年来在丝绸领域的领导地位，用百年来的历史积淀为品牌建立优势认知。

中国商业地产第一品牌万达在全国各地建造万达广场时，总是以行业领导者的姿态宣传自己的百万平方米综合体。万达在和众多地方的房地产商进行市场竞争时，运用自身在中国商业地产行业绝对领先的龙头地位，在“地位的对抗”上强龙也压地头蛇，这是很高的竞争战略。

企业有了行业领导地位，要把行业领导地位的身份及时告诉终端消费者，因为竞争战略的核心就是“地位的对抗”。军事战争中，如果成功地攻占了制高点，一定要把制高点上的敌军旗帜拔下来，插上自己的军旗。在商业竞争战略的“地位的对抗”中，一定要把对手的“军旗”从消费者心目中拔下来，插上自己的“军旗”。

同样是江苏企业，雨润食品在运用领导地位方面比苏宁出色得多。目前，由中国商业联合会、中华全国商业信息中心公布的销售统计结果显示，根据全国大型零售企业商品销售调查统计，雨润牌低温肉制品荣列同类产品市场综合占有率第一位，这是自1998年以来雨润集团连续12年获此殊荣。这一消息公布后，雨润食品很及时地将这一信息在市场上通过广告广泛告知。抢占细分行业领导地位，和冷鲜肉开创者双汇进行地位的对抗。

《孙子兵法》兵势篇有“凡战者，以正合，以奇胜”。在商业竞争中，有些企业出奇兵偷袭，没有领导者地位也夸大宣传，说自己是领导者。真正的行业领导者一定要高度警惕，对这种混淆视听的宣传要及时进行阻击，如果消费者心目中形成了对方是领导者的认知就晚了。电动车行业现在就有一个正在发生的奇兵偷袭。“现在哪个电动车卖得火？雅迪。雅迪电动车年销量超百万，2007 年、2008 年、2009 年连续三年销量领先。质量可靠当然更受欢迎。雅迪，中国电动车领军品牌。”

雅迪电动车正在偷袭领导地位，而真正的行业领导者——新日电动车，按照目前的广告宣传来看，其对雅迪电动车正在偷袭其领导地位还浑然不觉，至少是还没有阻击行为。新日电动车还没有认识到竞争战略的核心是“地位的对抗”，还在大力宣传“好品质，看新日”、“跑得远、动力大”、“舒适多、款式新”等与领导地位相比而言比较次要的卖点。

新日电动车当务之急是用自己的真正领导者地位阻击雅迪的偷袭。现在应该对消费者告知新日才是电动车行业领导者！“世界电动车龙头企业，电动车行业的技术领跑者，十年的时间，新日电动车从一个行业的新手成长为电动车行业的全球领导者，2011 年新日产销规模六次蝉联世界第一。”这才是新日要说的话。

一旦你跃居顶端，一定要让市场知道这一点。许多公司认为其领导地位是理所当然的，从不加以利用。这样做的后果就是向你的竞争对手敞开大门。如果你抓住了机会，就不能让竞争对手得逞。

厨电行业竞争也在加剧。吸油烟机的行业领导者，上市公司老板电器也面临同样的问题。老板电器这些年发展得很好，2010 年在深圳中小板上市了，一直是吸油烟机的行业领导者。其主要竞争对手方太公司正在发起抢夺行业领导者地位的挑战。

我们从竞争战略的专业角度对比老板和方太的广告。方太的广告语：“中国卖得更好的高端油烟机，不是洋品牌，而是方太，因为方太更专业。方太，中国高端厨电专家与领导者。”从竞争战略专业角度来看，可谓凶狠至极，方太直接闪电突袭领导地位。

在竞争战略“地位的对抗”中，老板电器还没有高度重视对手偷袭行业领导地位的行动，在终端卖场还是原来的不温不火地宣传“专注高端”以及“有多久没吃过有爱的饭？来，回家吃饭吧，为世界构建更多幸福的家”。

诉求领导地位要比诉求专注高端有意义得多、重要得多。从消费者的购买常识来看，诉求专注只能说明你在这一领域长期以来做得很好，但还不能说明你是第一好。只有诉求领导地位才能证明你是第一好。诉求领导地位要比诉求专注高端在消费者心目中更有认知优势。

对比这两个广告，在“地位的对抗”中，老板电器落了下风。在终端卖场，老板和方太还经常摆在一起，人们感觉方太的地位要比老板高，消费者会优先选择方太，因为方太第一好。长此下去，在消费者心目中占据优先选择的优势认知的方太电器，将会慢慢吞食老板电器在高端厨电的市场份额。方太的战略目的很明确，想最终改变高端市场的格局，将老板电器从领导地位上赶下来。

“有爱的饭”属于情感营销，对领导品牌提高美誉度有一定的积极意义，如果在本行业其他竞争对手也平平淡淡的时候，效果会很好。但相比方太直接大规模闪电突袭领导地位而言，就意义不大了。老板电器应该针对方太的挑战，首先强调其领导地位。竞争者一旦进来，你就绝不能掉以轻心。优势一旦失去的话，再夺回来就不容易了。当然，方太没有上市，只有实业一条腿走路，老板是资本和实业两条腿走路；方太是直营销售，老板是代理商销售，方太既当厂家又当商家，产业链长也是劣势。这些因素影响下，方太不一定能在两三年内很快取胜，但长此下去，老板集团就危险了。

老板电器作为上市公司可以诉求在世界吸油烟机上市公司中的地位，用世界级的领导地位反击方太，同时加速抽油烟机行业的洗牌，提高行业集中度。如可以这样表达其广告语：

“老板电器，领行业之先发明免拆洗吸油烟机，国内最大最老牌的专业吸油烟机制造商，世界吸油烟机行业最大的上市公司之一，世界级的吸油烟机领导者。”

在强调领导地位的前提下，再说其他的，以锦上添花，使人们更加信赖。如：

“32 年专注高端 13 年销量领先，3500 万家庭的忠实选择，第 1 份吸油烟机国家标准的起草者之一，连续 5 年荣膺亚洲 500 强的厨电企业，双劲芯、免拆洗、主火中置等专利技术的拥有者。”

西班牙的橄榄油在中国销售增长得比较快，贝蒂斯橄榄油在中国的广告，用的方法是主流人群的示范效应。伯爵橄榄油如何对抗贝蒂斯？

如果能找一个在西班牙占据领导地位的品牌，是可以用“领导地位”来对抗“主流人群的示范效应”的。但现在在中国诉求西班牙的历史文化地域，意义不大，消费者已经被其他意大利、西班牙品牌教育了，如“源自地中海，原汁原味的地中海风情”的欧丽薇兰橄榄油。

如果伯爵橄榄油是大品牌，就应该诉求行业领导地位。西班牙是全球橄榄油产量和出口量最大的国家，在橄榄油生产和国际贸易中居于绝对的主导地位。如果伯爵世界出口量第一，那它要向消费者传达领导地位，这是最重要的。于是它打出了“伯爵橄榄油始于1896年，世界出口量第一”的广告语，与在中国市场的橄榄油进行“地位的对抗”取得了很好的市场效果。

百味来是意大利最畅销的意式面条品牌，进入美国市场三年后成为全美最畅销的意式面条品牌。百味来的广告标语是“意大利最好的面条”。消费者认为意大利以面条闻名，如果百味来是意大利最好的面条，那么它肯定是世界上最好的意式面条。

领导地位是一个极佳的平台，企业可以在此讲述自己如何成为第一的故事。如果人们把你视为领导者，他们会相信你所说的每一句话。

领导地位的表现刊式

领导地位可以有不同的表现形式。领导品牌最常用的营销方法是突出其市场份额，宣称自己的产品卖得有多好，如：

哪种冰箱最好？海尔，为什么？因为它是领导品牌；

哪种笔记本电脑最好？IBM，为什么？因为它是领导品牌；

哪种微波炉最好？格兰仕，为什么？因为它是领导品牌；

哪种太阳能热水器最好？皇明，为什么？因为它是领导品牌；

……

常常会有这样的情况，消费者根本说不出某品牌产品具体好在哪里，但就是愿意花更高的价钱去买，根本原因就是因为该品牌在行业或品类中树立了领导者的形象。

领导者是一个综合的概念，它意味着全面的领先。

海尔冰箱一直诉求“世界冰箱领导者”、“连续三年全球销量第一”；太太乐鸡精诉求“连续 20 年全国销量第一”；百威啤酒宣称自己是“全世界最大、最有名的美国啤酒”。丰田凯美瑞、波司登羽绒服、蒙牛牛奶、长城风骏皮卡、三一重工、亚都加湿器等都是如此。

技术上的突破也是领导地位的表现形式之一。有些公司具有开发突破性技术的悠久历史，可以用技术上的领导地位来建立认知优势。这种形式的领导地位很有效，是因为人们会对开发出新技术的公司记忆深刻，人们认为这些公司知道得更多。如，神华集团是世界煤炭开发利用的领跑者；特变电工获中国工业大奖；格力通过获得国家科技进步奖来建立技术上的领导地位；特仑苏获第 27 届世界乳业大会最高奖；奥普浴霸被评为国家标准制订组长单位。

领导地位还有其他不同表现形式，如有影响力的个人。“得民心者得天下”，领导者地位存在于消费者心目中，与现实关系不大。领导地位并不是大公司的专利，规模小的公司也可以诉求领导地位。有一些公司甚至还没有一笔业务，它也可以诉求领导地位，如中科院的一些尖端研究成果的转化项目，军工尖端科技的军转民产品，医学院重点学科带头人发明的新药，在某个行业的杰出人物。他们都有行业话语权，都可以直接诉求领导地位，这是源于人们对某些人、某些事物的高度认同。在这里，科学家本人就代表技术领导地位。

丹弗润滑油以军工技术优势提升产品品质；世界著名设计大师贾斯珀·莫里森为瑞士雷达表迎来了五十周年庆典倾力打造的表，都是诉求技术领导地位。

2006 年国际顶级钢琴品牌施坦威与世界著名钢琴演奏家郎朗倾情合作，全新推出了 5 款郎朗系列的立式和三角钢琴。这也是施坦威 150 余年历史上首度与国际著名音乐家联袂，并用音乐家的名字命名钢琴。郎朗系列的 5 款钢琴均由来自中国的世界钢琴王子郎朗提出设计灵感，融合了施坦威精良的制造工艺设计制作而成。

丁俊晖台球俱乐部是一家专注于台球运动和培养台球爱好者的全国连锁俱乐部，由中国首位台球世界冠军丁俊晖开办，公司董事长丁俊晖的父亲丁文均先生被誉为中国台球事业的教父。丁文均先生希望通过丁俊晖台球俱乐部的全国连锁而大力推广标准的台球运动。

在“地位的对抗”中，非领导者是处于明显弱势的。领导地位就是一切。企业最重要的战略任务就是发挥自己的优势，取得行业或细分行业的领导地位。

极端地说，后面的各章都是为建立和巩固领导地位服务的。企业竞争战略的目标是取得行业或细分行业的领导地位，强化和巩固领导地位，直到达到市场垄断地位。

要建立一个长期成功的公司，就要做好三件事：第一，建立一个在行业或细分行业（小一点就是细分品类，再小一点就是细分产品的特性）占据领导地位的品牌；第二，保持品牌聚焦，将市场扩展到全球，真正参与全球化竞争体系；第三，在全球市场上做到细分品类主导后，强化和巩固领导地位，直到达到细分市场垄断地位。用不同的品牌名，扩张进入一个新品类，这可以避免公司在某一品类开始衰落时受到巨大影响。

劲霸，在重要媒体打出“唯一入选卢浮宫的中国男装品牌”的广告。它给人极强的联想，一是入选的都是精品中的精品；二是给人感觉，入选后的下一步是接近收藏。劲霸恰好利用了这几个黄金元素，又不是造假。

劲霸的确曾在卢浮宫勒诺特厅展演。勒诺特厅是一个商业性质的会展中心，多个中国品牌曾经参与了展演，其中的男装品牌确实只有劲霸男装一家。

入选卢浮宫不是太难的事，为什么你不去卢浮宫？问题是全国那么多企业不参与，参与的不宣传。

过去，虽然劲霸声称是中国商务休闲服装的开创品牌。关于商务休闲，你能想到什么？利郎。利郎率先在国内打出“商务休闲男装”的概念，启用淡定从容又颇具内涵的陈道明代言，塑造利郎的品味的、大气的、休闲的、商务的品牌文化，并在央视密集投放广告。利郎简约而不简单的商务休闲男装形象已经深刻烙印在消费者脑海，已经成为强势的中国商务休闲男装第一品牌。从某种意义上，利郎成功开创了中国商务休闲的品类，也意味着利郎代表了这个品类。在“商务休闲”概念范畴里，利郎留给劲霸的空间极为有限。

先入为主，劲霸如果在品牌理念上超越利郎，让消费者改变已有的认知，按常规，它得付出几倍的代价，并且成功的概念很低。作为商务休闲第一品牌的利郎意味着正宗，并且容易得到消费者的认同。对于后来者，消费者则会存在某种程度的排斥，并且很吝啬他们的注意力。

劲霸抓住了机会，站在奢侈品牌的山顶，打造品牌的阶层符号。恐怕许多企业没有看到“法国卢浮宫”的含金量。

劲霸寻找到了地域中蕴藏着的巨大市场价值！入选不等于收藏，但入选法国卢浮宫，从单纯的营销角度来讲，传播是非常成功的，借用卢浮宫这个世界级艺术殿堂有力提升劲霸的首席地位、品位、文化，聪明地借助了“卢浮宫”这个有力的支点。

品牌在消费者心智中所处的首席位置，带来的力量可以超越产品力量本身，让消费者仰视，让消费者追逐，让消费者心甘情愿地多付钱。谁在消费者心智中建立了首席地位，谁就赢得了成功先机。

沙沟香油之所以能够登上中国香油的首席地位，一个重要的原因在于其卓越的品牌历史定位。香油是小品种油种，在每个区域都有强势品牌，做成全国性品牌的认知较困难。在香油的主力市场如何突破？黄金单品战略理论认为，强势品牌的关键不在规模和历史，而在于诉求历史证据。通过寻找沙沟香油的品牌历史发现，中国烹饪始祖彭祖发明了沙沟香油。

彭祖不仅是中国烹饪始祖，也是沙沟香油的发明者。自然，沙沟香油是中国香油的开创者。中国香油出沙沟，一脉相传4000年。这样，沙沟香油一下子登上中国香油的首席地位，开启了打造全国性品牌的大幕，迅速获得高速超常发展。

东阿阿胶曾经在发展过程中碰到很大瓶颈，2005年销售停滞不前，2006年处于下降的趋势。2006年底及时引入了文化内涵，实施单焦点多品牌的发展战略，定位为“千年滋补国宝”。“千年滋补国宝，东阿阿胶”，不仅传达了首要品类和首选概念，也向社会传达了首领形象和首席地位。这样，不仅止住下滑趋势，并把阿胶从边缘品类回归主流品类，使得东阿阿胶5年市值增长13.7倍，从22亿元达到325亿元。

创造首席地位的成本不比副席高

对于品牌塑造者来说，创造首席地位的优势，不是用真金白银去创造，而是借助心理概念。首席地位绝对不会是“唯一”，首席地位本身也是没有标准的，理解了这一点，我们就能够走出传统思维，找到无限的可能和方法来建立品牌的首席地位。

有了首席地位的高度优势，我们就能以低成本在消费者心目中快速地建立起被关注、重视的地位。做首席地位的本质其实就是要让自己经营的品牌在消费者心智中排在首位。因为排在首位就意味着首先被选择，排在首位的品牌被选择的机会最多、最大，成长的速度也将会是最快的。很多人畏惧首席地位，畏惧的心理阻止了他们的行动，这就是很多人没有成功的原因。因为普通大众并不了解实现首席地位的机理，所以在大众心中首席地位总是高高在上。

既然人们最容易记住首席地位，那反过来讲，做首席地位的成本就是最低的。做首席地位的成本其实是心智资源的挖掘。

2002 年，一部叫《英雄》的电影创造了中国电影史上的商业奇迹：国内票房收入约 2.5 亿元，VCD、DVD 版权费拍卖价 1780 万元，欧美地区版权费 2500 万美元，贴片广告收入 2000 万元。总投资约 3000 万美元，总收入却高达 6000 多万美元，两年内投资收益率高达 2 倍多。该片风靡海内外，很大程度上是取决于其心智资源的成功挖掘。

在《英雄》筹备时，就打出了“振兴中国电影，进军奥斯卡”的大旗。在宣传时，通过各方的声音，把影片誉为“新世纪中国电影第一巨制”、“国产电影中第一部真正意义上的大片”、“有史以来华语电影在商业上最具野心和诚意的一部作品”，等等。《英雄》属于国人普遍喜欢的历史加武侠片的题材，而且《英雄》也顺应了 2002 年在“申奥、申博、WTO、世界杯”后，群情振奋向往“奥斯卡”的愿望。

复旦大学商学院 EMBA 与其他商学院的招生对象具有高度的一致性，都是企业在职高管。与之基本相同的有北大光华管理学院、清华大学商学院、浙江大学商学院、中欧国际商学院等名校 EMBA 项目。

华夏文化的精髓不是英雄史诗，而是将帅智慧之化身，任何中国人都会或多或少受到传统文化熏陶，而现在企业组织里的董事长、总裁、CEO、总经理、总监等不同称呼的高层领导，其实就是该组织的将与帅。

于是，复旦大学商学院 EMBA 项目巧妙地占领社会的优势资源，传播说辞为：“将帅之道”。从竞争性策略的角度看，复旦大学商学院 EMBA 项目的“将帅之道”概念，非常有效地占领消费者或受众的心智有利位置，与其他商学院的定位相比，“将帅之道”出位的竞争优势不言而喻。

品牌运作的所有指向就是提升品牌在消费者心智中的位次。作为有雄心的企业，你必须先入为主捷足先登。进入客户大脑的捷径是争当首席。通过争当首席在消费者心目中屏蔽对手，甚至可以把自己的高度变成行业的标准。

假如别人已经抢占了你的位置，怎么办？效仿只会加速灭亡，我们能做的就是给竞争重新定位。在小池塘里当大鱼，然后再扩大池塘的规模，要强过在大池塘里当小鱼，心理占位成为必然。

打造首席地位的十二大策略

打造品牌首席地位是与社会进行的一场心理游戏。重要策略就是你要在消费者心目中建立一个清晰、有力量、靠前的位次。

首席定位

给大家“最先”的印象。有计划地通过最大的与最独特的各种实力、业绩、目标、事件、产品等，树立和支持首席定位，谋求消费者心中的领先的、独一无二的位置。第一品牌定位应包括“开创者”与“比超出新”两类定位。

正如郭德纲作为一个著名相声演员而喜欢称自己为“非著名相声演员”一样，作为一个非著名品牌，网友赋予阿迪王“宇宙巅峰品牌”称号，同样令人记忆深刻。

能达到与众不同的具体方案中，其中之一便是给予消费者“最先”的印象。“最先”有着优先、最新等引领流行趋势产品的含义。李维斯的历史是从最初生产的旧的牛仔裤开始的。1873年就开始生产的李维斯牛仔裤是自由的象征，彰显着布波族的生活方式，即使到最新时尚服装，也都以一贯制地暗示着，他们是牛仔裤历史的鼻祖。

“最先”还意味着能比别人更快地跟上人们的想法和时代的潮流。最早推出环保袋包的瑞士Freitay公司，于20世纪90年代初开始制造以长车车篷为材料的袋包，并于世界广泛销售。它明智地跟上了环保消费的潮流，并且在欧美和日本等地得到了爆发性的人气。Freitag公司回收利用废弃货车的防水布或者安全气囊作为袋包的布料，转而将其安全带做成包带。这种产品不单纯是利用可再生原料制造出普通的再生产品，它所使用的货车防水布料不但可以完全防水，而且用安全带做的包带也很结实。同时，将废弃的防水布料任意裁剪后拼接起来，形成的条纹也各不相同。并且，Freitag 的袋包每一步都是手工制作，所以做工也很精致。

Freitag 公司店铺的陈列也很新颖，它将袋包有序地叠放在透明的箱子内，所以箱子本身也能成为漂亮的艺术品。虽然用了再循环材料，但显得一点都不粗糙，甚至制造出了更加富有个性的服装产品。这样做的效果非常出人意料，虽然价格昂贵，但 Freitag 的产品一直供不应求。

第一态度

第一态度是第一品牌战略的目标，也是成功的结果。第一态度包括第一印象、第一信任、第一情感、第一反应。一旦形成第一态度，它能带来市场倾斜效应，使品牌追逐顾客变成顾客追逐品牌。

2006 年以来，美的微波炉秉承“不再盲目跟随格兰仕、不打价格战、不打赠品战、不打口水战、不放弃不抛弃”的理念，以沉稳果敢的姿态扩大着势力与“版图”。美的微波电器事业部的杀手锏是以“形成冠军思想、培养赢的习惯”。

美的微波炉事业部高调策划的“2008‘蒸’夺营养冠军”系列活动启动，并由此展开全国 36 个城市接力路演，“‘蒸’情祝福中国水军奥运再现辉煌”。其“冠军？中国”系列新品将作为“2008‘蒸’夺营养冠军”的主力产品，通过巡回路演进一步传递“微波炉能蒸、蒸最营养、美的蒸冠军”的消费者认知。

美的微波炉事业部成为美的千亿销售额的主力之一。

首席标志

德国口味的、“年产一个西湖”的青岛啤酒，意味着“领导地位”。劳力士手表，制造一块需要“一年”的时间才能完成，“一年”意味着“高档”。

三一重工为摆脱跨国大企业在行业技术、市场等方面的垄断，推出了标志第一的技术——中国第一台具有自主知识产权的开式系统拖泵，随后，又成功研发了液压控制系统、世界首台静液压传动平地机。

三一重工的投入是多少，肯定比其他同行的广告费低。正是这一项项的第一，获得了最好的广告效果。加上三一重工以品质为核心的品牌运作，到 2000 年的时候，就成为中国工程机械行业企业综合实力的第一名。从此，三一重工就从工程机械行业的中小品牌成为行业的领导者，也在与洋品牌竞争中夺回了市场份额，改变了洋品牌一统天下的局面。

三一的首席标志战略说明，先有了一项项的小第一，才赢得了无数大第一。

领先企业为什么要说自己是第一？因为消费者心智中，总认为第一一定是最好的。当你是第一的时候，所有人都会来支持你，消费者会买你的产品，员工会帮你传播，供应商会支持你，下游的客户也会买你账，并有更多的客户要跟你合作。这样一来，无论线上或者线下的所有资源全被你整合了。长此下去，你就会把其他的企业远远地甩在后面。

加多宝自立门户之后，既利用王老吉的既有资源，又树立领导形象，强调 10 个凉茶中有 7 个是加多宝，突出在该品类的领导位置。

某婴幼儿奶粉的电视广告讲“2000 万妈妈的营养选择……”，就是典型的广告从众策略运用。其潜台词是：2000 万妈妈都选择我的婴幼儿奶粉，你还犹豫什么？赶快购买吧！

香飘飘通过“香飘飘，杯装奶茶开创者。1 年卖出 3 亿多杯，杯子连起来可绕地球 1 圈。好味道，当然更受欢迎。香飘飘，连续 5 年全国销量领先”，进一步确定奶茶开创者的地位。

洽洽“煮”瓜子一上市就受到消费者青睐，当年底就大胆拍板挺进中央电视台打广告，迅速攀上炒货业一哥位置。反之若不能迅速在顾客心智中成为新品类的领导者，就可能被强大对手扼杀在摇篮里。

格力的“格力空调，领跑世界”是在变着法儿的告诉消费者它是第一。这里的关键字是“领跑世界”，“领”字通常令人想到领导、领袖，而“跑”字是个动词，说明某一动作正在进行中。如果格力只说“领跑中国”，那么，也许并不能体现它是第一的弦外之音，但是关键字“世界”，却让格力非常完美地达到了目的。

首席联想

全世界企业家为了争夺品牌首席地位的战争惊心动魄。

（1）劳斯莱斯 PK 奔驰：

劳斯莱斯——第一无二的王者；

奔驰——世界名牌第一车。

（2）劳力士 PK 百达翡丽：

劳力士——与时间永恒（表盘中的瑰宝）；

百达翡丽——表中的王中之王。

（3）绝对伏特加 PK 人头马：

绝对伏特加——燃烧着的生命之水；

人头马——将高贵演绎到极致。

（4）可可可乐 PK 百事可乐：

可可可乐——经典的正宗的可乐（还有比经典更具行业标准的吗）；

百事可乐——渴望无极限。

当人们第一次看见“松本电工”的时候，一定想这多半是家日本企业，有点像松下电器的亲戚的感觉，其实，原来所谓的日本货其实就是中国顺德市两个乡镇企业的产品。“松本电工”产品的价格总是比真正的外国品牌法国罗格朗、伟迈稍微低一点，可见，它在产品品质相同的情况下根据品牌定位采取了追随的价格定位策略，这样不仅在与国际品牌竞争中，扩大了市场销售量，而且，与同期国内其他同类产品相比，不仅品牌形象高档，而且利润也不可小觑。就是这个日本化十足的“松本电工”的名字成就了“电工”领域的品牌首席地位。

阿迪王，靠第一联想将品牌演绎为一种流行。阿迪王，一家来自晋江的制鞋企业，以“仿冒”为基本生存原理，首先通过网络在年轻群体中获得高知名度。如，一位网名为 doctorlob 的网友在猫扑网发帖《我今天见到一个牌子叫“阿迪王”》，全文不过 60 余字：“我今天见到一个运动鞋的牌子叫阿迪王，人家的口号是‘一切皆能改变’。我的天呀，这天下还啥人都有，啥牌子都有，啥口号也都有，并且都是学别人的……”为了证明自己所言非虚，这位网友还贴上了阿迪王专卖店的图片。或许是阿迪王与阿迪达斯过于接近的品牌名，或许是阿迪王与阿迪达斯过于类似的品牌 Logo，或许是阿迪王那句“一切皆能改变”的似是而非的广告语，很快，被网友认为“很雷人”的阿迪王开始在猫扑网上大量传播并“惨遭恶搞”。一系列围绕阿迪王进行恶搞的文章开始频频见诸网络:《每个人心中都有一双阿迪王》《今天我穿着阿迪王新款草鞋在超市教训了两个非主流》《我终于按揭买了阿迪王》《今天我给一个穿阿迪王的人擦了鞋》……

在央视 3 套、5 套和湖南卫视连续播放的广告，品牌名、品牌 Logo 和广告风格都模仿阿迪达斯，一句“一切皆可改变”的广告语更是被诸多网友称为“巨雷人”。形象代言人艾抗米（音同中文I'm coming)，在低级别联赛效力，被网友戏称为“是继乔丹、科比之后，又一篮坛新星”。紧随全球经济热点事件，一篇题为《最新消息，阿迪王出 3000 万亿美元救市》的帖子为无数网友传播。即便网友知道这样一则新闻的真实性为零，但以娱乐精神面对经济危机仍让他们感受到无穷乐趣。阿迪王的策略是，首先声明，我是模仿，通过模仿，建立了与阿迪达斯的第一联想，极低成本地获得了“真正的运动品质”的身份。

第一声音

开创第一就有机会排在第一!

排在第一就有希望成为第一!

在品牌的世界里，消费者的认知联想就是所谓的“事实”，而且一旦形成，很难改变。在现实生活中，你或许会有等到真相大白的一天，然而在这里也许等不到了。

关键是第一舆论和第一传播!

南极洲和布拉马是巴西两个最大的啤酒品牌，南极洲位居第一，布拉马位居第二。然而，布拉马公司展开了一系列广告活动，宣称自己是领导者，并摆出了象征首席地位的销售数据。其实，当布拉马开始这样做时，南极洲才是名副其实的“第一”，但南极洲并没有亮出“第一”的旗帜，因此没有人知晓。于是，当人们想到他们喝的不是“第一”的啤酒时，很快就会转移到布拉马品牌，结果不是事实也成了事实，布拉马现在成为真正的“第一”。

丰田汽车说:《汽车与司机》杂志在连续 8 年调查中，“十佳汽车排行榜”中，只有丰田汽车每次都被选中。

扑热息痛说：医院使用扑热息痛的次数是所有其他镇痛药类品牌总和的 18 倍；在医院使用的镇痛药中，扑热息痛的使用频率最高。

佳能复印机说：商业复印机的首选，佳能复印机连续7年排名第一。

还有商家的民意测验和调查常常给出的权威数字来制造这种广受欢迎，建立第一地位。

品牌传播需要差异化，需要事件，需要新闻点，但都要围绕首席地位进行。通过360度传播，集中在一段时间内，使品牌成为业内和市场上最受关注品牌，成为各家相关媒体纷纷报道的新闻，及公众在各种会议、私下交流中自发讨论的话题。

细分市场的领先

如果现在自己所管理的企业暂时还无法成为行业市场总销售额的第一，财力和资金规模也不大，管理上也没有特别突出之处，技术研发能力又有限，那么怎样能够巧妙地树立品牌的地位识别呢？其实，可以选择本企业做得最好的细分市场进行宣传。

江中健胃消食片，面对市场强势品牌的马叮啉时，通过“日常助消化”的定位巧妙切入日常助消化的细分市场，一年销售额达到了7个亿；海信虽然不是整个空调市场的领头羊，却是变频空调的霸主，将来变频空调是市场的主流产品，宣传变频空调霸主的形象等于占领了明天的市场；又如海尔宣传自己在美国的小容量冰箱市场上的领先地位来证实自己已成功地走向美国市场，不愧为一个国际品牌。

市场细分的角度很多，可以是技术的细分、目标消费者的细分、渠道的细分、产品形态的细分甚至于产品包装的细分，只要企业找准市场，并坚持自己的风格，便能够逐步成为某一细分市场的领导者，并将这种优势放大传播，变成品牌识别，延伸到企业的其他产业。

标志性制高点

抢占舆论制高点。只要财力能支持，可以投标中央电视台，只要品牌在中央电视台一亮相，马上让普通受众认为这是大品牌，很快就建立了很高的品牌地位。福建的一些品牌，如柒牌、利郎、劲霸、七匹狼、安踏、德而惠、特步等都是用这样的战术，靠中央电视台迅速打响知名度，建立起大品牌的品牌识别，在中小城市做起品牌溢价，马上就成为在中小城市被顶礼膜拜的大品牌。

从市场调查中显示，在有些小城市，安踏的知名度甚至比锐步还高。锐步卖高价甚至在小城市会被当作骗子，因为锐步在中央电视台没有广告。

龙润普洱借助奥运之机，成为“钓鱼台国宾馆唯一特供普洱茶”，并进入鸟巢成为奥运茶叶特供商。龙润普洱一举完成了华丽的转身，成为云南的又一张“政府名片”。

在品牌的地位识别中，要注意找到一个别人未注意的点并迅速抢占制高点，如财力与资产规模的领先地位、市场销量和占有率的领先地位、技术的领先地位等。

中国演出团体一窝蜂奔向维也纳金色大厅，目的是“镀金”。在中国人眼中，近 140 年历史的维也纳金色大厅有着金色的光环，那里的新年音乐会等演出有着世界级的影响。或许是金色大厅的光环过于光亮，几年前，国内媒体在报道它时，喜欢把它描述成音乐界的“权威象征”，认为只有世界一流的音乐设施、一流的乐团、一流的指挥家才会出现在那里，而且觉得那里的观众最挑剔，把一些中国艺术家在那里的表演说成是去挑战、去征服、去升华，甚至是“不辱使命的音乐之旅”。如今，金色大厅除了每年固定的新年音乐会还保留着最高规格的头衔以外，一年当中的其他时间，场地都可以出租。国内演出团体 95% 以上的只在金色大厅表演一次，而且是非商演形式，相当部分“镀金”的色彩明显。

国内演出团体着魔金色大厅的现象，是因为中国人迷信去金色大厅演出，演出团体可借机提高自己在国内的美誉度。一些中国团体的演出，“观众基本靠组织，门票基本靠赠送，当地媒体基本没报道和评论”，但随之而来的便是国内关于“此次演出在金色大厅获得巨大成功”的报道。

对立

七喜原本是卖得相当普通的一种饮料，但它发现了人们在购买饮料时的心智阶梯，首先是选择可乐（以可口可乐或百事可乐为主），然后才考虑别的，于是就发起了“七喜——非可乐”的广告运动。这样人们在购买饮料时可乐仍然是他们的首选，但总有人可能不想买可乐，这时七喜就成了他们的选择。这场广告运动，使七喜一跃成为继可口可乐、百事可乐之后的第三大饮料品牌。

贴上市场专长标签

具有130多年的世界性企业法国百吉福集团在全球几乎是不打电视广告的。他们把精力用在产品的设计、生产的品质等方面的问题。

被认为是某一领域的专业企业也是表现唯一性的一种有效方法。戈尔特斯（Gore-tex）是一种有着无数个微小孔的布料，它能使250万分之一毫米的水蒸气穿过，但不能使1毫米的水滴穿过，所以能使衣服内的汗和水蒸气排出，而又能防止雨水浸湿。这种布料既可以排出湿气又可以防水，所以不管想买哪一品牌高等登山服的户外爱好者，都会去确认其有没有使用戈尔特斯布料。如果企业能在某一专业领域闻名的话，就能无声无息地称霸全世界市场。

实际上不是必须要成为针对某一种专业的企业，能在人们的脑海中成为独一无二的企业也是一种好方法。在日常人际交往中，我们擅长给人贴上各式各样标签，以便于对人进行区分。这个区分有些是外形上的，有些是无形的心理性格特征。

在商业运用上标签法则也是大行其道，不论大企业还是小企业都主动往自己脸上贴标签，如中国移动的“移动信息专家”等。消费者往往倾向于选择专家品牌作为品类代表储入记忆。如果没有专家品牌披挂上阵，大家拼的就是固有实力，无法借助消费者的心智力量制造不对称局势。

讲出经典故事或者历史传说

早在1919年，“施坦威”牌钢琴在广告中被称为“不朽的乐器”；“克罗斯”牌钢笔宣称自己的产品是“完美的经典，诞生于1846年”；“可口可乐”强调自己的发明过程，拥有140多年历史，强调自己为正宗货；“格伦怀特”苏格兰威士忌声称自己是“所有苏格兰威士忌酒的始祖”，原因在于皇室给“格伦怀特酿酒厂”颁发了第一个酿造麦酒的许可证。

单项素材推动品牌的地位识别

首选品牌本质上就是高端象征。你塑造品牌的方式，一定要向一线品牌看齐，让目标消费者觉得自己用二线品牌的价格，买到的却是向往已久，和一线品牌一样牛的品牌。比如，在珠宝行业，卡地亚、蒂芙尼等属于一线品牌，周大福、周生生、老凤祥等属于二线品牌，可是周大福、周生生、老凤祥一系列的品牌活动，其水准与档次，都与一线品牌不相上下，给目标消费者带来了无与伦比的品牌体验。

除了品质，其实还有很多素材如人力资源的优秀、营销网络的健全、财务的健康等都能推动品牌的地位识别。

明星工程

借助企业赞助国际或国家大型赛事、博览会等工程项目向顾客及同行业展示自己的实力成果，从而增加公众对公司的信赖，同时提高公司的品牌影响力。明星工程是一个营销节点，比如说 2010 年重大事件——上海世博会对于企业来说便是一个比较好的契机，对于远大集团来说更是如此。因为远大集团以保护生命为自己的信条，这与世博会的目标即“促进对城市遗产的保护”十分的契合。在这种先天条件下，远大集团进行了前期的造势宣传，世博会的现场造势以及后期的延续宣传，将营销贯穿了世博会的始终。远大集团的这一案例成为上海世博会十大成功营销案例之一。

聚力维护首席地位

聚焦、聚焦、再聚焦

没有真正的黄金单品，企业资源就无法聚焦，团队缺乏清晰的目标和一致的行动力，各自为战；企业不能形成核心的赢利模式，往往靠简单模仿和价格战为生，缺乏真正的核心竞争能力。苹果、红罐王老吉的大获成功，给我们很多启发，最为关键的启发，那就是“五个手指头不如攥成一个拳头”。如果你要向市场推出一个产品，请记住，无论组成这个产品的要素多复杂，无论人们评价这个产品的角度有多少，你都必须把最关键的几个要素和角度融合起来，握成一个拳头，再推出你的产品。没有拳头你千万别去碰运气，一旦形成拳头就千万别犹豫，挥拳出击，否则就会丧失机会。如今的市场竞争更多的是企业在资源实力、营销模式、策划能力、执行能力等方面没有明显“短板”的前提下，进行的“组合拳”较量。

我们熟悉的“二八定律”中的“二”主宰了企业的盈利与成败，其他大部分的工作只能带来部分的影响。“二八定律”运用在管理上就是，“做事不可能十全十美”，而是要抓关键人员、关键环节、关键用户、关键项目和关键岗位。

成长型企业的整体营销资源无法与国内外知名企业相比拟，但可以建立局部资源相对优势，在强势品牌的营销资源投放相对薄弱的市场称王。这就需要进行资源聚焦，把有限的营销资源（人、财、物）集中于区域市场，进行聚焦，需求单点突破，把单点市场做深做透，把品牌做大做强，在积累了更多的优势资源后，便可以根据地为中心逐步进行市场扩张。

黄金单品的选择是第一步，这个过程可以通过市场调查和对企业市场环境的分析得出，甚至可以借助其他外部的咨询机构的力量。但是在黄金单品的打造上才是真正考验企业自身的内功。企业在黄金单品品牌的运作过程中，还可以进行广告集中、渠道集中、促销集中等。产品的工业设计、包装设计、产品名称、传播途径、传播口号、实际的终端店员销售、店员的招聘培训等，这些都是需要企业内部人员实实在在地努力工作，并且依托于企业的内部管理效率和资源。

战略有很多，但对大部分中国企业和99.9%的创业者来说，最有效的经营战略就是实施战略聚焦，简单而高效！聚焦之所以重要，是因为它能够将企业的有限资源集中于一点，即品牌的核心价值，使企业有限的资源发挥最大的能量。我们知道激光为什么具有那么大的威力，关键就是因为其能够把所有的光线聚焦。

在聚焦方略的指导下，即便是一个相对弱小的工业企业同样可以发展成为强势大品牌，因为当你把比竞争对手弱几十倍甚至上百倍的资源，有效地聚焦在品牌的核心价值上，把这个品牌核心内涵做深做细，再从一个区域做到另一个区域，逐渐地就会发展成为强势大品牌。可以在理解透品牌管理原则的基础上，做到以小搏大的品牌建设之术。

孙子在《孙子兵法》虚实篇中提到这样的作战策略：“形人而我无形，则我专而敌分；我专为一，敌分为十，是以十攻其一也，则我众而敌寡；能以众击寡者，则吾之所与战者，约矣。”克劳塞维兹将军也说过：“没有比战斗力的集中更卓越、更简单的战略法则了。”“如果把战争的原则浓缩为一个词，那就是集中。”毛泽东曾经指出：“集中优势兵力，各个歼灭敌人的作战方法，不但必须应用于战役的部署方面，而且必须应用于战术的部署方面。”

兵力集中法则，不但适用于军事战争，同样适用于企业经营和市场营销解决竞争问题。现在市场硝烟四起，没有哪个企业敢轻视用营销解决竞争问题，谁对营销漠视，谁将被市场淘汰出局，市场不同情你的眼泪，市场经济就是你拼我抢，你抢我夺，商战精彩就在于它不流血，不杀人，但绝对是财富争夺较量之战！对任何一个企业而言，人力、资金都是有限的，要想让有限的资源发挥出最大的价值，必须按“兵力集中法则”办事，伸开五指，不如握紧成拳头，将全身力量集中于一点。

聚焦是一种企业营销资源投放规划策略，就是要对企业的营销资源进行整合、集中运用，实现有的放矢，避免企业资源分化；要建立企业的局部优势，实现以小博大，以弱胜强。

市场聚焦分为两个层面。一是自身资源的主观聚集应用；二是将聚集后的资源聚焦应用于市场中。现在我们很多企业自身资源缺乏整合与聚集，在市场中又全面出击，战线拉的过长，或者在一个战略计划中抓不住关键点，导致资源的浪费与无效或低效利用。其实，当我们把资源合理地聚集后，往往企业的竞争战略也就浮出了水面。有了大的战略后，不拘泥于实施战略的战术形式，这样才能应形于无穷。

聚焦就是要实现产品聚焦、市场聚焦、品牌聚焦、渠道聚焦和团队聚焦的有效资源整合。

产品聚焦，实现单品突破

产品聚焦，需要确定品牌主打主推的单一品种或品类；就是要进行合理的产品线规划，明确企业的主推品种、主打品类，把有限的营销资源全部集中在该单一品种或品类上，实现单品突破，通过单品的营销运作来塑造品牌。

产品聚焦，在明确了主打的品种或品类后，还需要明确提炼该单一品种或品类的产品利益点，进行集中聚焦诉求和传播；产品优点太多就没有优点了，要提炼出消费者最关心而竞争对手不具备或未关注的单一优点进行聚焦诉求。最经典的案例当属王老吉凉茶，一句“怕上火，喝王老吉”红遍大江南北。

针对营销资源有限的成长型企业来说，单品突破是在竞争中突围崛起的捷径！产品品类和品种并不是越多越好，品类和品种多了自然会分摊企业的营销资源，就会削弱企业的整体竞争力。要把有限的营销资源集中于单品上，然后通过系列营销策略的组合运用进行市场推广和品牌建设。

产品是品牌建设的基础，是品牌与消费者对接的载体。产品的结构组合是否科学合理，这直接影响着品牌的推广。很多企业在产品推广方面存在着诸多的问题，总想以产品多来取胜，而不是以精取胜。我们在为一些企业作服务时发现很多企业在产品开发方面少则几十种，多则上百种，其中没有高低主次之分。事实证明，在近年做得好的品牌初上市期都是采取产品的集中原则进行。如蓝色经典当初只推出海之蓝和梦之蓝两款产品，可口可乐至今产品还是十分集中。

单品突破，打造首席产品

单牌系列产品组合竞争，单品类专一化经营！看看娃哈哈的企业发展历史我们就看到这个发展主线，从哇哈哈营养液开始到饮料，到现在营养快线，再到现在的新品启力功能饮料，一旦偏了这主线的推出产品就被动，看哇哈哈童装等项目就知道是偏离了自己企业成功的主线。每个企业一旦成功就已经有了自己的成功细胞，只有集中在自己成功的范围内才能够获取更大的成功！这就是聚焦的力量！

简单说，首席产品是指那些能为企业赢得竞争优势，并能为企业的所有产品带来声誉的产品，是那些设计独特、口碑良好、美轮美奂并有上佳销售业绩的一项项具体的产品。这些产品以独特的卖点和比较突出的单品市场占有率，并在该类产品中有较大的影响力。它是企业发展的开路先锋与守疆大吏，没有首席产品，企业的产品组合就失去了重要支柱，无论产品再丰富，都是一盘散沙；企业市场出问题，往往是首席产品出问题，有些产品衰退只影响该产品的市场份额，而一旦首席产品出问题，企业的所有产品都将受到牵连。一个新创立企业的崛起，通常与一个首席产品的横空出世密切相关。为了催生这个产品，企业可能需要努力许多年。在市场表现中，首席产品多是企业在不同阶段的拳头产品、主导产品。福特曾 3 次创办汽车公司，直至推出 T 型车，福特汽车公司才赢得在汽车行业的地位。黑色的 T 型车是福特的第一个首席产品。尽管福特汽车公司后来推出了无数款成功的车辆，但公众难以忘怀 T 型车。同样的例子还有康师傅的红烧牛肉面、奥迪 A6 汽车、苹果的 iPad 和 iPhone，等等。

消费对象集中

消费对象集中就是在市场调研的基础上，进行细分市场，锁定目标消费者，准确区隔，集中优势迅速到抢占这一市场。如初元食品就是采取这一策略，锁定看病人的购买者，提出“看病人送初元”的主张，对目标市场集中优势进行猛攻，在很短的时间内初元变成了看病人礼品的第一品牌。还有脑白金、日加满功能饮料、太太口服液等品牌都采取针对某一市场，集中优势来达到该领域或某一市场的第一品牌。

营销资源聚焦

所谓资源聚焦就是把企业内部现有的资源，均有效地向品牌核心内涵方向聚焦。具体而言，就是把企业财力资源、研发技术资源、生产资源、管理资源以及营销等各方面的资源围绕品牌差异体系展开，让企业目前有限的资源均以树立品牌核心价值和鲜明的个性为目标，最终由内而外地树立起品牌核心价值。

当然，在进行品牌核心价值提炼以及品牌差异体系规划的时候，也要在进行企业内部资源盘整之后进行，要清楚地了解企业内部资源能够支持哪些方面的品牌核心，能够支撑到什么程度等情况。只有这样，才不会让企业现有资源与品牌核心内涵相差太远。比如某家企业无论是在规模化、标准化的生产方面，还是在专业的技术方面都没有特别的优势，而在提炼品牌核心价值时，却定位了某方面专家的品牌核心价值。那么，这个品牌核心价值就只能悬在空中，无法落地了。中高端人群营销要采用“接触点聚焦”的方法，而非大众传播，这是有深刻社会学根源的。所谓“地位越高，圈子越小”，中高端人群日常接触到的有效的媒体并非泛大众媒体，比如中高端政商人群往往是“差旅达人”，那么机场广告、机上杂志、高铁杂志、高速公路路牌等，都是良好的接触点；而针对中高端文化人士的艺术鉴赏会、艺术派对等，也都是不错的接触点。以多年面对中高端市场、协助打造多个第一品牌的经验来看，我们认为，若能将塔尖营销这五步系统方法落到实处，则中高端人群价值的高效挖掘必能胜券在握，步步为营，步步为赢！

市场聚焦，建立根据地

市场聚焦，要求企业在要拓展市场的布局上不要盲目，要集中资源先做样板或试点市场，把单一的区域市场做深做透，直至成为该区域的领导品牌后，再稳步地进行外围的市场扩张。简单地说，就是先建立根据地，建立自己的大本营，实现企业后方人、财物的资源保障后，再进行市场扩张。

原巨人集团史玉柱凭借脑白金成功实现东山再起，已成为经典案例。脑白金在上市推广之初，并不是遍地撒网地发展经销商、大面积地推广市场，而是选择了江苏一个县级区域样板市场——江阴进行试点，把有限的资源都集中在样板市场上，然后在样板市场上开展验证产品效果、验证产品利益点（广告语）、验证营销策略的准确性、积累品牌建设经验、锻炼销售队伍等系列工作，针对发现的问题进行调整和总结，经过样板运作，成功在当地确立了脑白金的保健品市场领导地位，建立了根据地。之后，脑白金把试点市场的成功经验进行复制，开始由点到面地根据市场规划进行扩张，直至成为全国保健品的标杆企业。

许多成长型企业的老总胸怀大志，但有时过于冲动，不考虑企业的现实资源而进行盲目市场扩张，最终的结局是每个区域市场都做成了夹生饭，经不起竞争对手的冲击！

市场聚焦，首先明确企业的目标市场，是针对一线中心城市市场，还是针对三、四线的县、镇市场；其次要进行合理的市场布局和规划，明确市场开发的节奏、速度和计划；第三才是确定当前主打的样板市场，把企业的现有营销资源都集中于此，寻求强力突破，要把该市场建设为企业的根据地，要成为当地的领导品牌。

在品牌的建设和运作过程中，若没有足够的实力最好不要全面的“撒网”，要学会重点“捕鱼”。最好是采取区域市场集中运作，进行精耕细作，建立起牢固的根据地，要先树立区域的强势品牌，做强再做大，再进行逐步扩张。

如沙沟香油，就将山东江、苏作为自己的根据地，进行精耕细作，年销售额上亿元；还有如巨尔牛奶在洛阳，绿健牛奶在徐州等，都是运用这一策略，而且都取得骄人的业绩。

市场聚焦的一个关键所在就是找准聚焦点，即找到竞争对手的弱点与战局中的关键点，这样才能把聚焦的力量发挥到极致，即“关键点聚焦”。希腊联军发现了波斯联军的弱点，即战局的关键所在，而后采用首席地位集中的方阵阵形猛攻波斯国军队，取得了战局关键点上的胜利，波斯联军即自行溃败。

我们大多数企业在市场运作时多采取这种营销战略——运作全国市场前必须集中资源先抢占几个战略性区域市场，即整个战局的关键点，站住脚跟，打开局面后，其他市场便一帆风顺。但是，如果在一个市场找不到关键点或自己不能处于优势地位时该怎么办呢？那就转换市场或把这个市场范围缩小，直到自己可以在这个战局中占据优势。

宝洁是公认的大品牌，很多人都有谈虎色变的感觉。陈凯旋从做洗衣粉经销商开始，1991 年以 OEM 形式创立“立白”品牌。立白的出发点非常简单，麻绳虽软可以牵大象。当时驻扎在广州的宝洁旗下两大洗衣粉品牌汰渍与碧浪风头正劲，本地的浪奇则是全国第二。陈凯旋于是决定避开大城市，主攻农村市场，一个县一个县地发动营销战役。他首先把家乡普宁县建成样板市场，以此吸引周边经销商加入，四年后就占领了潮汕地区。1996 年，立白开始进军全广东，恰巧此时浪奇高富力和宝洁合资后被打入冷宫，外资品牌定位又太高，留下了大片中高档空白市场，立白很快发起侧翼战填补了这一空白，得以割据广东市场，并以此为据点杀出省外，终坐上全国洗衣粉第二把交椅，销量仅次于雕牌。

渠道聚焦，锁定核心经销商和终端商

渠道聚焦，就是要把企业投入到各级渠道的资源进行有目的的分配，重点支持企业的核心经销商和核心终端商，而不能是吃大锅饭式的平均主义。这就要求企业的营销人员对经销商和终端商进行分类、分级别，不同目标市场、忠诚度不一样等条件的经销商和终端商，可能享受不同的待遇（人力、物力、广宣等）。

在终端销售上，公司集中所有的市场资源推广宣传某一个或某一类产

品，通过对黄金单品的造势宣传，切入竞品消费者市场，取得与顾客第一次“亲密接触”的机会，从而逐渐带动整个品牌的销售。一般是新品牌拓市或新产品系列上市初期时采月该方法。

作为专营店渠道的新进品牌，进店后的首要工作是品牌宣传，提高品牌知名度，吸引顾客尝试购买。但品牌宣传是一个长期的过程，顾客对品牌的认知是我们在短期内无法改变的。但我们又希望顾客尽早尝试购买，因此，改变在终端销售上常规的、抽象的品牌宣传，转向对产品利益点的宣传，对于顾客来说更容易接受，对很多推广实力并不强的新品牌来说也比较现实。

团队聚焦，实现有组织作战

许多企业的市场推广，大多依靠营销人员单打独斗式的开拓疆域，市场推广的成功与否，完全寄托在营销人员的个人能力上，企业各营销部门之间缺乏有效配合，企业缺乏有效的组织规划和管理，结果是虽然冒出了销售精英，可企业的整体业绩不佳。

团队聚焦，就是要改变营销团队的单打独斗式的个人英雄主义，实现整个营销团队有组织、有计划的聚焦管理。要明确每个营销人员的工作职责和目标，明确各部门之间配合的工作流程，要有制度可规范，有绩效可考核，有薪酬可激励，有培训可使其成长发展。通过人力的合理协同聚焦，产生强大的组织协同效应等。

品牌沟通聚焦

让所有的营销资源有效聚焦于品牌核心价值或者品牌差异体系。围绕一个核心诉求展开，不宜过度分散。所谓“阶段集中”：即在营销战的某一重要阶段，应该集中兵力，在这段时间内，形成有效的营销攻势。取得预期效果后，再放松攻势，把握“一张一弛”的节奏，不宜每个阶段平均用力。所谓“区域集中”：中国市场具备广阔的战略纵深，如果企业不具备足够的实力，就不要轻率地启动全国市场，避免撒胡椒面，而应该集中在某一个或几个区域市场，配置足够的资源，在一个相对狭窄的区域内，形成强大的攻势，从而获得品牌爆破。

概念集中

对于品牌建设而言，再没有比能拥有一个代表自身特色的概念来占据消费者心智模式更重要了。当今的市场营销不是产品本身之争，而是品牌和概念之争。在这方面如果品牌不能征服消费者的话，那么企业就很难做强做大做久。

传播聚焦

黄金单品的成长史不同，但黄金单品的路径基本是一致的：就是集中战略；根据鹤立鸡群原则和紫牛原则，传递统一印象。根据目标消费者最可能使用到本产品的场合，通过广义的电视报纸等硬性广告、软性广告、促销活动、终端包装宣传等形式进行传播。

再是把握目标消费者在典型场合下会使用本产品做哪些事情。能够“直接跟目标人群对话，让目标人群自动对号入座”，从而迅速唤醒需求，驱动购买。黄金单品品牌大都采用“瞄准一、二线都市商务人群，以典型应用、典型场景激活需求”的策略，并通过系列广告进行了体现。

广告在企业的营销投入资源中占有很大的比重，也是资源浪费最大的地方，媒介选择不对、广告诉求不统一、宣传时间不适合等因素，很容易让企业的一切广告活动打了水漂，这就是为什么许多企业高空轰炸、地面渗透投放了大量的广告宣传，而市场却没有动静？广告聚焦，就是要整合集中利用企业有限的广告资源，达到广告活动的实效性，要做到把品牌和产品信息精准地传递给目标消费者，刺激消费者对产品品牌的认知和产生购买行动。

（1）要明确产品的聚焦目标消费者是谁，目标消费者不能过于笼统，要有精确的描述，越详细越好。

（2）要明确向目标消费者说什么，要确定产品诉求利益点（USP）或品牌形象诉求点，进行统一聚焦诉求，诉求点不能过于游移。具体投放产品广告还是品牌形象广告，要根据行业特点、企业发展状况、市场周期、媒介选择、竞争情况等确定。

（3）媒介选择要精准，要调查目标消费者经常接触哪些媒体，什么时间接触媒体最多，对什么样的促销活动感兴趣等。这样选择的媒介或促销活动，才能把产品或品牌信息更准地传递给消费者。

（4）要做到整合传播，集中各种媒介或宣传活动形式，在某一时间段内整合聚焦持续投放，要实现让消费者在不同的时间、不同的地点接收到企业传递的产品或品牌信息，这样才能让消费者在大量的广告信息中有效地识别到企业信息。

黄金单品推广期间，公司所有的宣传物料统一使用黄金单品的主题图案，如灯箱片、活动海报、产品宣传单页、吊牌、X展架、促销服等。黄金单品推广期间，节日促销主题和日常促销活动都围绕黄金单品的有效推广来展开，以黄金单品的推广销售为主导。

可采用的推广活动有如下一些。

（1）体验式销售：对目标顾客进行有目的地派发中小样体验装，并进行电话跟踪，促进顾客尝试购买；对店内重点顾客开展免费体验产品活动，并进行电话跟进，促成顾客回头购买。

（2）买赠活动：对购买本品牌其他产品的顾客开展“另加＊＊元（出厂价或成本价）即送黄金单品”的活动，提高顾客对黄金单品的使用机会。

（3）挤压竞品活动：对正在使用竞品的同类产品的顾客，开展“凭指定品牌的单品的空瓶即可免费（或另加＊＊元）兑换我黄金单品”的活动。

时时维护领导地位

一项权威的调查显示：与缺乏创新的企业相比，成功创新的企业能获得20%甚至更高的成长率；如果企业80%的收入来自新产品开发并坚持下去，五年内市值就能增加一倍。

仅仅有好产品而没有创新还不够。一些企业通过包含产品创新、营销创新在内的创新形式让其长盛不衰；一些企业没创新在市场边沿苦苦坚持，止不住颓势；而有些企业早已倒闭。

时时维护领导地位，就要通过品类、概念、形象、品质、价格等方面的动态调整，不断创新。创新就要打破传统经营思维的局限，从产品、组织、机制等多方面进行，培植企业核心竞争力，实现企业高速发展。

也就是说营销的所有资源都要围绕品牌核心内涵来展开。比如产品聚焦，要在符合品牌核心内涵的情况下，进行充分的产品组合战略，使品牌之下的所有产品，能够成为进可攻、退可守的有机组合体。另外，市场的聚焦也是不可忽略的，一个品牌影响力不能遍及全国市场的时候，不要大面积地进行市场运作，即使你的广告已经上了央视，品牌的影响力也能够覆盖到全国市场，也要在这些市场上有所侧重，进行重点运作。

重复、重复、重复

当品牌获得了客户的认可时，我们要做的事情就是不断地加深品牌在客户头脑中的印象，告诉客户不要因为今天太忙了，而把我们的品牌忘记。我们重复的目的是为了维护品牌在客户心目中的领导地位。

我们不去重复，对手就会抢占我们的位子。我们不仅要重复，更要花费精力去保护这个来之不易的领导地位。成功建品牌成为行业第一难，维护这个行业领导地位更难。这就叫做打江山难，坐江山更难。重复性的工作，虽然乏味，但是作用非常大。

等号是证明的标志。加深头脑印象，将品类与品牌联系在一起。我们去市场上问客户，或者站在货架前观察购买者，你会发现“品类名 = 品牌”时，这类产品最畅销。要想维持品牌在行业中的领导地位，就要依靠重复性的动作，不断地加深品牌在客户头脑中的印象，封锁对手侵入我们占据地盘的道路。自然界中，动物生长到一定的阶段，必须进化以适应环境的变化，否则就会被自然淘汰。恐龙即使强大，但不进化以适应环境，最终只能灭亡。

中小企业推出的产品，随着市场的发展变化，一定要像动物一样“进化”，即适时更新产品，否则，产品就不能满足客户不断变化的需求。适时更新产品，并不是淘汰产品，也不是对产品做大的改变，而是根据市场变化与消费者需求做出相应的调整，目的是为了保持产品在市场上的竞争力。

现在很多企业抱怨自己企业规模小，资源匮乏，无法有力参与竞争。其实，大小与强弱之间没有必然联系。一个大企业如果不能把充足的资源合理利用，聚集利用，其结果多是组织庞大臃肿，行动迟缓，资源严重浪费；而小规模企业如果能把资源有效聚集，也足可以在一个点上称霸。企业规模庞大，员工几十万人却亏损几亿元的企业有之，员工仅几百人却可以创造几亿元年营收的小企业同样有之。

对于中小企业品牌而言，要想打造强势大品牌，必须把企业有效的资源聚焦在一起，增强其品牌的销售力和形象力，最终通过这样的聚焦使品牌快速成长。企业核心内涵是不变的，而外延的东西像滚雪球一样，则是越滚越大，最后把品牌这个雪球不断变大，也使影响力不断地提升，进而聚焦出一个强势大品牌。

|第9章|

高扬首倡精神　制造信仰品牌

当面临不断增加和日益多样化的选择时，

消费者的购买倾向就变得更加受制于他的信仰，

此时的购买动机产生于关于品牌的卓越性的信仰和本能。

品牌的“人情力”

品牌之所以成为品牌，就是因为它能够在顾客内心中产生共鸣，能够引发顾客的信任。品牌如果能够尊重顾客更高级的需求，能够在产品开发与服务的同时巧妙调节产品与服务的交流途径，就可以高于产品，因为它更具有意义。对顾客的理解、对顾客情感需求的满足、对顾客认知理念的理解和认同，可以引发顾客更强烈、更细微、更复杂的原动力。正如需求理论所描述的那样：渴望有归属感、纽带关系、希望有所超越和自我实现、希望感受快乐和满足，等等。

最成功的品牌总是能够激发起积极的情感，就如蒙牛“请举起右手，为中国加油”。每一次新产品、新服务的发布会都会成为一个故事，而这个故事就像一部伟大的神话，永远也讲不完，因为故事的主人公是顾客，而不是公司自己。

品牌以产品为载体，没有产品品质保障的品牌如同一个四肢缺损的人，是没有载体乃至虚无缥缈的“孤魂野鬼”；产品以品牌为灵魂，没有品牌使命的产品如同一个灵魂缺失的人，是没有内涵乃至没有精神的“行尸走肉”。

莫言获得诺奖后透漏，他深受家乡的蒲松龄影响。在蒲松龄的《聊斋志异》故事中，狐狸精都是披着美人的外衣，来到隐士和读书人的世界，自然迷惑了不少才子佳人。“狐体+人情”是蒲松龄的基本表现手法。在文字狱时代，蒲松龄以狐狸精的这一载体表现人间的丑陋，是没有办法的办法还是天才的探索呢？这正是品牌宗师的境界和思维方式，就是蒲松龄的品牌理念附加“人情力”。

沃尔特·迪斯尼塑造米老鼠的手法与蒲松龄塑造狐狸精的手法如出一辙。从老鼠到米老鼠——附加“人情力”。老鼠本是被人轻蔑喊打的对象，但在沃尔特·迪斯尼那里的老鼠却身价非凡。任何普通的商品，只要贴上米老鼠的标志立马身价倍增。一件T恤只值五六美元，但印上米老鼠，就值十几美元了。米老鼠有何德何能呢？沃尔特·迪斯尼眼里，没有动物意义的老鼠，只有老鼠哥老鼠弟，老鼠就是人，“鼠哥”、“鼠弟”通人性，百般可爱。这只老鼠帮沃尔特·迪斯尼摆脱穷困潦倒的境地，更成为快乐之源与童年的美好记忆，不仅改变了沃尔特·迪斯尼的命运，也影响了无数人的生活。

沃尔特·迪斯尼生前常说：“一只老鼠的确造就了整个迪斯尼的诞生。”小小的米奇用这种与生俱来的超凡奇幻力量营造了一个梦幻般的世界。迪斯尼的创作团队用无尽的想象力赋予一只普通老鼠以各种人类才具备的情感元素与喜剧要素，人们印象中只会在粮仓周围搞恶作剧的小老鼠变成了机智勇敢、正直善良、幽默乐观的米奇。

那些原本并不存在于老鼠身上的人格化的价值，纯属虚拟，但却产生了神奇的效果，居然让寻常之物获得生命与灵魂。米老鼠，世间本无此物，它只活于虚拟世界，是“鼠体＋人情”的综合体。从老鼠到米老鼠，其途径是增加人格化元素，这就是米老鼠与老鼠的差别。因为有了人格化的虚拟价值，米老鼠的身价被赋予了无限升值的可能。世间所有的老鼠都一样，唯有米老鼠具备虚拟价值。

品牌不直接销售产品，品牌提供消费者购买该品牌产品的理由。企业如果一味强调产品的属性和功能，不能满足消费者心理上的更多需求，就会渐渐被市场淘汰。一个触动消费者内心世界的情感诉求往往会给消费者留下深刻而长久的记忆。只要品牌的情感诉求被消费者认同，该品牌能为消费者创造产品功能以外的更多利益，消费者对价格的关注程度就会降低。也就是说，要想赢得真正的忠诚，必须弱化价格。

在广告中述说目标对象珍贵的、难以忘怀的生活经历、人生体验和感受，以唤起并激发其内心深处的回忆，同时赋予品牌特定的内涵和象征意义，建立目标对象的感情联想，形成品牌共鸣。爱情、亲情、友情、乡情、民族情等都是品牌共鸣侧重的主体内容，比如铁时达的手表广告“不在乎天长地久，只在乎曾经拥有”、雕牌洗衣粉的“妈妈，我能帮您干活了”、香港维他奶的广告“背影篇”等。

品牌共鸣表现了消费者对情感、归属、尊重、自我实现的需求

品牌共鸣，是品牌所有者与品牌消费者、品牌消费者与品牌消费者之间以品牌为媒介，产生的不同心灵之间的共同反应，它反映了品牌与消费者之

间完全和谐的关系。

品牌共鸣会带来品牌忠诚，拥有消费者情感共鸣的品牌忠诚是针对特定品牌的，它几乎不可复制，竞争者无法模仿。

纸巾品牌心相印做过一个市场调查，与消费者的深度访谈中，发现他们更愿意在进行品牌消费时，联想到一种美好的情感，比如爱情、亲情、友情，等等，而不仅仅是纸巾本身。在民间流传着这样一个说法，打喷嚏就意味着有人想你。“喷嚏”正是连接着爱情、思念与纸巾的桥梁。

爱情，无疑是人类之间最真挚、最美妙的情感，用爱情对“心相印”进行情感诉求，在某种程度上来说，具有广泛的群众基础。如何把“纸巾”与“爱情”两个概念有机地结合在一起？打喷嚏时一定会用纸巾，从这里找到了这个美妙的桥梁，创意了“爱情与打喷嚏的戏剧化”广告脚本，于是，“爱情就是打喷嚏”的广告创意就这样诞生了。品牌广告的创意，集戏剧化、差异化、相关化于一身。

东西本身是不会主动散发迷人光彩的。只有启动了某些“触发器”，我们才不得不去关注它。很多令人迷恋的事物本身都是平淡无奇的。特定的情境和“触发器”决定了一个人或一种产品是否令人着迷。“心相印”的“触发器”就是“喷嚏”。

在这里，品牌已经不是一个死的事物，而是一种活的生命，它具备了人的性格特征。简而言之，就是把品牌人格化了。如果说“性格决定人的命运”，那么我们也可以认为品牌所包含的精神和价值观决定着品牌的命运。从这个意义上说，品牌文化就是品牌的“人生观”，是决定品牌强弱与成败的关键。

不是鞋子本身令人着迷，而是鞋子被赋予的意义让人欲罢不能。换句话说，一旦鞋子与欲望或者权力联系起来，就会格外富有魅力了。

一个在社会公众中具有良好声誉、在行业市场拥有良好表现的品牌，必然是一个品牌要素齐全、给人留下美好印象和回味的完美品牌。集服装、香水、化妆品于一身的香奈尔，通过品牌风格、产品包装和产品内质透射出来的品位与品质，总能让人感觉得到香奈尔女士那一股法国上流社会的优雅之气；国际著名化妆品牌玫琳凯，通过玫琳凯·艾施女士发奋自强故事的完美演绎，激励着千百万妇女摆脱家庭的羁绊和世俗的歧视，实现自身价值的

“一个比化妆更美丽的改变”……

从品牌的价值理念、背景文化、产品利益诉求点（USP）和目标消费群关联度等方面出发，寻求和构筑品牌与社会公众、目标消费群近距离接触、沟通、交流的平台，是实现品牌价值提升的基础。而品牌故事就是达成这一目标的有效途径。

使消费者产生共鸣的品牌可以为自己带来更多的拥护者和倡导者。一方面，该品牌作为一种媒介使消费者之间产生深刻的联系，给消费者带来了意外的社交价值，因此消费者对与其产生共鸣的品牌会产生归属感，成为其拥护者，并认同使用该品牌的其他使用者；另一方面，消费者对于能够产生情感共鸣的品牌会对其在感情上有一种执着的追求，也会乐于与其他人谈论该品牌，主动收集和了解该品牌的更多信息，向他人积极推荐。对于那些对产品或服务有着情感依恋的顾客，商家不能单纯地用价格去吸引，而是要尝试提供专属性的、具有情感吸引力的产品或服务。

让情感和价值观搭桥牵线

情感的存在就是为了超越交易的理性，使买卖双方都能从服务传递中感受到愉悦。

对于商家来说，弱化价格因素的另一面就是提升服务质量和信誉度。麦当劳早已有效地使消费者不再注重产品价格，除了“超值套餐”，麦当劳很少在广告中提及价格，大多数顾客根本不知道一个巨无霸或一个温迪双层吉士汉堡的定价是多少。

那种刻板单调的商业活动分析，全然无视人们对产品和服务所投入的情感因素。产品、服务或购买过程的质量已经发生了革命性的变化——对客户来说，这一因素在重要性上已经远远超过了价格因素。

同时，要想提高顾客的忠诚度，还需要创造易于消费者接受的品牌价值观。品牌价值观应与消费者自我观念相吻合，使其感觉到该品牌与自我形象相一致。当消费者的价值观与品牌相同时，他就会感到和品牌在心灵上的贴近，从而建立起强烈的品牌认同。一旦品牌价值观通过适合的载体与消费者实现了深度沟通，引起消费者心理共鸣，则品牌可获得超越产品实体的生命。

高端消费者对商品品牌有着较高的要求，不仅关注产品带来的物理价值，还希望品牌与自己有一致的价值观，能体现自己的风格，契合自己的身份地位。对他们而言，品牌是一种商业标志，更是一种社会符号；用哪个品牌，代表“我”是哪一类人。

高端产品的价值营销，需要企业对产品的物理价值进行包装或升级，让产品看起来“有腔调”。品诺纸巾就以独特的黑白包装和纯粹态度，成为时尚的标签，跻身高端纸巾品牌之列，捕获众多时尚大众的心。

除了在包装、功能等物理价值上不断超越外，塑造高端品牌的品牌信仰更为重要。品牌信仰所带来的商品附加值对高端品牌来说犹如“更上一层楼”，它培养消费者对品牌的认同，增加品牌的忠诚。

针对富裕阶层的睡眠障碍问题，慕思睡眠系统量身定做了一套品牌规划和传播方案，在传播上强调“健康睡眠”的重要性，重新思考“睡眠的意义”，最终给出“新生力量再度聚集，每天创造一个新自己”的全新价值观，让慕思的品牌优势从物理价值层面上升到精神价值层面，进一步巩固了慕思的高端品牌形象。

营销战已经不再只是“产品战”，也是一场“认知战”。因为，只有当客户知道并了解企业的核心价值所在，他们才会认可你、喜欢你，并最终购买你推销的产品。企业所要做的是通过系统性的梳理和定位，为企业确立品牌信仰和广告语，并借助多种形式向消费者清晰传递，赢得消费者认可和共鸣。可见，成功进行核心价值营销的前提是企业要知道自己的核心价值是什么。也正是因为如此，一些先知先觉的企业，例如招商银行始终以“因您而变”为品牌核心价值，透过所有与目标客户的接触点，不断传递“创新、专业、智慧、亲和”的品牌精神，不断指导招行 B2B 的产品开发、营销行为及传播行为。

消费者选择品牌，不仅仅是在做一种产品上的选择，也在向周围人、在向自己表明其选择了这个品牌所代表的文化、人格特征以及价值观。在未来的社会生活中，品牌只能靠其在人文性层面的特色才能保持与竞争者的区别。

让无趣变得迷人起来

当消费者们购买特定品牌的时候，某种程度上说，他们并不是为商品的

"使用价值"埋单，而是为赋予事物特殊的意义。就像别人家的宠物对于你来说事不关己，而你自己的宠物，由于它激发情感、创造价值，你对它爱如珍宝。对产品而言，道理也是如此：直到 iPod 的出现开启了"欲望"触发器，MP3 音乐播放器才开始惹人迷恋了，不是吗？

一杯橙汁看起来平淡无奇，但如果你是糖尿病患者或者血糖含量很低，那么一杯橙汁显然是你致命的诱惑；如果你正在焦急地等待大学录取通知书，那么邮递员也变得前所未有的亲切；你从后视镜里看到警车蓝色的车灯闪耀，你的车速表瞬间成为你的焦点；如果你刚刚参加完"哈瓦那大胃王"比赛，那么一小杯水必也会是你渴求的甘泉；一件黑色的 Gap T 恤衫本来毫无亮点，但当莎朗·斯通穿着它参加奥斯卡颁奖礼后必然产生天壤之别的效果；一个在鸡尾酒会上与你礼貌攀谈的人也许无关紧要，倘若他正是你热切想要加入公司的首席市场营销官（CMO），此人必然成为你的挚爱。

没错，正是情境引爆了触发器，"啪"的一下，你就被吸引了。

在这些例子中，"迷人"并不是橙汁、邮递员、水、T 恤衫的自然固有属性。让它们变得迷人的是几种混合作用的触发器。我们如果懂得了怎样开启这种反应机制，我们便拥有了产生影响力、改变和驾驭别人的神奇力量。

热卖品牌的三宝——硬件、软件和"湿件"

电影《办公室的故事》中，缺乏女人味的上司爱上了缺乏男人味的下属。女上司不太确信自己对男下属是否有吸引力，于是有了下面的对话。女上司严厉地质问男主角："你说我干巴巴的？"男主角吓得失了方寸，结结巴巴地说："不，正相反，你湿乎乎的。"这里的"湿"形容一种有血有肉的魅力。

"湿件"概念来自克莱·舍基的《未来是湿的》。湿，作为干的反义词，在"干"隐喻机械的、乏味的情况下，"湿"则隐喻人的活性。品牌就是一个"人"，当然应该是一个有血有肉、充满魅力的人，而只有硬件和软件的品牌就难免干巴巴的。

一个完整的品牌应该有硬件、软件和“湿件”三个部分。

一个品牌有“湿件”，还表示它真正是以消费者为中心的，它把消费者当成一个有情感、有情绪、有人性的优点和缺点的人。

硬件是一种物理存在，比如白酒品牌的香型、瓶型、标准色等；软件是历史、品牌故事、荣誉等，比如宋河的老子文化、茅台与红军四渡赤水的事、老八大名酒的殊荣、国台“通达人生”的品牌口号等。每一个品牌都会有硬件和软件两方面，热卖品牌还拥有“湿件”。

“湿件”解剖——人类心智结构

产品在工厂里制造，品牌在心智中制造。

现代人类行为学、心理学、大脑解剖学等研究，已经揭示了人类心智的结构。科学家利用“功能磁共振成像技术”，成功地实现了对人脑运作的观测，由此了解到许多超乎所有人想象的东西。他们不仅找到了人脑的情感区域、理性区域，甚至还找到了负责道德的区域。此外，他们还发现了这些问题的答案：什么使我们更易体察他人的感情，什么使我们更善于学习，以及什么使我们更能够在工作中得到快乐。他们甚至还搞清楚了为什么青少年会把父母气疯。

不过，最惊人的发现可能在于，他们描绘出了我们的大脑如何整理感官信息，并形成我们对世界的体会的过程。参与这个过程的不仅仅是人脑的感知区域，还有负责记忆、感情、信仰和灵感的区域。

神经科学表明，那些拥有崇高理想的品牌能够深入大脑的活跃区，从而在消费者心中留下更为清晰的影像。

大脑的心智并非客观地记录我们对世界的感受，而是创造了感受，而且其创作还受到大脑其他活动的影响。实际上，我们所有人都活在自己创造的精神世界中。

我们将其总结为人性的四层架构：

（1）基础是体验层——欲望、本能、情绪和嗜好；

（2）亲密层（情感与爱）——感情和习惯；

（3）利益层（效果与优点）——认知意识语言和行为；

（4）规矩层（规则与价值、身份与自我实现）——信仰、理念与理论。

品牌是有机体，是“活生生的人”，有思想、有价值观、言行一致。品牌本身不仅仅代表着一个符号，深层次的是品牌所蕴含的精神象征，一种价值理念，是品牌文化。

在产品均质化、消费感性化的今天，卓越品牌的魅力就在于它凝结进去的理念、情感、象征等文化内涵。品牌最有价值、最让消费者着迷的地方，不是它的实物，不是它的功能，而是它代表消费者表达出来的情感、态度和信念。

消费者不为你的承诺而买单，却为可能失去的天堂而付钱。

商品满足消费者物理上的需要只是一个方面，有时其带来的符号价值可能更值得关注。而这些符号价值往往集聚于品牌，使品牌成为制造与维护文化象征意义的主要载体，因此准确定位的品牌可以满足顾客的某些精神需求。这种精神沟通以实体商品或服务为基点，又脱离于实体商品之外，为顾客创造了附加的心理价值，比如归属感、美好的希望或者叛逆精神等，进而建立与顾客之间更加牢固、更加密切的情感联系。

要让品牌文化与消费者头脑中的对品牌文化的要求相一致，才能最大化地引起消费者对品牌的共鸣。使自己品牌的理念、观点、立场、价值主张植根于消费者心中，用创新性的品牌理念占据他们心理认知中的空白处。

品牌的价值，不在于产品自身的质量、价格优势和所属企业的传奇故事，而是这个产品和顾客之间的深层次情感交流。品牌不等于广告，广告砸出来的只是知名度，品牌是口碑相传的，品牌是带有文化和精神的。品牌的“品”是口碑相传，“牌”是品位、文化、内涵。从“品牌”两个字来看，“品”和“牌”不同，“品”需要思想性，思想的功能是让人找到方向，品牌做得好可以担负起某种价值观的输出，在价值观的召引下，消费者会用人民币去投票。

所以，经营品牌有三种境界：

（1）低层次的品牌塑造还没有脱离商品实体，尚未意识到好品牌需要有灵魂，还处于经营“信息”的境界；

（2）中间层次，建立与目标顾客之间的友善关系，赢得他们的好感与信赖，经营的是“信任”；

（3）最高层次是经营“信仰”。

伟大品牌具有缓解痛苦、增添乐趣以及承载梦想等附加功能，能够激发顾客心灵深处的渴望和需求，引发顾客共鸣。

作为一种梦想的载体，激发人们内心深处的渴望和追求，建立与目标顾客之间难以割舍、难以忘怀的精神纽带，创造出宗教般的忠诚和虔诚！处于超级品牌的塑造就像是宗教运动一般，利用故事、信念、文化、仪式，让零散的消费者成为忠于品牌、联系紧密的族群。

很多国际品牌在发展到了一定阶段后，营销重点就转移到品牌精神价值上，其结果就是培养出了一种品牌崇拜。成功品牌与其他品牌的差距就在于品牌的精神内涵。

总体而言，大多数品牌只想着与经销商代表的渠道资源沟通，在较少的与消费者沟通的场合，往往只是局限在理性层面。

没有“湿件”的品牌只是“一件未完成的作品”，需要有创意能力，而不仅仅是有分析能力的人来完成这项工作。加入“湿件”，低价位品牌市场效果就不一样了，比如红星二锅头的“年轻就要红”、“把激情燃烧的岁月灌进喉咙”、“将所有一言难尽一饮而尽”道出了无数年轻人的心声，再比如老村长酒的“简单快乐、幸福中国”、“好好生活、天天向上”的质朴表达同样性格鲜明。

“湿件”之一：品牌观点

有三瓶白酒放在一个男子汉面前，一瓶是衡水老白干，一瓶是枝江，一瓶是兰陵。这位男子汉会喝哪瓶？

大部分会喝前两瓶。为什么？他有要喝的理由。喝衡水老白干的理由什么？喝出男人味。喝枝江的理由是什么？知心。喝兰陵的理由是什么？没有。

消费者需要和接受购买产品、品牌的借口。

人类学家韦伯说，“人是由其自身编织的意义之网所支撑的动物，而文化就是这种意义之网。”人既受意义之网支撑，也受意义之网规范与约束。意义对人而言即意味着价值，所以说人到品牌中是来寻找意义和价值的。

中国很多普通白酒的历史比依云矿泉水历史长，工艺比依云矿泉水复杂。为什么中国很多普通白酒卖的不如依云矿泉水的价格高？中国很多普通白酒比依云矿泉水少了一样东西——品牌观点。

白酒的香型也好，工艺也好，有区别，但不大，真正的差距是酒的“讲头”，也就是品牌观点。只有品牌观点才能征服消费者。

品牌观点是消费者想说的心里话。“衡水老白干，喝出男人味”、“喝小刀成大器”、“别拿村长不当干部”、“中国国井，深得人心”，等等。都是说出了目标消费者的心里话。

品牌观点不是自吹自擂，而是“消费者心灵深处向往或感受到的一种生活方式和人生力量”。一个品牌有品牌观点和无品牌观点，消费者微妙的心理感应是不一样的。

一个人，要想走的长远，一定是靠内心的强大与厚重，而不是表现的虚荣与浮夸。

普通品牌讲酒质，热卖品牌讲品牌观点。

热卖白酒品牌的广告语，不是自吹自擂，而是来源于品牌观点。中国白酒经典的品牌，都遵循着如下传播规律：即“产品品质个性”和“品牌观点”的“两维一体化”传播模式，“品牌观点”和“品质个性”二者主次分明，方向明确，和谐诉求，缺一不可。

长期默默无闻的江西四特，推出定位高端的“四特东方韵”系列，提出了“世界因我而不同”的品牌观点，并由此塑造了四特独特的、极具个性和时尚色彩的品牌精神；其品牌传播的次旋律则是“中国特香型白酒开创者”、“特香鼻祖”。2012年，四特实现销售50个亿，从而成为继洋河之后最成功的创新香型战略。

老村长酒用“好好生活，天天向上”的品牌观点，打动了广大低端消费者。老村长酒的品牌观点其实是一种创业精神。

塑造一种让消费者怦然心动的“品牌观点”，彰显品牌文化的差异化和个性化，便成为多数品牌传播的明智和必然选择。

大凡成功的品牌都有一个令人信服的品牌观点。

没有孔孟的经典观点，人们还把他们当圣人吗？品牌也是一样。不管商家在市场如何表现，在消费者大脑里，起作用的只有品牌观点，其他只是证明。

我们发现，世界性大品牌的传播规律，比如，可口可乐、奔驰、人头马、轩尼诗等，按着“品牌观点”和“品质风格”两个思路不断探寻传播。可口可乐，历经百年，不变的是配方，变的是品牌观点。

乔布斯的个人观点：“做我所爱。”他曾说：成就一番伟业的唯一途径就是热爱自己的事业。如果你还没能找到让自己热爱的事业，继续寻找，不要放弃。跟随自己的心，总有一天你会找到的。他把这段话浓缩为：去寻找一个能给你的生命带来意义、价值和让你感觉充实的事业，拥有使命感和目标感才能给生命带来意义、价值和充实。

香奈儿是设计品牌观点的大师，也成就了香奈儿。她说：“有些人认为奢侈品与贫穷是相对立的。事实并非如此。它只是和粗俗相对立。”“一个女孩必备的两样东西，优雅和美丽。”“穿着破旧的裙子，人们记住的是裙子，穿着优雅的裙子，人们记住的是穿裙子的女人。”“我不能理解女人为何只是为了表现礼貌，出门前才好好打扮一下，每一天谁知道会不会是命中注定的好日子？女人的魅力、女人的时尚，应该和香奈儿精神一样，时刻用简约释放美丽。”

梦露曾经说过：我只用香奈儿5号睡觉！这就是香奈儿5号，一款永远被成功女性所向往的“不老传奇”，一款始终让人难以捉摸的“简单奢侈品”。地球上每个女人为拥有一件香奈儿而自豪。作为一款普通的香水，能让无数的女人为之倾倒，香奈儿凭借的就是它那简单奢华的品牌主张。

一直以来，香奈儿5号把奢华看成了一种简约和优雅。简约、奢华成了香奈儿5号独一无二的品牌符号，你可以把它看成是沙俄时代的狄米崔大公爵门下灿烂的拜占庭艺术；也可以把它看成是伊丽莎白时代的西敏公爵亲自采摘的藏有稀世珍宝的一篮野花。但是不管怎么看，香奈儿5号始终是香奈儿5号，它的奢侈就是简约。

品牌是一个观点，品牌建设就是这一观点的传播。品牌观点是整合营销策划诸多关键点中的一个核心环节，与目标消费者界定、产品品牌定位、产品卖点提炼、品牌传播概念、目标消费者描述、品牌个性、产品包装设计、终端宣传品设计、品牌广告宣传等要素共同构成一个完整的营销策略和创意设计体系。

巴黎欧莱雅在中国非常成功，其在广告传播中有一个关键的诉求是“你值得拥有”。拥有什么呢？当巩俐、李冰冰、范冰冰、李嘉欣等重量级女明星纷纷在广告中和你沟通“巴黎欧莱雅，你值得拥有”的时候，这些明星的美丽、自信和成就自然而然地就与欧莱雅的产品关联起来。因此，对欧莱雅品牌来说，其售卖的核心产品并非那些漂亮的瓶瓶罐罐，而是每个女人都向往的美丽、自信和成就……

品牌观点的作用如同通向“直击目标消费者购买神经”的电路与按钮。这个路径与按钮，不在乱花渐欲迷人眼的文化产品形态中，而在消费者的心智空间里。

我们不看其逻辑，而是从市场效果上来检验一下。我们看看植物蛋白饮料的品牌观点。

椰树椰汁的观点是“白白嫩嫩”，露露杏仁露的品牌观点是“更滋润”，银鹭花生奶的品牌观点是“白里透红”。它们无一例外都集中在美容养颜的功效诉求，集体偏向食补养颜。

产品是用来与消费者交换的，品牌则是与消费者进行沟通的。品牌观点是与消费者沟通的核心连接点，是品牌与消费者利益点之间进行充分沟通的语言。它暗示产品的特点，让消费者记住该品牌，使品牌知名度快速提升，并且能直接促进产品销售的精炼语言。

品牌的差异，不单是产品特性的差异，关键是品牌观点的差异。经典品牌观点能够有效触动消费者的购买欲望，所以，品牌观点是品牌定位的延伸，是产品卖点的精炼，是创意设计的策略方向，是品牌传播的重心。

可以说没有品牌观点的支撑，新产品的品牌传播和产品市场推广永远不可能做到精准和精彩。

品牌如何成为一个消费者所信仰的图腾，不能靠产品本身，而是靠品牌本身所特有的一种观点。品牌观点也许是一种生活方式、一种生活态度、一种人生追求。当这种观点通过适合的载体与消费者实现了深度的沟通并同消费者引起心理共鸣，得到了消费者的追捧，则品牌已经跨过产品实体与品牌意义本身，具备了活的生命。品牌观点一旦确定，便要被咬定青山不放松，持之以恒地坚持下去，企业的所有营销策略都要围绕核心观点而展开。成千上万的广告费是对品牌观点的演绎，尽管广告不停地换，但换的只是表现形式。

将你的品牌建立在一个简单观点之上，这个观点与同类品牌既有差异性，与消费者又有相关性。然后确保你的设计和品牌信息适合于品牌真正的内涵，抛开不必要且复杂的策略。

你需要让品牌观点能非常快速地被消费者理解。建立简单有效品牌观点的过程并不复杂，最核心的工作是寻找品牌差异性和与消费者的相关性。

品牌存在是源自人们的心理需求，正是人们通过形成联系、讨厌同质化、重视连贯性，并且喜欢赋予动物、组织以及毫无生机的对象以个性、特征而使得品牌得以存在。

消费者不是机器人，他们的购买行为包含了相当多的感性成分。他们不只是简单地购买产品，同时也选择一种观念和态度。

生活中想妖艳出味的人，大都选择“香奈尔 5 号”、“毒药”，尽情让自己妖饶；感到压抑，想浪漫不羁的人，大多选择范思哲；一个强烈英雄情节的人，大多选择欧米茄手表；想在静谧的席间不语而惊他人，往往掏出万宝龙笔。

柒牌男装做了一项调查，发现它的目标消费群主要集中在二、三线市场，由于宏观经济环境的问题，他们中很多人都已经下岗，生活的压力让他们遭遇很多的困难，对于生活不像过去那样充满信心、充满激情。因此，在创作中希望通过将柒牌塑造成一个拼搏进取、不屈不挠、在人生道路上迎着风向前的男人形象，激励他们重新生活。

于是就有了这样的一段电视广告的文案：生活就像一场战斗，谁都有可能暂时失去勇气，要改变命运，先改变自己，男人就应该对自己狠一点，柒牌，迎着风向前。

整篇文案中没有惊天动地的豪言壮语，没有空洞的表白和承诺，更没有高调大声的宣言，只是一种发自内心的理解与鼓励——我们相信这是男人真正需要并会为之心动的。同时我们更希望：男人能从中获得力量，重振精神；女人也能用它来鼓励身边的男人。

“男人就应该对自己狠一点”这句话和服装没有关系，但和穿着这套服装的消费者有关系，正是通过与在消费者的精神层面的沟通。柒牌的广告语迅速震撼了众多目标消费群体的心灵，成为当时男人们互相间说得最多的一句话，很多人甚至将这句话作为座右铭来激励自己。

柒牌服装产品也得到了升华，柒牌原创的中华立领持续多年畅销市场，并成为张艺谋、陈凯歌、成龙等知名人士在正式场合的指定服装。2008 年奥运期间，柒牌中华立领被中国政府精选为赠送国际友人的国礼产品。

“湿件”之二：品牌理念

如果公司能够将其理念和宗旨进行宣传和传播，公司就会变的更强大。

品牌引导价值，理念创造未来。现在，很多企业在做广告时，注意从功能诉求转到品牌理念推广上，达到了提升形象与产品销量的双重效果。

品牌理念是对消费者消费我们的产品所要获得的深层满足的定位。我们卖的绝对不仅仅是产品本身，更重要的是消费者消费我们产品的深层次满足。

企业将自己具有鲜明特点的经营理念和企业精神作为品牌的定位诉求，体现企业的内在本质。一个企业如果具有正确的企业宗旨、良好的精神面貌和经营哲学，那么，企业采用精神理念定位策略就容易树立起令公众产生好感的企业形象，借此提高品牌的价值，光大品牌形象。

企业精神理念必须和消费者生活理念联系在一起，而这样的理念必须是简单而深奥的，能引起消费者内心的共鸣和对生活的信心，产生一种振奋人心的感觉，催人上进，甚至成为消费者心中的座右铭，从而给消费者以深刻印象。

大凡品牌，其中都蕴涵着强烈的社会责任感。节约能源，减少污染，支持社会公益事业，传递先进文化，开创美好的生活境界，这些都是品牌社会性的突出表现。当你承担起社会责任，就满足了目标顾客的精神寄托。在瑞典，民意测验表明，80% 的消费者宁可多花 10% 的钱也要购买对环境有益的产品；40% 的欧洲消费者喜欢购买有环境标志的而不是一般的商品。

人们怎么选择产品、选择什么样的产品，是由思维模式决定的。需要你完全站在客户的角度帮助客户理清思路。从营销上讲，这是一种最重要的武器——进入某一个市场，然后改变这个市场的思维模式。如果改变了思维模式，也就改变了价值判断，改变了购买倾向。

理念的力量是无穷的，它可以诱导消费需求，引导消费观念，创造培育市场。

麦当劳掌门人说，作为企业，最重要的是在全世界推广他们的理念，用他们的理念征服消费者，使他们认同，进而接受这种消费方式和生活方式。

研究发现，改变主导人们的行为理念，将比直接改变行为更加有效。

理念对于消费具有一定的指导意义。当一个企业提出一个适应时代与消费意识变化趋势的理念时，这个企业的品牌便打上了这个理念的个性烙印。

柏拉图认为，我们在日常生活中体验的任何具体事物的各个侧面都存在着该事物的“理念”，“理念”使事物更长久，甚至拥有永久的意义。品牌概念也可以称为“柏拉图的理念”，人们可以在没有看到产品或者没有直接体验服务的情况下对其产生反应。

品牌代表的理念一经建立便深植人心，并自此牢牢锁住了消费者的购买惯性。新品牌要从老品牌的壁垒内瓜分资产并不容易，其唯一的策略，就是发掘出一个有力的区隔点，以恰当的产品、品牌精神和品牌故事，发掘出“喜新厌旧”的新顾客。迪斯尼向其受众传达一种“享受快乐生活”的理念，LG 则向人们传达了“美好生活”的理念。

20 世纪 90 年代初，诺基亚无论在技术、知名度还是资金上都无法与摩托罗拉、爱立信等通讯行业的传统强势企业相提并论。“人性科技”这一品牌理念的提出，使诺基亚跳出了旧经济模式下幼稚的恶性竞争，从而找到了新的利益增长点。这使诺基亚与其他同类品牌很好地区分开来。

理念化是指企业把对营销过程中的相关问题的看法集中化，形成简练的口号化形式表述。如：为顾客创造价值；顾客就是上帝；创造满意；感动服务；服务无止境；决不对市场说不；一切为了客户等。

理念化形式可以突出重点，明确要义，容易记忆，便于普及。人们越是思考一个已有的理念，思维就越局限在这个理念中。

品牌理念帮助品牌与消费者产生共鸣，从竞争中脱颖而出，进而才能建立起一系列协调一致的品牌创建策略。

LV 塑造了一个理念：“每个人生都是非凡的，每个非凡的人生都有一个非凡的旅程。”LV 包成为见证历程的伴侣，赋予了它价值观，有了哲学的意义。

品牌理念是消费者进行自我标榜的标签，是品牌价值的核心基点。品牌营销就是把这个品牌理念进行深度的演绎达到受众的广泛认知，实现品牌理念认同者的聚合，产生品牌归属。

对于成熟的消费者，他们有其相对稳定的价值观，有他们相对忠诚的品牌，他们忠诚的品牌及其品牌理念和他们的价值观有一定的重合。

广告最容易影响的族群是还在寻找自己价值观的年轻态消费者，他们期待找到一个品牌主张进行自我标榜，希望找到一个族群产生归属。

过去十年中增长速度最快的品牌前五十强，比它们的竞争对手都更富有崇高的理想，也更大地提升了消费者的购买意愿，因此获得了更好的财务业绩。

帮宝适最初的品牌定位中毫无情感要素，只是宝洁公司旗下一款亏损严重的卫生产品。该品牌在关注产品功能性之外被注入了情感诉求的理想，转型为帮助年轻父母让孩子健康成长的品牌形象后，一跃成为宝洁公司首个达到100亿美元销售额的品牌，利润率增长了5倍之多。

"湿件"之三：品牌信念

随着消费者消费观念的成熟，消费者购买一种产品已经不再停留于仅仅追求产品功能的阶段，消费者更希望这些产品能够满足其某一方面的愿望或者是梦想。市场营销的层次从卖产品、卖服务到卖思想。

首要品类和首想品质让消费者迈出品牌认同的第一步，之后，靠信念提升品牌向心力。对于品牌而言，每天都唱着信念的高调不见得有什么效果；然而，一旦缺失，却会产生本质性的差异。就像维生素，多了无益，少那么一点点，问题就大了。

信念，就是品牌所奉行的核心价值。信念被认为能够为态度提供认知基础。消费者心中有一种"信念系统"。你的信念是什么？你希望别人对你产生什么信念？你的目标又是什么？这些都不是容易回答的问题。因此，所谓的信念，就是你希望人们深刻相信的概念。人们不容易改变态度，因为信念不易被改变。要想改变一种态度，就要对此态度所依赖的信息做更改，因此通常就有必要改变一个信念，删除旧的信念或引进新的信念。

纵观全球品牌中，坚持某种信念的不在少数：美体小铺（The Body Shop）坚持自然，不用动物做化妆保养品测试；来自神户的牛肉坚持选用经过啤酒喂饲与按摩的牛；可口可乐则坚持一贯的配方并不允许公开。这些坚持，无论只是草创初期的一股傻劲，还是有计划的布局，如今已塑造成企业根深蒂固的形象，让消费者朝圣般地坚信不疑。

多芬相信简单而真实的女人就是真美女人，让众多平凡的女人成为其拥趸。福特的信念是“让每一个人都用得起汽车”，因而放大美国社会的汽车梦。苹果的信念是“Think Different”，基于此，苹果推出的产品从 iPod、iTouch 到 iPhone 总是令人耳目一新，创意十足。

有一些企业，在什么都不变的情况下，干脆直接聚焦于信条广告，将所有的传播资源集中到针对目标人群而设计的信条与规范上，譬如有国外某女性用品的品牌，在广告中向目标人群输出了一个信条：女人，永远不能失去自我！这个带有暗示性质的广告信条，直接引起了整个国家关于女权问题的大辩论，从而形成了一个刮起全国的营销暴风眼。

信念定位你的特质与存在的理由，让品牌获得持续冲击消费者心灵的能量，进而形成磁石的一极。人人心中都有信条，企业的信条就是要把你希望赢得他人信任的东西告诉别人。

“烟王”褚时健，一个备受争议的风云人物，一个特定时代的政策牺牲品。女儿在狱中自杀身亡，自己又身陷囹圄，这对于一个 70 多岁的老人来说，不可谓不是他这一生中摔得最痛跌得最惨的一跤。王石感慨地说：“如果我遇到他那样的挫折，到了他那个年纪，我会想什么？我知道，我一定不会像他那样勇敢。”他并没有自暴自弃，而是在保外就医后承包了 2000 亩荒山开种果园。这时他已经有 75 岁了，身体不好，他所要承包的荒山又刚经历过泥石流的洗礼，一片狼藉，当地的村民都说那是个“鸟不拉屎”的地方。2012 年，84 岁的他奇迹般地带来了一个全新的产品“云冠冰糖橙”。“云冠”在竞争激烈的水果市场中并无特别之处，因此销售很艰难。褚妻马静芬打出一条“褚时健种的冰糖橙”的横幅，经媒体追踪报道后，精简为“褚橙”。“褚橙”的名字也很快被叫开了，褚橙原名后来反倒被渐渐淡化。

褚橙背后励志的故事被无限放大，通过电商平台的助推，褚橙销量直线上升，很快销售一空。哥卖的不是橙子，是一种必胜的信念！

“湿件”之四：品牌核心价值观

消费者不是简单地购买产品，同时也在选择一种观念和态度。希望知道他们所购买的产品背后的公司，希望知道公司的想法和观点。

品牌是由购买它的人们的价值观念决定的。价值观是社会的精华。价值观描述了人们认为生命中哪些事情是重要的，比“需求”更深刻。在实际的品牌打造中，海尔一直倡导“真诚到永远”的观念，是观念营销成功的典范。

观念是最强大的品牌，一个品牌如果能以观念动人，那将会拥有无数的忠诚用户。可见，价值观的文化营销是市场竞争的制高点。

价值观相同或相近的人容易聚到一起，这就是所谓的“物以类聚，人以群分”。将某一价值观和产品进行对接，就使产品具备了被相同或相近价值观的消费者接受的通道。人们总喜欢符合自己观念的品牌，他们往往喜欢那些与自身相似或与自己崇拜的、认可的人或事或东西相似的个性。

消费者所购买的已不是产品的本身，而是这个品牌本身所特有的一种价值观。这种价值观也许是一种生活方式、是一种生活态度，是一种人生追求。当这种价值观通过适合的载体与消费者实现了深度的沟通并同消费者引起心理共鸣，得到了消费者的追捧时，则品牌已经超越产品实体与品牌意义本身，具备了活的生命。

因此，越来越多的企业只提供一样东西给社会，这个东西就是企业的价值观，是这个公司的价值观将产品由单纯的产品变为一种具体的意义，是这个公司的价值观让消费活动变为能产生忠诚度的“同梦者交流”。

形成核心主张，形成好的核心主张，才能产生品牌强大的生命力。

未来市场竞争的基本元素在于品牌。尤其对于同质化竞争和趋于成熟的市场更是这样，品牌经理的工作就是运用整合行销传播，创造差异化竞争优势。

品牌策略有三阶段，先让消费者形成“品牌认知”，成为他们购买时的“品牌偏好”，最终希望他们开心地为此付出“品牌溢价”。从无知到认知，可以经由广告完成，从认知到偏好再到溢价，就需要有独特的理念来沟通情感。

同质化竞争和成熟的市场急需品牌溢价。理念广告就是品牌溢价的有效手段。

理念广告是创造差异化的竞争优势的一条值得考虑的制胜之道。这条制胜之道的秘诀在于一个强壮的理念。这个理念表达品牌的精神力量。众所周知这个精神力量一定是超越产品本身的，同时必须和产品有着隐秘的联系。这个非常考量品牌运营的水准。

超越产品本身的理念究竟是什么呢？其中有一个原则一定是对的，那就是洞悉人类精神中的爱。如果可以了解爱就不难寻找到巧妙的联系点。只有爱可以打动人、影响人、改变人。实现有效和深邃的沟通，就是爱。

原则在于诉说的理念应当和产品本身有隐秘的巧妙联系。借着这个理念的传播，触摸到人们的心，让他们看到生命不停息的希望和爱，激发内心不止息的追想，也许就不难让他们认同并上瘾。

在许多国际品牌看来，价值观是品牌必不可少的一部分。价值观的诉求是品牌，特别是大品牌的必行之道。

阿迪达斯说：Impossible is nothing；苹果说：Think different。这些品牌似乎在尝试改变人们的思想，教导别人怎样生活。人内心价值观的那部分领域究竟是品牌营销的禁土，还是乐土呢？无印良品的哲学是什么？艺术总监原研哉说：我觉得应该是顺应今后的世界，提供必要而合适的价值观的产品。

当一个品牌扩张它的境界，登陆不同领域的时候，很难有一个具象的定位可以整合它的品牌印象，唯在更高的精神层面去寻找这个定位。这时候，只有品牌本身的理想或价值观可以囊括他的形象。

飞利浦经历了品牌理念的提升。从“让我们做得更好”到“Sense and Simplicity”，飞利浦将它的哲学，从行为准则上升为一种生活方式的终极理想。如果说“让我们做得更好”是飞利浦自己努力的目标和鼓励别人的口号，那么“Sense and Simplicity”描述的则是一种理想的生活状态。Sense 代表更有意义，Simplicity 更简单，那是飞利浦应允要带消费者去的一个仙境。

品牌价值观经历了多种形态的演变。其中最大利润价值观、经营管理价值观和企业社会互利价值观是比较典型的品牌价值观，分别代表了三个不同历史时期西方品牌的基本信念和价值取向。

最大利润价值观是指品牌经营的全部决策和行动都以能否获得最大利润作为评价标准。

经营管理价值观是指品牌经营在规模扩大、组织复杂、投资巨额而投资者分散的条件下，管理者受投资者的委托，从事经营管理而形成的价值观。除了尽可能为投资者获利以外，还非常注重品牌经营者自身价值的实现。

企业社会互利价值观，是20世纪70年代兴起的一种价值观，它要求在确定品牌经营利润水平的同时，把员工、企业、社会的利益统筹起来考虑，不能失之偏颇。

当代品牌价值观最为突出的特征就是以人为中心，以关心人、尊重人的人本主义思想为导向。

当代的品牌文化已经开始把人的发展视为目的，而不单纯是手段，这是品牌价值观的根本性变化。正如德国思想家康德所指出的那样：在经历种种冲突、牺牲、辛勤斗争和曲折复杂的漫长路程之后，历史将指向一个充分发挥人的全部才智的美好社会。

美国著名管理学家、现代企业文化学派的主要代表人物劳伦斯·米勒在《美国企业精神》一书中，将美国的品牌价值观分为以下八类。

（1）目标价值观。品牌经营须有崇高的目标，并把这种目标传达给全体员工，使全体员工在追求这种崇高目标时，得到自我价值的实现。

（2）共识价值观。品牌管理者应改变传统的发号施令式的“指挥型决策”，实行“共识型决策”。建立共识是时代的要求，因为广大员工有足够的知识和智慧，也有参与决策的民主意识，让他们参与决策是对他们的尊重和肯定，可以激发他们的忠诚心和创造力。

（3）卓越价值观。追求卓越，攀登高峰，永不自满。这是关于杰出工作信念的理想境界，是一种精神、一种动力和一种工作伦理。

（4）一体价值观。品牌管理者和全体员工必须组成一种同舟共济的利益共同体。这是一种强文化的标志。

（5）成效价值观。行为是结果的函数，这是人类行为的基本法则。成效价值观是讲求效果的价值观。它要求把员工的工作和利益联系起来，付出与获取联系起来，成绩与奖励联系起来，使员工在成就需要不断得到满足的情况下把自身的能量最大限度地释放出来。

（6）实证价值观。用统计方法去衡量效益，是一项基本的管理技能。品牌管理者必须学会思考的方法，把基本数学观念应用于决策之中，因为品牌经营的成败全在于管理者和其他人员是否善于思考。

（7）亲密价值观。亲密感作为一种给予或接受爱的能力，是一种普遍的、基本的人性追求，它有助于提高信任和忠诚的程度。品牌管理者应努力营造一种和谐亲密的文化环境，使每个员工的积极性和创造性得到充分发挥。

(8) 正直价值观。品牌管理者具有正直的人格和品质，才能赢得下属的信任和品牌的灵魂。

要找到有效的切入口，撬动消费，必须研究消费者的心灵运作的方式。黄金单品的最高层面是（崇拜、爱慕），我们首先得明白人们（崇拜）的是什么？为什么LV、Dior等奢侈品牌的消费者开始呈现低龄化趋势呢？并非因为年轻人已经个个富得流油，打动他们的也不完全是产品本身。真正吸引年轻人的是这些品牌所标榜的成功与富有的生活状态。他们想要的不只是一个上万的包包，而是被名牌服饰、跑车、金表、豪宅环绕的珠光宝气的生活。这才是他们崇拜的对象、甘愿为之奋斗终生的目标。

一个成功的革命家，最懂得怎样为他的党徒描述美丽辉煌的生活远景。营销当然也需要这种煽动。每个人都有自己的生活理想，每个人又都在不断地通过学习，充实或调整他的生活理想。事实上，人所有关于理想生活的远景描绘，完全都是这个世界灌输的结果。这才使品牌在这个层面的介入成为一种可能。我们并不期望改变人们的价值观（品牌无力也无需改变消费者已经认可的东西），但我们可以尝试用更美好的质料充实那些灵魂，从而引起内心的共鸣与追随。

品牌的核心价值是指可以兼容多个产品的理念，也是消费者对品牌理解的概括。品牌建设的第一个基本工作就是明确品牌的核心价值。品牌的核心价值是一个品牌的精髓，是一个品牌最独一无二、最有价值的部分。一个品牌往往会有一种价值观作支撑，这样品牌才不是空的、呆板的、平面的，而是有血有肉、充满活力、立体的。价值观作为一种精神状态深藏于品牌之中，但消费者通过认识品牌就能够清晰的感受到它的存在。

"湿件"之五：品牌道德力

品牌是商业的宗教，品牌就是要为我们赢得最广泛、最忠诚、最有贡献的信徒。

品牌的形成和建设中必然反映道德的力量，道德力量在品牌构成及品牌的具体功能这两个层面上的特定因素中会发生作用。如在品牌名称、品牌人物、品牌口号的选择上，品牌传播、品牌服务、品牌建设过程中，道德力量托举的品牌俯首皆是。

"因你而变"、"顾客需求不止，金融服务无限"的品牌口号都和特定的时代与道德信念结合在一起。品牌的道德力量能够赋予品牌使命感、境界感，赋予品牌发展性、成长性，赋予品牌以健康感、卓越感，对品牌整体形象有良好的定位导向作用，有利于消费者形成偏好，赢得消费者的品牌忠诚。所以企业要在品牌中的体现上重视现代传播中的品牌道德形象，重视在品牌形象整体中道德形象的塑造模式和公益行为模式；在道德理想的具体表述上体现境界化、宏观化和人生理想化，以此来从精神层次上培育品牌忠诚。

跨国公司在品牌传播过程中，注重有机地融入慈善、环保、体育、文化等公益元素，拉近与消费者的关系，获得经济效益与社会效益双丰收。

可口可乐进入中国市场70多年，非常重视对社会的回报，仅最近几年，该公司就为中国希望工程捐款2000万元，承建了50所希望小学，捐建100个希望书库。可口可乐曾多次对中国代表团慷慨相助。可口可乐通过一系列公共工程建设，形成对消费者的情感体验冲击，使自己成为真正的东方不败。

"即便拥有了核心技术，建造都是世界级的项目，但当我们走向世界时，发现我们的商业模式、发展理念等体现软实力的指标与国外还有差距。比如我们在做国际项目时，发现当地需要的并不是顶尖的技术，而是作为全球企业公民的你的项目能否与当地环境契合，造福当地人民。"

面对人们对温室气体感到不安，全球最大的能源设备巨头GE公司CEO伊梅尔特清晰地意识到，当企业业务引起的外部效应不断给社会带来负面影响的情况下，GE的可持续增长早晚会碰到问题，因为它正在和人类社会进步的主流方向脱离。基于此，杰夫·伊梅尔特说服了GE公司上下，2005年开始推出一项名为"绿色创想"的新商业战略，以更环保的产品推动公司业绩和环境效益共同增长。这是100多年来GE对自身战略发展核心的又一次深刻调整，而这次调整的主题，是以社会责任、社会的可持续发展为核心，聚焦GE后一个百年企业所存在的价值与宗旨使命。很多场合不断重复的"green is green"（绿色就是美钞）——绿色技术必须展现自己的商业魅力，并具体推出了 GE 的绿色畅想计划。

判断我国能不能出现真正意义上的国际企业，不仅要看核心竞争力、品牌影响力、市场占有份额，还要看社会责任感。企业价值取向必须与国家经济发展保持高度吻合。

想当初，农夫山泉如果只有“天然水”这样的差异性和关联性价值的需要，它不会有今日的地位和分量，是捐一分钱支持申奥和捐一分钱支持阳光工程这样的公益型的驱动性理念和举措成就了它，也成就了一个品牌的境界。

品牌是品德和智慧的结合体，品牌是品德基础上的智慧。由古及今，做人要以品为先，人无品不立，做企业更要以品为先、以品牌为先。无论是做人还是做企业，都可归结为“品为先导，品质立命，无品而不立”。

一个没有爱心，一个不能融入社会的企业，就是一个纯粹的商业机器。这样的企业是不可能深入人心的。消费者也许喜爱这些企业的产品，但随时都可能对这样的企业产生鄙视。

我们经常将品牌比作人，一个具有责任感的人不但能够受到人们的尊重，还能够得到人们的支持。同样，具有责任感的品牌也可以得到消费者的尊重，并从中获得利益。

品牌的社会责任感不仅能够为品牌带来知名度和美誉度等综合的品牌价值，还能够体现品牌对消费者无限的关怀与帮助，建立与消费者的某种特定关系。很多著名企业都在品牌社会责任感的驱动下，为企业的发展做出了巨大的贡献。

品牌企业作为社会的一分子，它所具有的社会责任感不仅仅是针对企业的员工、客户，还要为社会尽更多的责任。比如，从人性的角度关心员工，改善工作环境，关注环境、减少污染等。

在品牌社会责任感的驱动下，品牌必须将企业利益、消费者长远利益以及社会利益有机结合起来，通过一系列活动来体现品牌企业自身的社会责任感。品牌社会责任要素是与消费者沟通对话的重要手段，也是获得消费者尊重、认可、喜爱的有效策略。

“湿件”之六：精神性品牌

精神性品牌已远远地超出了产品的实物功能需求，能给消费者带来精神需求上的极大满足，即自我实现的快感。这类品牌的价值构成中，附加价值远远超越于实物价值．且实物价值与附加价值之间没有必然的因果关系．甚至无需实物价值的存在。

精神性品牌的建立需要涉及社会学和对消费者心理的深刻研究，品牌形象的定位与树立相对难以把握。另外，因为精神性品牌更侧重于消费者自我价值的实现，所以精神性品牌的培育和维护，要更多地侧重于品牌责任及所承担的社会角色的传播，可更多地介入如公益、体育、慈善、艺术等社会活动，通过公共关系来传播品牌，而不必在大众营销上花费太多的精力。

著名品牌，关键赢在品牌意义。一个没有文化的企业是短寿的企业，一个没有文化的产品是半成品。文化，就是对事物的意义的理解。品牌精神营销是品牌营销的最高境界，是通过品牌精神所倡导的一种生活方式、生活态度、价值观念来促使消费者购买、消费公司的产品或者服务，强调的是一种心理上的感性消费。

精神性品牌是品牌发育的最高阶层，只有极少部分的品牌能够达到这个层次。从广义品牌的角度来说，目前能真正称得上精神性品牌的只有宗教、爱国主义等少数抽象的事物。

注入品牌信仰，成就信仰品牌

品牌越是让人觉得物超所值（而非“物有所值”），顾客对品牌的情感依赖程度越大，也就是品牌忠诚度越高，则品牌就越成为人们心中的“必须”，也就越接近人们心中的“必需”。踏上通往“必需”之路，要先解决品牌如何成为“必须”的问题。产品越是丰富，消费者就会越发倾向于选择品牌，这既来源于品牌所承诺的物质及功能层面的信任给予人们的信心，也源自于品牌与消费者之间的情感和心理联结。

站在比用户高一点的角度，才能说你想说的。也就是说，不用刻意去说用户想说的话，说出你想说的，效果可能更好，但前提是，你让用户认为你比他高一点点，总是能挖掘出用户心中最真实的那句话，并且直截了当地说出来。让品牌成为消费者心中的图腾，甚至成为消费者的精神支柱，是无数品牌的梦想。这种图腾就是一种价值观体系，是精神性的，超越物质的，商品则成为附着这种精神的载体。

雀巢董事长彼得·布莱贝克对品牌的理解是："在技术统治一切的乏味的年代里，它带来了温暖、熟悉和信任。它还能创造出一种归属感，在一个没有宗教的世界里，它为我们提供信仰，它定义出我们是谁，而且还向与我们有关的人发出信号。"不是对产品给消费者所带来的直接和间接利益进行的挖掘，而是在产品功能利益之上根据消费者自身的社会地位和扮演的社会角色而赋予其的精神和文化价值，所以精神性品牌在形象塑造上更加自由，空间更加广阔，其品牌的个性特征也更加鲜明。

信仰化的品牌

当面临不断增加和日益多样化的选择时，消费者的购买倾向就变得更加受制于其钟情的"品牌信仰"。信仰化的品牌，力量是伟大的，它可以像虔诚的基督徒对待耶稣那样不断祈祷和祷告，在千姿百态的众多品牌中毫不犹豫地选择它。

总的来讲，品牌信仰是品牌建设道路上最艰难的一步，也是品牌建设的最高层次，是把企业形象、审美通感、消费文化、民族心理的有机结合，让品牌信仰化。它是持续保持行业引领者应迈出的最重要一步。

品牌亟须一种信仰，需要注入一种哲学生命和意义。品牌本质上是一种来自消费群体内心的信仰。品牌本身其实就是一种情感诉求的结果，而品牌的建设过程其实也就是一种情感建立的过程，这种情感包含了信任、欲望、喜爱，甚至崇拜。

品牌重要的作用便是把产品从冷冰冰的物质世界带到活生生的精神情感境界。就像有人所说："品牌做到最高境界的时候便成为一种宗教、一种信仰，会左右消费者的消费观念。"在很多产品领域，消费者选择品牌主要是因为它能抒发自己的情感，体现自己的身份和品味。

品牌来自认同，认同来自心理，心理来自文化，当品牌折射出的文化内涵与消费者的价值观产生共鸣，这种力量就变得十分强大。热卖品牌的建立不仅仅依赖于知名度、认知度、美誉度和忠诚度，更依赖于信仰度，进入信仰品牌境界，就离不开品牌信仰。

品牌信仰如同品牌的地核，处于第一个层面。一切品牌行为必须紧紧围绕地核——品牌信仰（BRAND BELIEF）而逐步扩散和累积，不同的品牌可依据行业特性及自身特点，在品牌信仰的指引下，构建独特的核心竞争优势。

形成品牌信仰离不开参与性和差异性，品牌具有参与性和差异性，消费者就很容易感知信仰的价值，产生共鸣。同时品牌信仰还要与众不同，具有独占性。如此这般，企业创建出来的品牌才会是独特的，也是其他企业所无法超越的。

顾客对品牌的信仰度最终取决于他们对品牌内涵的理解和认识的程度。从认识品牌、接受品牌、忠诚品牌到信仰品牌，并不是所有品牌都能完成这一过程，往往在忠诚品牌阶段就出现了断裂。“伟大的品牌之所以伟大，并不是它能够取得大部分顾客的认知，而是它创造了一种文化，一种让顾客可以奉为终生的品牌信仰。”

品牌信仰，传达一种价值取向。品牌代表了一种文化，一种价值观取向。当品牌的理性价值不足以支撑起品牌的整体或者品牌的理性价值不利于品牌构建的时候，挖掘、寻找品牌的象征性价值，或者赋予品牌以人性化的象征性价值是大多数品牌通行的做法！

宗教信仰制约着人们的消费行为。宗教是一种精神现象，相信并崇拜超自然的神灵，它对信仰宗教的人们的消费行为起着绝对约束的作用。品牌应注重对消费者心灵需求的挖掘，品牌宣传应激起消费者的共鸣。

缺乏对人性关注的品牌是走不远的。“万宝路牛仔”、“绿色巨人”和“麦当劳叔叔”是商品经济世界里人文精神的胜利，它们脱胎于品牌个性而诞生后又成为品牌本身，其文化意义不在品类层面而是只属于品牌自己，这种力量就是通过文化形态所传达的品牌精神。

如果说苹果靠产品创造了令人崇拜的品牌，耐克则是苹果的品牌导师。耐克让贫民窟的穷小子愿冒牢狱之灾去持枪抢劫一双有着耐克标志的运动鞋。在美国，高达七成青少年的梦想是拥有一双耐克运动鞋。在成立仅仅30年时间，耐克就打败了老牌竞争对手阿迪达斯而荣登上世界第一的宝座。

耐克产品未必与阿迪达斯、李宁等有多少本质区别。“耐克”取名于有翼女神“NIKE”，女神张开的双翼象征着胜利——“V”。“耐克”是胜利者，是英雄，但英雄不是抽象的。英雄的品牌原型被许多后来者所青睐。耐克在传播的过程当中无不以英雄为基础。耐克公司确立的目标是通过运动与健身，提高人类的生活品质。耐克为了挖掘自身的品牌精髓，发起了一场大规模的反思活动，耐克是什么？耐克品牌的本质是什么？最后提炼出的品牌核心即为“真正的运动品质”。

如果没有耐克的Logo，即使便宜40%消费者也不会购买。耐克的当家人莱特说：耐克贩卖的不应该是运动鞋，而是一种运动的理念——决心、个性、自我牺牲和胜利。它代表消费者表达出来的情感、态度和信念。耐克的营销总监斯科特·贝德伯里说，品牌必须上升到精神层面，必须有自己的主张，有自己的追求，才能真正引起消费者的共鸣。耐克的品牌诉求“Just do it（就去做吧）”，可谓点铁成金，令消费者自动为耐克的产品价值加分。如果没有“Just do it”这样的绝唱，至少未必能产生强势的品牌吸引力。

耐克品牌诉求的完美演绎，完全传达耐克品牌的非同一般的运动生活理念，其对顾客的号召力远远大于那些诉求产品功能的运动品牌。耐克推出气垫运动鞋后，本来可以花上千万美元宣扬产品本身的价值，因为这种运动鞋的中跟处，薄而柔韧的膜中装了气垫，外面包着成型的脚框架，附有一种动力健身系统，技术含量很高。但耐克的推广方式是：简单地展示了一下产品，却与顾客在更深、更鼓舞人心的层面进行交流，让人在更广阔的运动健身世界中了解产品的真正意义，这超越了产品本身，让人感动。

耐克一贯的广告的风格是淡化产品、突出精神。

有这样一个故事：卡车司机杰克因醉酒开车撞死了人而被判入狱。妻子与他离了婚带着孩子远走高飞。杰克出狱之后，每天喝的烂醉，像乞丐一样到处流浪。有一天，他回忆起曾和妻子、孩子在一起的美好时光，于是突然清醒了过来，觉得自己不能再这样颓废下去，于是找到了一份靠出卖苦力的工作。一个月以后，他有了一点积蓄，于是用仅有的这些钱买了一双耐克鞋，当他穿上耐克鞋的那一刻，久违的自信和笑容又回到了他的脸上。

耐克所宣扬的不是品质，而是自身的一种精神，一种永不言弃的精神，一种给人力量让人奋进的精神。耐克品牌已经超越了一双运动鞋，成为让每个人紧紧联系在一起的精神追求，因此得到了万千顾客心灵的回应和共鸣。

耐克把自己的产品作为一种精神信仰来宣传，把力量和精神元素注入自身的品牌。这个时候再去研究一双耐克鞋使用多少原料、耗费多少人工，已经变得毫无意义。耐克品牌的超凡魅力隐藏在颇有说服力的隐喻之中，“耐克等于运动成绩”。

耐克只招聘“不断向困难挑战”的人群，并希望每一个员工都热爱运动。耐克的品牌成员，包括耐克的员工和顾客群，他们都共同享有“不屈的奋斗精神”。耐克的品牌不仅诉求提供给消费者的利益，还可以表白对社会、对人的态度和观点，态度和观点构成了品牌价值主张。耐克的体育精神感动了所有消费者，包括苹果的乔布斯，他们从心灵上受到了震撼。乔布斯看完耐克的广告，对负责广告的主管说，以后我们就这样做。

把力量和精神元素注入自身的品牌

只要是人，他在潜意识中总会存在某种期待，只有找到人类潜意识中的真正预期，便可稳操胜券。企业精神理念必须和消费者生活理念联系在一起，而这样的理念必须是简单而深奥的，能引起消费者内心的共鸣和对生活的信心，产生一种振奋人心的感觉，催人上进，甚至成为消费者心中的座右铭，从而给消费者以深刻印象。

体现国家核心价值观

消费者在选择消费一个产品的时候，很多时候也在选择背后的国家文化或地域文化。而当前世界上所有的强势品牌，其背后都有强势国家和地域文化的支持，就好像消费者非常容易接受美国、法国、英国、德国、日本、意大利等国家的品牌，却很难去接受伊拉克、越南、缅甸这些国家的品牌，因为这些经济上相对落后的国家，其国家文化的影响力也非常有限。

为什么现在全世界的顶级品牌中，美国品牌占据了大多数？一方面是美国经济的发达；另外一方面则来自于美国人不遗余力的推广其美国精神和美国文化的努力。

美国好莱坞电影中一直在强烈地推广其美国式个人英雄主义价值观。美国好莱坞电影的本质是：既要金钱，又要向世界不断推广他们的价值观。很多消费者的心目中，大众、奥迪、宝马、奔驰代表着德国的严谨、高效率和高品质的文化；丰田代表着日本精益求精的文化。这些来自国家的文化传统有时会成为品牌的强大力量源泉，使品牌有更持久的生命力和竞争力。法国是一个浪漫的国度，法国的女性从6岁开始，一直到60岁，都有着保持青春活力的不懈追求，而不是女人到了一定年龄，就可以忽视自己的保养、外表和魅力，高跟鞋、裙子、香水、口红对于法国女性来说是伴随一生的，因此法国的香水、化妆品品牌就利用了来自社会流行风潮中的文化符号，而大获成功，爱马仕、香奈儿、迪奥、希思黎、欧莱雅、兰蔻等品牌就是代表。

可口可乐品牌的象征性价值是快乐，可口可乐依靠二战期间的出色公关，成为体现胜利的一种代表，可以让人从中体会到一种团结向上的民族情感。随着美国战后经济复兴，可口可乐用“留住清爽瞬间”的系列广告热情赞扬美国的新式生活。在冷战的压力之下，可口可乐公司又重磅推出“意大利山顶广告”，以世界各地青年歌唱和平的方式，呼唤冲破种族和国家界限，彼此友爱，互相理解和宽容，使可口可乐成为和睦的代名词，成为一种缓和种族、政治和性别冲突的良药，号召人们用乐观和不屈不挠的美国精神战胜歧视和隔离，创造了一种缓解各种社会问题的可能性和想象空间。可口可乐在品牌运作上无疑是充分体现了国家核心价值观。恰当的赋予人性价值观来表现品牌——要爽由自己！年轻的形象代言人的引入也赋予了品牌本身很大的感性价值体验，有助于顾客在终端购买时的冲动性行为！

当一个品牌创造了人们认为有价值的概念时，它就具备了权威性，可以传达类似的概念（文化权威），并在未来满足类似社会群体对身份的需求（政治权威）。

体现人们的梦想

一个超级品牌就是为顾客创造梦想。世界顶级品牌不断制造向往，并引导受众的向往。世界顶级品牌无不构建了其非凡高度，让消费者仰视，让消费者追逐，让消费者购买产品的同时心甘情愿地多付钱。

1963年夏天，25万人汇集华盛顿DC，聆听马丁·路德·金博士的演讲。没有什么邀请信，没有什么网站让你查演讲日期，怎么做到汇集这么多人的？金博士并非美国唯一伟大的演说家，他不是唯一饱受社会歧视之苦的人，他没有巡回告诉人们要做什么去改变美国。他只是巡回演讲告诉人们他的信念。“我相信有一天……我相信……我相信……”而那些和他怀有同样信念的人接受了他的理由，把它们变为自己的观念，再告诉别人。还有人进一步构建信念把话语传给更多的人，结果，25 万人在那天准时出现，聆听他演讲。有多少人是为金博士而来？没有谁是。他们为自己而来，是他们自己对美国的信念把他们带上大巴，跋涉八个小时，在八月夏日的太阳底下来到华盛顿。这是他们的信念，这信念无关黑人与白人，现场听众有 25% 是白人。

金博士相信世间有两种法则，一种是上帝制定的，一种是世人制定的。直到世人制定的法律和上帝制定的律法相符合，我们才真正生活在公义的世界里。只是碰巧民权运动是帮他将信念付诸实现的最佳载体。我们跟随他，不是为了他，是为了我们自己。他的演讲是我有一个梦想，不是我有一个方案。

迎合顾客梦想

为什么有许多中国人喜欢逛宜家呢？宜家提出了一个重要品牌概念："销售梦想而不是产品。"在宜家品牌的价值观里，梦想就是一种对美好生活的向往与期盼，而宜家就是这个梦想的舞台，它为全球千千万万的人实现了梦想。

宜家没有像其他品牌一样，选择投放电视、报纸、杂志广告，而是采用一贯的宗教式传播方式进行品牌的传播。一直以来，宜家赖以传播品牌的主力就是宜家的产品目录册，不少人把它比喻为宜家的"经书"。宜家很聪明地将家具布置成实景，不厌其烦地设计灯光效果，精心搭建各种布景，让它们看上去完全就是一个家的样式。当人们漫步其中，他们满脑子都是关乎自己"家"未来样式的甜蜜联想。宜家成功缔造了一场让人流连忘返的精神梦游。

"向往"是品牌原动力中非常重要的一个元素，任何人都有向往某种事物、地位、身份、居住地、生活和工作方式以及成功等情感需求。比如，有的人向往那至高无上的国家总统大位，有的人向往贵族式的生活，有的人向往事业成功，等等。

消费者所追求的包括社会性需求的满足。为品牌赋予身份，已经成为赢得高端市场的有效途径。路易威登、奔驰等品牌始终定位于高品位的高端市场，并由此塑造了象征身份地位的品牌使用者形象，这个定位至今一直没有丝毫的改变，使忠诚于他们的消费者认为，这些品牌是他们最可信赖的朋友。

产品或长或短都有可预见的市场生命周期，但著名品牌没有可预见的市场生命周期，支撑品牌的一种产品或服务被淘汰，只要开发出更新更好的产品或服务，品牌仍然会发展。

每个人都有自己的个性化生活方式，生活方式也是一种生活梦想，崇尚精神生活、彰显自我个性、追求个人价值的消费心理日趋明显。正因为要建立自己的生活方式，圆自己的生活梦想，消费者才需要接受各种各样的产品或服务。

为什么消费者愿意为所谓的高端品牌付出更多呢？目标消费者心中都有“重要又较未被满足的需求”，如象征性消费需求或者炫耀性消费需求。挖掘出目标消费者“重要又较未被满足的需求”，据此创造出产品的利益点并发展出独特的产品概念。品牌的深层次的价值就是，它可以拔高消费者的层次，或者让消费者产生一种品牌价值联想——如果他消费了某某品牌，他就置身这个圈子了。世界顶级品牌无不构建了其非凡高度，让消费者仰视，让消费者追逐，让消费者购买产品的同时心甘情愿地多付钱。世界顶级品牌不断制造向往，并引导受众的向往。很多国际品牌在发展到了一定阶段后，营销重点就转移到品牌精神价值上，其结果就是培养出了一种品牌崇拜。

让品牌成为消费者心中的图腾，甚至成为消费者的精神支柱，是无数品牌的梦想。这种图腾就是一种价值观体系，是精神性的，超越物质的，商品则成为附着这种精神的载体。

洋河进入“茅五洋”的三甲阵营，与洋河打造首要品类和开创出让男人怦然心动形成共鸣的品牌观点、品牌精神不无关系。

洋河蓝色经典的“男人的情怀”与天下男人心照不宣，有点“自来熟”的味道。以“世界上最宽广的是海，比海更高远的是天空，比天空更博大的是男人的胸怀”为诉求点，迎合了有足够的社会经历或潜在的理想和抱负的社会成功人士、中产阶级、高级蓝领或即将进入这些阶层的人群的宽广、大度、有事业心、渴望成就自我的夙愿。

洋河推出的梦之蓝，具有首倡精神，用13亿人的梦想塑造信仰品牌。首倡精神也是国家精神。品牌诉求“中国梦，梦之蓝”，这是愿景层面的构建，呼应了国家崛起这个主流价值，传达的是一种能鼓舞一个民族的文化。这种文化是积极向上的，带有民族情感的。这种文化正好契合了国家的变革文化。“中国梦”体现民族的主流精神，契合了国家崛起战略，主张层面暗合了奥运会、世博会、亚运会、GDP 快速提升等社会舆论；洋河蓝色经典的“男人的情怀”，与万宝路的“男人的世界”可有一比，是近年来为数不多的、有价值的口号创意。

调性层面用“情怀”进行流行要素呼应，使得品牌文化金字塔扎实完备。当中国梦成为国家意识形态之际，梦之蓝最终会以文化主旋律成就信仰品牌。这是一种文化行为战略指导下的品牌塑造。洋河蓝色经典的品牌感知力、品牌感动力、品牌感召力三位一体构成它巨大的品牌力。这种打造信仰品牌的探索，带有开先河意义，因而也获得很好的市场回报。

让一个商标成为一个品牌并不难，让所有的人都知道一个品牌许多企业也能够做到，但让品牌成为顾客实现梦想的方式，却是凤毛麟角。

信仰式品牌产生思想向往，同时创造了国家客户。消费者记忆这个品牌之后被品牌文化、品牌价值、品牌理念等所吸引并引起共鸣，从而喜爱忠诚这个品牌，其核心是信任。

品牌感召力代表着一个品牌的成就和高度，需要的是品牌的首倡精神。

与情感性品牌形象相比，精神性品牌由于不是对产品给消费者所带来的直接和间接利益进行的挖掘，而是在产品功能利益之上根据消费者自身的社会地位和扮演的社会角色而赋予其的精神和文化价值，所以精神性品牌在形象塑造上更加自由，空间更加广阔，其品牌的个性特征也更加鲜明。

茅台酒曾以健康为诉求点，失去了挖掘特有的文化资源和品牌精神的机会，在主流价值上踏空，导致国酒的愿景没有主流舆论的支撑，而沦落为品牌主张，导致与其他众多品牌在缠斗时口角不断。茅台酒经过一系列品牌整合后，就以自身蕴藏的独有丰富文化资源，通过伟人、名人的诗词、书法等载体挖掘新时代下的茅台品牌精神，传播具有宽济、厚德的“新时代精神”！

一个好的白酒品牌，其传播诉求应该在三个层面逐次展开，形成完整的品牌文化金字塔。

（1）塔尖层面为品牌愿景，对应国家的主流价值；

（2）塔腰层面为品牌主张，对应社会的主流舆论；

（3）塔基层面为品牌调性，对应市场的流行元素。

缺乏品牌愿景的文化难以在消费者精神层面找到着力点，缺乏品牌主张的文化难以在消费者思想层面引起共鸣，缺乏品牌调性的文化难以在消费者体验层面激发归属感。

一个品牌如果不能取得主流消费群体的认同，那么它就很难产生影响力！白酒，属精神消费，没有品牌观点不如水。不管资格多老，只有那些能够洞察白酒文化本质，并敏锐捕捉市场信号，精心设计品牌观点，大胆决策，果断出手的白酒品牌，才有资格在惨烈的整合过程中幸存！

挖掘品牌精神

品牌精神就好比是企业精神一般，是展示给消费者的一种风貌和姿态。

以品牌崇拜为核心战略来打造品牌——锁定消费的品牌崇拜，让这个宗旨成为创造经济价值和品牌价值的原动力。伟大的品牌是公司维持超额利润的唯一途径。伟大的品牌代表了感性收益，而不仅仅是理性收益。一个品牌不仅仅是一个名字，标志、色彩、标语、标记这些只是营销的工具和战略，一个品牌的本质是企业向消费者许诺和持续传递特定的特性、利益、服务和文化的过程，因此企业必须为品牌建立一个使命，以及规划一个品牌的前景。市场的品牌大战至多可以创造名称识别和一些品牌知识，甚至还有一些品牌偏好，但是无论是公司在广告和公共关系上花费多少时间，一场品牌大战都不会创造品牌崇拜，只有当消费者在接受企业传递的利用承诺时候，品牌组合才会放生，让消费者产生崇拜消费心理。事实就是，品牌是靠品牌经验而不是广告建立的！

建立品牌崇拜，也必须要在品牌权益的传播中有其长效的运营机制。因为品牌权益是消费者对品牌主观上的无形评价和超出客观理解的价值。

品牌权益的子因素是消费者的品牌意识、对品牌的态度以及对品牌道德规范的认识。我们应当扩大地利用传播的效能以及一切可利用的传播工具来使这些子因素影响消费行为。

在产品的同质化日趋严重的今天，品牌权益对消费的影响比其他的因素对消费权益有更大的影响。消费者通过一系列的触点开始认识品牌，消费者希望他们所拥有的品牌能够成为一种表现个性的形式。为此，他们常通过品牌网站提出自己的想法和异议，也借助这个平台与更多的同品牌消费者进行互动沟通，进而更深一步加强对该品牌的信任和希望。在网络等现代发达通讯联络工具的帮助下，企业与消费者的关系正逐渐发生深层的改变，力量对比的天平或者更倾向于消费者。甚至有越来越多消费者正习惯或试图按照自己的想法改造产品和服务，以主人或者成员而不是单纯消费者的身份与品牌展开对话和交流。而一旦与某个品牌建立了这种关系，他们也将不再与该品牌若即若离，而开始变得更为主动地消费。这种品牌和消费者之间的关系已不同于品牌忠诚度了，而是品牌崇拜。

消费者在消费产品并不是单纯地购买物质上的产品，而是在消费和享受着一种文化和生活方式，是在购买符号化的产品，这就是感觉价值。而这种感觉价值就成了品牌崇拜的基础。品牌崇拜是建立在消费者视作自己拥有该品牌的某些特权（话语权、建议权等）的基础上，对品牌的忠实有如宗教信徒般的关系，并且有意区别其他品牌的消费群，并针对所爱品牌而自我设立的一套规定明确、实施严格的价值体系制约。

消费者将该品牌提供的一系列的满足，包括物质、精神、个性、文化等信息，自觉向其他消费者推介，并为自己是某品牌追随者而感到骄傲。品牌崇拜是一种特定形式的思想观、消费观、生活观，它是通过产品、形象、服务、个性、文化等各个方面展开的整合心理攻势，并不仅仅是单一的突破。

拥有百年历史的哈雷摩托车是品牌崇拜的典范。哈雷的每一个举措其用意都是打造其深层次的品牌崇拜，哈雷车主俱乐部（HOG）目前有 80 多万名成员。在哈雷品牌百岁诞辰之际，哈雷生产基地——密尔沃基吸引了多达 25 万多名社团成员聚集庆贺。哈雷的成功，便是对自己多年来潜力于创造一种凝聚年轻一代梦想、反叛精神、奋斗意识的“摩托文化”的肯定和坚守。这不仅是哈雷的品牌内涵，而成为哈雷品牌的持续不断的品牌基因文化。哈雷公司以品牌崇拜战略为核心分别从产品开发、生产、营销等各方面进行了全方位的再造，逐步地累积品牌资产，进而获得消费者的肯定与支持。改造生产环节，形成个性化，定制生产制造系统。许多哈雷迷喜欢改造哈雷摩托车，以符合和显示自己的个性。因此，为了满足哈雷迷的需求，哈雷公司多半等到顾客订单确定之后，再根据需求制造量身打造“专属哈雷摩托车”。

体现人们向往的性格

企业将自己具有鲜明特点的经营理念和企业精神作为品牌的定位诉求，体现企业的内在本质。一个企业如果具有正确的企业宗旨、良好的精神面貌和经营哲学，那么，企业采用精神理念就容易树立起令公众产生好感的企业形象，借此提高品牌的价值，光大品牌形象。

把品牌文化作为品牌的切入点，从文化的宏观视角塑造品牌，这是一个伟大品牌能够成长并走向成功的必然之路。

品牌精神支撑

精神的作用是强大的，但失去支撑，精神的力量就会大打折扣。现代品牌注重把优秀的品牌精神、品牌理念转化为品牌动作，让消费者感到品牌就在身边，伸手就能抓住，“你做的，正是你说的”，“你，做到了言行一致”。

真真切切地具备品牌精神

任何一个企业员工都是品牌精神传递的一个载体，任何一个企业行为都是品牌精神与理念的一种直接表达。要让顾客感受到某种精神，并被强烈打动，企业家及其团队不可能无中生有，必须要真真切切地具备这一精神。吸纳对梦想和价值观产生共鸣的人，制定出反映企业梦想和价值观的章程，成为组织成员的共同行为准则。让顾客感受到品牌精神，首先要得到管理团队和全体员工高度认可，变成具有共同梦想的成员。一个品牌只有创造和传递高价值才能成功，这是确定消费者对自己品牌产生崇拜的消费基础。企业家必须是品牌精神最好的理解者和最热情的崇拜者，一个信仰坚定的梦想家，并且树立起打造传世精品的梦想和决心，既要理想高远又要果敢行动。

品牌创造的梦想越清晰，其扩散的能力越强，就越能够聚集到有意愿的成员。品牌精神向媒体和顾客传播过程中必然会不断衰减。为了品牌精神能够打动最终顾客，企业内部的精神源头必须充沛，传播的技巧必须高超娴熟。

用行为表达品牌精神

精神是行为的指导，行为是精神的表达。任何一个营销人的行为都是一种品牌精神与理念的直接表达。行为动作更能凸显品牌的魅力。川派茶艺世界闻名的长嘴茶壶斟茶艺术，全聚德的片鸭技术，印度飞饼，兰州拉面，酒吧调酒师……每一个动作都是一个品牌的诠释，消费者能够清晰的从这些动作中感受到品牌不同的存在，企业员工也能深刻认识自己的任何行为都与品牌紧密联系。麦当劳叔叔领着儿童做游戏、学唱歌之后，孩子们就能深刻感受到麦当劳带给他们的欢乐。这样，一个简单的动作就能很好的达到品牌传播效果。还有麦当劳叔叔教小朋友洗手，在教育讲卫生爱干净的同时，间接在人们心中产生麦当劳注重清洁卫生的好形象。在麦当劳菜单价格的最后写着“微笑0元”这样的标语。虽然微笑是个很小的动作，却能拉近麦当劳与消费者的距离，让消费者亲身感受到麦当劳诚挚的服务，便于双方建立情感联系，增加消费者的忠诚度。透明操作间，消费者能够清晰地看见麦当劳员工的工作流程。消费者见了就会感到很放心，卫生和质量都能保证，对麦当劳自然更加信任。

用品牌故事讲述品牌精神

增进目标受众对品牌的识别和认可的最佳方式是品牌故事，经过精美包装的形象化形式，将所要传递的品牌背景、品牌价值理念和产品利益诉求点（USP）等品牌信息，诉诸人们的视觉感官，使人们在欣赏玩味、潜移默化中接受品牌提供的信息。

玫琳凯的故事是这样的：玫琳凯是美国一家全国性世界礼品公司的主管。当时，美国社会对妇女很歧视，无论她工作怎样努力，表现多么优异，她却始终被男性主宰的世界拒之门外。退休后，她决定在写工作经历时，突然发现在不知不觉中已经规划了一套构成自己梦想公司的市场计划。于是她决心发挥自己的最佳潜力与男性们一争高下。仅凭着上半生不多的积蓄和她儿子的支持，她成立了自己的玫琳凯化妆品公司，目标是为广大的妇女提供无限的个人发展机会，帮助她们实现梦想。她信奉“你要别人怎样对待你，你也要怎样对待别人”的黄金法则，倡导“信仰第一、家庭第二、事业第三”的生活优先次序。凭着她坚定的决心、努力的工作以及无私的奉献精神，将公司发展成为全美最大的美容保养品直销企业，也被列为最适宜妇女工作的十家企业之一。

故事完美地体现品牌的核心价值理念“你要别人怎样对待你，你也要怎样对待别人”，恰到好处地迎合了女性心理，所以俘获了众多爱美女性的心。

雅诗兰黛的品牌故事也是通过形象化、通俗化的语言和形式，将“没有丑陋的女人，只有不关心或者不相信自己魅力的女人”、“美丽是一种态度”的核心价值理念传递给目标受众。

|第10章|

打造黄金单品 7 步法

企业欲推出黄金单品，要做全链条运营，
须从寻找和定位品牌之魂、品牌策划、品牌识别设计、品牌营销、
品牌初创、品牌形成、品牌管理 7 个步骤着手。
围绕一条主线，
那就是品牌价值最大化、产品精致化、诉求丰富化、形象高端化。
良好的创新文化土壤至关重要，
组织、领导者、执行层、外脑缺一不可。

品牌创建第一步：寻找和确定品牌之魂

品牌存在是因为顾客需要。成为顾客需要的秘密就是这个品牌帮助顾客解决了问题，而且在某个方面具备了不可替代性。这就是品牌之魂的寻找和定位。

如何进行品牌之魂寻找呢？可以通过对3个问题的解答来实现：

问题1：品牌为潜在的顾客解决了什么问题或者困惑（即提供什么样的价值)？

这里面包含了两个核心问题。一个是品牌能够提供什么样的基本价值，也就是说作为品牌关系的一方，企业通过提供什么价值，值得让顾客拿自己手中的钱来交换这个价值。这个问题是核心的，决定了品牌的生死和发展前景。价值越大，成功的希望就越大，反之则越小。另一个就是谁是品牌的潜在顾客，品牌的价值只对那些有需要的顾客有意义。任何生意都是针对特定人群的，没有针对所有人的生意；即使是微软已经成为全世界垄断级别的软件老大，仍然有人不喜欢使用微软的视窗系统。因此，要明确自己的目标顾客群体，是另外一个重要的问题。毕竟，是顾客让品牌的价值得到体现，也是顾客让品牌的拥有者可以获得源源不断的利润。

问题2：什么样的方式方法来提供品牌的这个价值，以便能够让潜在的顾客用自己手中的钱来交换这个价值？

这其实是一个商业模式问题。品牌的拥有者通过什么样的模式，来让潜在的顾客感受到这个价值的存在，并且能够很方便、很放心地拿自己手中的钱来交换这个价值。

这个问题同样涉及品牌价值的展现问题（比如品牌价值通路、展示、体验，等等)，顾客的购买的方便性，品牌提供的服务展示的吸引力等问题。

这些问题，都是站在如何让顾客能够与品牌发生关系（就是顾客付钱来交换品牌价值）的角度上来思考的，而不是仅仅的站在企业自身的角度上来思考。毫无疑问，这种思考，在现在的这样一个顾客时代里，是有着非常现实的实践意义的。

问题3：与同行相比，所提供的价值和方法具有什么不可替代的优势？

与对手相比的差异性和不可替代性，决定了市场竞争的态势如何。在实践过程中，我们有个专门的品牌定位工具——品牌定位四维模型，用于指导品牌定位的实践。

品牌定位的四维指的是趋势维度、顾客维度、自身维度、竞争维度。

（1）趋势维度，也就是品牌定位必须定位在一个未来有更广阔市场空间的位置上。新东方就是乘中国人的出国浪潮打造了英语培训的黄金单品。

（2）顾客维度，也就是要思考品牌自身的优势和长处，是否是顾客真正需要的价值。因为顾客的真正需要，才是一个品牌存在的本质原因。所以，我们必须从生活者的角度出发，深刻洞察和挖掘顾客内心真王的需求，并根据顾客需求进行品牌的策划和包装推广，给顾客真正想要的。

（3）自身维度，也就是说企业自身能够提供什么样的产品和服务，并且在这个方面，具有什么样的优势。企业自身的优势发现和充分的发扬是极其关键的，因为企业参与市场竞争凭借的就是企业的优势长处，而不是劣势。所以，金钻战略策划在为客户提供品牌定位服务时，第一个需要思考的问题就是客户具备什么样的优势和长处，找到优势和长处，进行充分的发扬和彰显。

（4）竞争维度，必须要考虑市场竞争的情况，也就是说与市场上的竞争对手相比，我们的品牌具有什么样更好的优势。品牌所具有的这个优势，尽管是企业的长处，也是顾客所需要的，但是如果已经是竞争对手所占领了的定位，也是不可以的。因为顾客只会记住第一个占位的品牌（当然，如果竞争对手的实力与自身品牌的差距很大，也可以进行定位，品牌通过更大的宣传力度来抢夺竞争对手的品牌定位）。竞争思维让我们清楚，品牌与竞争对手相比，具有什么样的优势，而且这个优势可以帮助顾客更好地实现和提升价值。

太阳雨太阳能一项专利技术“R&A 绝热技术”，这是太阳雨产品的核心优势之一。当时这项技术被命名为“天衣”技术，并且设计了一个“汗衫”形状的标志。我们认为现有的标志和名称都无法准确地传达这个技术的核心顾客利益点，所以重新进行了概念策划、命名和标志设计，最后确定为“保热墙”技术。

（1）趋势维度：当时，整个行业都在通过诉求真空管的吸热效率来进行传播，但是从发展的趋势来看，太阳能产品肯定是系统化的竞争，所以基于保热的技术是个趋势。因为，无论什么时间，顾客都会需要一台好用的太阳能热水器。

（2）顾客维度：顾客需要真正好用的太阳能热水器，“吸热是基础，保热更关键”。有保热墙的太阳能产品，能够让顾客更好地使用，是顾客真正的利益点。

（3）自身维度：太阳雨具有这项技术的专利。

（4）竞争维度：当竞争对手在诉求真空管的吸热效率时，太阳雨提出“吸热是基础，保热更关键”的诉求，既对应了竞争对手，又在保热上鲜明地区隔了竞争对手，获得了竞争优势。

品牌创建第二步：品牌策划

对于顾客来说，品牌是零零星星的信息和经历，来源于顾客生活中不断的零散体验和零散信息接触，尤其在今天这个信息无限充分的信息爆炸时代，人们的信息获得更是呈现了碎片化的特征。因此，我们必须对品牌进行精心策划，使品牌的传播在一个相对统一的核心信息下对外传播，以不断强化影响顾客心智，进入顾客的心智。

品牌策划包含了品牌命名、品牌核心价值主张提炼（品牌广告语）、产品特性包装、品牌故事、品牌手册规划等几个非常关键的工作。

（1）品类名和品牌名。有一个好名字，就是成功了一半。品牌命名是个非常重要的问题，我们认为命名要遵循有“1高3易原则”，即高关联性、易懂、易记、易传播。好的品牌名一定是独特、简洁明了、顺口、暗含顾客利益的，像肉粒多本身就是很多肉粒的明示。

如果是一个创新的品类，那么我们需要的就是2个层面的命名工作：品类名和品牌名。我们必须给我们创新的品类起一个简洁易懂的名字，否则我们就不能够成功。品类名一定是顾客头脑中所有的，比如无糖绿茶；或者一经提示就非常清楚的名字，比如有保热墙的太阳能等。品牌名，一定是能够暗含品类本质的名字，比如太阳雨、护彤、小快克等；好的品牌名一定是独特、简洁明了、顺口、暗含品类本质的。

品类名一定要以人们头脑中的常识为基础，这也正是定位具有巨大营销能力的原因。在顾客的头脑中，品类名是个通用名字，品牌名则是专有名。

对无法直观显示产品属性与功能的品牌通过对其重新命名，会起死回生，如将“正源堂”改为水宜生——宜生之水，迅速打开了全国高端礼品市场。

新的品牌名要体现产品大的属性，揭示或暗示功能，传达产品核心利益；有很强的延展性，既可以成为品牌名又可以成为企业名；有独立性，以区隔竞品，提升竞争力。

（2）品牌核心价值三张提炼。品牌战略规划的时候，已经清晰地提出了品牌能够给潜在顾客提供的核心价值是什么。而且，我们也清楚这个品牌价值是建立在顾客的欲望和需求基础上的。因此，我们需要思考的是：这个核心价值的顾客利益点是什么，即应该如何表述，才能够让顾客感受到这个价值对于他的切身利益。这里就是一个提炼和创意的过程，这个过程是基于核心价值的基础上，关注对顾客的利益主张，在表述中清晰地表达出这种顾客利益。

品牌核心价值的提炼方法就是站在顾客的角度上，思考和认识这个价值的作用是什么，并且用顾客的语言进行描述。比如太阳雨太阳能的核心价值提炼，根据太阳雨太阳能的保热技术，提出了“太阳雨太阳能，有保热墙的太阳能冬天才好用”，鲜明地提出好用的顾客利益点。

（3）品牌故事。最好的传播是讲故事，没有人喜欢听那些枯燥的技术和理论。品牌故事将会带领品牌快速地进入到顾客心智中，并且在顾客心智中形成深刻的印象。

（4）品牌手册规划。先胜而后战。与消费者、与员工、与合作者的沟通靠什么？靠文本。这个文本就是品牌手册。品牌手册不仅直接传递品牌和产品信息，同时也折射公司的气质，是品牌的重要组成部分。

品牌创建第三步：品牌识别系统

品牌设计是基于品牌核心价值的视觉表达。品牌定位的主要目的就是要在顾客的头脑中形成清晰的印象，而且这种印象要是正向的，有利于顾客作出购买决策。但是，顾客并不能直接感受到品牌的核心价值，也不能感受到品牌的“内在自我”，而且绝大多数时候根本也不在乎，但是顾客可以看到品牌的外在形象——品牌的表现形式。这种公开形象伴随各种美学风格和主题，通过多个因素——如标志、形象、代言人、包装、终端店面形象等表现出来。

这种形象的各种感知能够整合到客户的整体印象中，从而在顾客面对购买选择的时候，快速感知，进而决策。

品牌设计是个系统工程，涉及生产、销售、服务、办公等多个层面。在今天，人们不相信听到的事情，更相信自己看到的，涉及对外界的各个元素，是要进行统一设计的。

品牌元素，有时亦被称为品牌特征，是人们对品牌形成印象的重要视觉特征，因此是需要进行特别设计的。需要进行设计的品牌元素主要有：标志、广告系统、终端卖场表现等。

广告系统包括了媒体广告和销售工具。销售工具包括企业样册、产品手册、工程手册、产品单页等，这是业务人员用来进行销售的工具，有些时候是需要几个工具配合使用的，所以需要进行特别的设计，可以互换照应，促进销售。销售工具设计中最为重要的一点就是一定要把握品牌的核心价值点，找到品牌与竞争者相比，能够给客户带来最大的利益和价值点是什么；另外设计工作需要重点把握的是整体风格的统一，长此以往，这种统一的风格将形成品牌独特的个性。

良好的品牌识别设计是促成品牌快速成长的一剂良方，那么品牌识别设计应该遵循什么样的原则呢？易记、易懂、易传播。

（1）品牌识别设计应该站在顾客的立场上去思考，如何让顾客清晰明了，绝对不能够让顾客看不懂，不能让顾客去猜。因为品牌就是双方的关系，所以品牌识别设计不能够只是站在品牌拥有者自己的立场上。品牌设计的第一个目的就是进行信息传达，在顾客的头脑中留下清晰的品牌定位的印记，让企业所期望的那部分顾客群能够清晰地认识到企业品牌。

（2）品牌识别设计必须简单明了。原因很简单，激烈的市场竞争中，没人去听你的解释，而且也没有办法去对所有的顾客去解释。

（3）品牌信息必须简短、清晰、容易理解。

传统的品牌识别，往往指品牌的标志设计等工作，“在销售中建设品牌”的品牌建设理论则要求我们要认真思考品牌识别系统如何促进品牌价值的传递。因此，品牌识别系统的内容要具体和实际得多。

在标志设计的过程中，我们就贯彻了这个三易原则，设计过程中强调了站在现有品牌形象的基础上进行调整，让顾客对品牌核心价值清楚明了。

品牌创建第四步：品牌营销

品牌营销是品牌建设最为重要的一步，因为品牌价值的体现就在这个地方。这是品牌的拥有者和品牌的使用者进行交换的步骤。

传统的品牌和营销往往就是把产品放进渠道中，然后在各个媒体上大作广告，让人们去购买。在销售中建设品牌理念指导下的新品牌建设理论，当然不能够完全放弃渠道和广告，但是思考的关注点已经有了根本的改变。我们会思考我们的顾客群是哪些？他们的媒介接触点是什么？他们如何购物？在这个思考的基础上，采取和传统方式相反的操作手法：顾客在哪里，信息就到哪里，产品就在哪里。这是一个全新的思考方式，会有一定的困难，但是会产生长期的实效，因为毕竟是顾客才能够给企业带来利润，带来持续的发展。

品牌营销包含了两个部分：营+销。

（1）营：品牌实现销售的氛围营造，主要就是通过各种工作，如公关、新闻、体验、免费试用、广告等各种信息传播手段，来营造一个良好的产品销售氛围。在氛围营造的信息传播方面，一个重要的传播理念就是触点传播，也就是在找到顾客的信息接触点，然后把相关的信息传递过去，影响顾客，达到氛围营造的目的，进而让顾客付出实际的购买行动。

触点传播的实施有两个关键点，一个是触点媒介的寻找，一个是媒介传播信息的创意。所以，打造品牌并不需要在传统媒体上花很多的钱！

触点媒介的寻找，是通过对品牌目标顾客的生活方式分析来找到，尤其是通过一个典型的顾客个体的生活形态分析。这里面，既包括传统的大众媒介，更包括各种新媒介，甚至可能是品牌自己创造的媒介来进行信息的传播。

通过媒介传播什么样的内容，是另外一个关键点。内容的传播是为了影响顾客的行动，让顾客采取对品牌的购买行为，而不是仅仅增加顾客对品牌的良好感觉。因此，创意的目的就是为了加强顾客购买自己品牌的行为。我们第一需要思考的问题就是“怎么样的信息传递，能够让顾客采取实际的购买行动”，而不是为了其他，更不是在秀创意本身。企业要警惕为了引人注目而引人注目的创意方式。

（2）销：指品牌实现销售的政策制定、渠道建设、促销策略等，主要是产品的通路和价值互换的实现场所和方式。无数的新兴公司并没有通过传统的渠道如商场、超市、专卖店等，而是通过网络营销、直销等实现了数亿元的销售业绩，品牌也获得了快速的成长。这些公司思考的是如何让自己的顾客可以更加方便快捷的实现购买，并且在这个思考上努力去开创新的销售渠道。“销”的一个关键的问题就是如何让自己的顾客能够便捷的实现购买。让顾客更大的方便，就是为了让顾客更方便地把他的钱和品牌拥有者的价值互换！对于需要通过传统渠道来实现销售的品牌，一个良好的渠道形象和促销政策以及促销方式的是非常重要的。

不管怎么样，顾客需要的购买品牌所提供的价值，包含了产品的使用价值，也包含了服务的价值，其中就有渠道的形象和产品形象、销售人员的态势和专业知识。

因此，对品牌营销或传播方案的判断，就可以基于以下的几个方面：

（1）该方案能否为品牌赢得更多的顾客，从而保证收入流持续上升？

（2）该方案能否长时间通过品牌从顾客身上赚取利润？

（3）作为品牌拥有者，品牌传播能够确保你通过与顾客建立关系，从而让他们长期购买你的品牌吗？这些收入流是稳定的还是偶尔出现的？

品牌创建第五步：品牌初创

品牌建设从第一个销售得以实现之前就已经开始了。品牌建设是从内部开始的，品牌始于企业员工及其责任心和热情，因此，做品牌必须从员工、渠道、分销商着手。

品牌的外部初创，是从第一个销售的实现开始的，第一个销售的实现，意味着品牌与顾客的关系开始建立，而与更多顾客第一次关系的建立，意味着品牌的广度在拓展。最为关键的问题是：如何让顾客采取第一次的购买行动？如何让更多的顾客采取第一次的购买行动？

（1）售点气氛的营造。在渠道的售点，营造一种产品受关注和热销的氛围，能够很好地带动产品的销售。因为氛围就是一种气场，顾客在这样的一种气场中，是极易受到感染的，尤其是那些快销品，不需要进行任何理性思考就采取的购买行为，气场就更能够带动顾客的初次购买行动。

（2）销售人员的服务。产品本身是冷冰冰的，产品本身不会说话的，只有人与人的沟通，才能够让顾客感觉到人性的温暖，进而感触到产品的利益。渠道中，销售人员的服务态度、服务水平、服务能力等，将会直接决定了顾客是否采取第一次的购买行为。顾客在接触品牌（产品）前，第一个接触的就是销售人员，销售人员的态度、专业水准、对产品的了解和认知程度，尤其是对产品给顾客的利益点的把握能力，将会直接影响到销售的质量，更会影响到顾客对品牌的第一印象和感受。

因此，品牌建设，其实是从企业内部开始的，从企业的员工、尤其是销售人员，一线的销售人员开始的。对一线销售人员的培训，将是品牌建设最为重要的关键点。在技巧培训中最为主要的一点是：销售人员一定要非常清楚产品是对哪部分顾客真正有意义，而且意义是在什么地方。只有真正的为顾客着想，才能够带来良好的顾客关系，才能够形成持续的顾客交易。

（3）顾客体验。体验，能够增加购买。尤其是售点的体验。因此，品牌营销商可以采取一切的手段，增加顾客对产品的体验，亲身感受到产品对顾客的利益。比如试吃、试饮、试用等体验方式，有些还可以给目标顾客发放免费体验券，或者就是让顾客把产品带回家去试用体验。

（4）产品印象塑造。顾客对产品第一印象的好恶，将会极大的影响是否会采取尝试性购买的行为。因此，传递给顾客一个良好的产品印象是非常重要的。特别是产品的包装，包括包装的图案设计、颜色、包装的材质、包装上顾客利益点（品牌/产品的核心价值）是否能够清晰体现等。

（5）首次购买激励。顾客首次购买，如果能够得到一个特别的激励，也会刺激顾客的购买行为。至于激励的方式，就是多种多样了，可以是折扣，可以是礼品赠送，可以是品尝券，也可以是现金返还。不管怎么样，都是为了让顾客实施尝试性购买的行为。只有顾客进行了购买，品牌才能够进入开始建设的过程。品牌在被顾客尝试性购买了后，并不能够说明这个品牌就已经创立起来了，因为品牌最为重要的作用就是能够给品牌拥有者带来持续的收入流，一次的尝试远远不够。只有当顾客开始了重复购买（尤其是那些快销品。对于工业品来说，第一次的尝试性合作，就是品牌建立的开始，需要用服务来强化品牌内涵，进而树立品牌），品牌才是在成长的，品牌才是初步创立起来。

品牌是在持续的交易中成长起来的。品牌成长的一个关键问题是如何让有过第一次购买经历的人再次购买，不断购买？顾客为什么要购买这个品牌？是因为这个品牌提供的核心价值是顾客所需要的。当顾客第一次购买了之后，品牌提供的价值让顾客获得了利益，无论是啤酒，还是汽车，都一样。那么，这个顾客就是对这个交换满意的，下次有了类似的需要时，他仍然会采取和第一次一样的购买行为。因此，如果企业能够持之以恒地传递恰当的品牌体验，并且顾客和潜在的顾客都能够为之所吸引，那么，品牌就会不断成长壮大了。

让品牌成长的几个方面就是：体验，包括顾客的使用体验（品牌/产品利益点）、服务体验（购买过程、售后服务）、意外惊喜体验、后续氛围体验等。

（1）顾客的产品使用体验：顾客购买任何一个产品/品牌，都不是为了这个品牌本身，而是为了能够让自己获得这个产品的利益。只有品牌的使用体验是正向的，而且正向的指数越大，顾客成为忠诚顾客的可能性就会越大。也就是说，不管怎么样，顾客需要的是它的利益。

（2）服务体验：如果说产品没有什么问题，但是顾客的购买过程是痛苦的，那么也会阻止顾客的下一次购买行为，让顾客有个愉快的购买过程是非常重要的；产品在使用过程中，可能会产生各种各样的问题，即可能有顾客使用不当的原因，也可能有产品本身质量故障的问题。这些问题的产生，本身没有什么，但是针对这些问题的解决方式、方法，则是一个非常重要的问题。良好的售后服务，能够极大地增进顾客对品牌的好感度，进而促使顾客成为品牌的忠诚顾客，并极有可能成为品牌的良好口碑的传播者；相反，不好的售后服务方式（包括售后的技术，更主要的是售后服务的态度），将会让顾客远离品牌而去，并且会成为品牌负向口碑的传播者。千万不要忘记的一点就是，现在的时代是顾客时代，是服务导向的时代。

（3）意外惊喜体验：给顾客以超出期望的意外惊喜体验，将会给品牌极大的加分，而且，很多的意外惊喜，并不需要企业花费多少钱的，相反有些给顾客的惊喜，会给企业带来更大的销售和收获。顾客需要的，其实是品牌对顾客的关心。

（4）后续氛围的体验：品牌在顾客实现了购买行为之后，不断针对顾客感兴趣的利益点的推广和传播，会给顾客一种更加物有所值甚至物超所值的感觉，尤其是那些大宗的高涉入度的产品。而这种后续的氛围体验，也会让顾客产生购买后的满足感。

我们绝不是仅仅是为了规划品牌识别、设计品牌符号、规划品牌组合与架构等问题来思考，而是从使用习惯、习惯购买这个源头来思考，如何提炼品牌识别，设计品牌符号、品牌组合和架构，以及如何落实这些内容。只有这样的品牌规划，才能在操作中体现实用价值。

品牌创建第六步：品牌形成

品牌的成长就在于顾客不断地重复购买关系的发生过程中。另外，受到市场或者老顾客的影响，不断的有新的顾客加入进来，开始进行他第一次的尝试性购买，也能够让品牌不断地得到成长。在顾客不断的购买过程中，顾客已经通过了使用体验、服务体验等实际的品牌体验，再加上各种广告宣传，就会对品牌形成了一个大致的印象，这就是品牌形象的形成。所有这一起的体验，最后都会汇集起来，成为品牌的口碑，并且能够主动地进行传播，进而能够给品牌带来更多的顾客，带来更大的利益。在品牌初步形成的时刻，更大范围的广告，才显得更有实际意义。广告，通过大众媒体的传播，能够更快更好地进行信息传播，不断地提醒老顾客，刺激老顾客的购买行为；同时也会形成更好的品牌氛围，从而吸引更多新顾客的关注，并且让这些新顾客在老顾客的口碑、广告氛围中，采取实际的品牌购买行为，因而能够带来更多的收入流。

品牌创建第七步：品牌管理

品牌管理的核心是品牌的长期经济价值，因为我们最终要用经济收益指标而不仅仅是用顾客的态度、认知，或者回忆度来衡量品牌资产。顾客对企业来说只不过是现在和将来的收入流而已。品牌管理实际上就是管理顾客收入流并确保其持续性。（品牌只不过是顾客为了享有并利用品牌提供的利益，而与市场营销机构交换经济价值的一种持续的行为关系而已）

品牌管理应该是更高层面的管理，因为品牌是企业长期的投资收益，需要提升到公司董事会层面来开展品牌的管理工作，要在公司内部建立以顾客为中心的品牌管理组织机构。

顾客的品牌接触和品牌印象大部分都是来自于员工、渠道、促销人员等与公司品牌利益相关者的，这些品牌体验具有无法比拟的影响力。

品牌管理包括品牌投资、品牌维护、品牌资产管理。

（1）品牌投资。世界上品牌所有者问得最多的3个问题是：我们应该在品牌上投资多少？我们将会获得什么样的回报？过多长时间以后我们才可以见到效益？最好的回答就是在品牌上投资多少，取决于品牌所有者希望在品牌上获得多大的回报，任何的品牌投资都应该是对顾客的投资，而不是对媒体、创意或者其他。而更应该明确的就是，记住顾客是公司的收入来源，品牌建设的收益应该在品牌建设的一开始就已经开始了。

（2）品牌维护。品牌维护是品牌管理的重要工作。主要应该包括品牌形象的阶段性调整，品牌文化的沉淀提炼，顾客态度和行为的监控和改善。

品牌形象是需要不断发展的，因此，一个阶段后，我们就要对品牌进行审计，看看现有的品牌形象（包括品牌核心价值主张、品牌VI系统等）是否还能适应品牌的发展需要。当不能适应的时候，就需要及时的调整和改善。

每个品牌，真正成为品牌（值得客户为之交口称赞并主动进行正向口碑传播）的时候，一定是因为其核心的品牌价值主张得到了广大顾客的认可，已经形成了相对独特的品牌文化。这个时候，我们需要对这个品牌文化进行进一步的提炼，让这个口碑的传播可以更顺畅和便捷。对品牌在发展过程中好的品牌文化的属性进行系统的梳理，并且建立品牌文化手册，以能够更好地规范和促进品牌的发展。特别是在换标中，不要丢失掉品牌内在的优势。顾客对待品牌的态度的变化，将会影响到行为，而行为体现了顾客的态度变化，是加大购买量还是正常，或是减少甚至停止购买。因此，对顾客态度和购买行为的监控，能够让品牌所有者及时发现问题，并且找出解决问题的办法。

（3）品牌资产管理。品牌是一种具有经济价值的无形资产。品牌资产包括：顾客的态度和感受、顾客的购买行为及推荐行为、品牌的长期经济价值。

品牌建设是为了在顾客脑海中建立积极的品牌联想，希望通过能够获利的销售行为，把投资收回来。品牌资产既包括附属于品牌的感知价值（人们对品牌的认知或感受），也包括由顾客积极的品牌行为所产生的经济价值（顾客购买我们的产品帮助我们赚钱的行为价值）。由于顾客的态度、忠诚度、行为以及品牌的市场表现的变化，品牌资产也会减少或增加。

品牌的经济价值等于：购买者支付的、超过与品牌有关的有形资产和固定资产的价格之外的价值，减去任何可以确认的无形资产的价值后所得到的差额。品牌的经济价值的意义在于通过品牌进行投资获取更大的收益。品牌的经济价值可以看作是公司在未来能够创造的剩余价值，这些剩余价值来自于下列四个因素：黄金单品所拥有的顾客总数；品牌吸引更多顾客的能力；品牌对经营利润的贡献率；由顾客带来的收入流的稳定性。

参考文献

[1]［美］乔治·路易斯著　何辉译．蔚蓝诡计．北京：华文出版社，2010

[2]［美］艾·里斯，杰克·特劳特著．王恩冕等译．定位．北京：中国财政经济出版社，2002

[3]［美］阿尔·里斯，劳拉·里斯著．罗汉，虞琦译．公关第一——广告第二．上海：上海人民出版社，2004

[4]［美］艾·里斯，杰克·特劳特著．谢伟山，谈云海，苑爱冬译．营销革命．北京：机械工业出版社，2011

[5]［美］迈克尔·波特著．陈小悦译．竞争战略．北京：华夏出版社，2005

[6]［美］唐·舒尔茨等著．何西军，黄鹂等译．整合营销传播：创造企业价值的五大关键步骤．北京：中国财政经济出版社，2005

[7]［美］菲利普·科特勒著．梅清豪译．营销管理．上海：上海人民出版社，2003

[8]［丹］杰斯帕·昆德著．王珏译．公司精神．昆明：云南大学出版社，2002

[9]［美］格兰特·麦克拉肯著．贾晓涛译．不懂流行文化就不要谈创新．海口：南海出版公司，2012

[10]［美］道格拉斯·赫尔特著．胡雍丰，孔辛译．品牌如何成为偶像．北京：商务印书馆，2010

[11]［美］艾伦·亚当森著．姜德义译．品牌简单之道．北京：中国人民大学出版社，2007

[12]［美］艾丽丝·M·泰伯特，蒂姆·卡尔金斯著．刘凤瑜译．凯洛格品牌论．北京：人民邮电出版社，2006

[13]［美］鲁道夫·阿恩海姆著．滕守尧，朱疆源译．艺术与视知觉．北京：中国社会科学出版社，1987

[14]［法］古斯塔夫·勒庞著．冯克利译．乌合之众：大众心理研究．北京：中央编译出版社，2004

[15]杨光．对位．北京：机械工业出版社，2010年

[16]陆扬，王毅．大众文化与传媒．上海：上海三联书店，2000

[17]［美］罗伯特·西奥迪尼著．陈叙译．影响力．北京：中国人民大学出版社，2006

[18] [美] 斯图尔，迈尔斯，斯科特著．安寅译．共鸣：打造突破性的产品和服务．北京：中信出版社，2009

[19] [美] 大卫·奥格威著．曾晶译．奥格威谈广告．北京：机械工业出版社，2003

[20] [德] 克劳塞维茨著．王小军译．战争论．西安：陕西师范大学出版社，2008

[21] 孙武．孙子兵法．长春：吉林文史出版社，2007

[22] 鬼谷子．鬼谷子．北京：中国文史出版社，2003